THE TUNNEL

ANDREW GARDINER

Rising Hope Foundation
2019

Rising Hope Foundation
Plymouth, UK.

Contents

Foreword

This book tells a story of a journey.

It was written by my friend Andrew Gardiner as he faced a two year battle with cancer. He wrote it as a follower of Jesus Christ, and a gifted Christian pastor and leader.

I have known Andrew and Katherine Gardiner for longer than we all care to remember. For almost a decade he and I were colleagues serving a local church.

Andrew remains one of the most creative entrepreneurs I have worked with. His positivity and 'can do' attitude were consistent hallmarks of his character.

Andrew's struggle with his health took a heavy toll on him, his wife, family and the church he loved to serve. The book that you hold in your hands tells something of the story of what he describes as this 'tunnel experience'. It is an honest account of how faith can grow in adversity and how we are called to trust God, whatever life throws at us.

Reading these chapters reminded me of the book of Psalms. This collection of prayers and songs, written hundreds of years before we were born, has become a go to place within the treasure trove of the Bible. The Psalms soar high in praise of God, and plummet low to the depths of human need. They make extraordinary statements about life's purpose and scream with raw honesty about its futility. The whole range of human emotions lie within the pages of Psalms.

There is a lot of emotion in the book you are now holding. There is also a great amount of hope.

Andrew chose to put his feelings and faith side by side on paper so we could glimpse how, when we journey through tunnels, we can find we are never alone.

Read these pages and be reminded that God can always be trusted, even when His ways cannot be fully understood.

Ian Coffey, Moorlands College.

Acknowledgements

Rev Ian Coffey

For his thoughtful and kind words within the foreword of this book.

Rev Heather Marsden

My dear and trusted friend, for allowing me to use her illustration of the barge in the tunnel and her lessons learnt whilst she was experiencing a trauma of her own.

Wendy Greig, Sylvia Leonard, Jean Potter and Bronia Troughton

The ladies from Hope Baptist Church, who took the time and trouble to write the prayers found at the end of each chapter.

Mike and Judy Bramwell, Rev Clive Burnard, Tom Collins, Rev Dave Morris, Kelly O'Neill, Mary Simpson

Close friends who offered external insight into what we experienced as a family. This was to help other people journeying alongside those in The Tunnel and to offer perspective on how to respond in the right way.

In addition, may I thank all those who encouraged me to start and complete this book!

Dedication

This book is dedicated to the Lord Jesus Christ, the only Son of God. He created me and has loved and cared for me through all the ups and downs of life. He is my Saviour and my friend, whom I have sought to follow for over 40 years. He has set me free from the power of sin and darkness and given me power to live for Him, through the gift of the Holy Spirit. He has proved Himself over and again to be faithful, trustworthy and the only person worth worshipping and honouring with our lives. He has blessed me in so many ways too numerous to outline here, but the one which has impacted me most became clear to me in 1993 when I included in a sermon the phrase, 'To be used by God is to be blessed by Him'. I also dedicate the book to Katherine, my wife of more than thirty-five years. She is the most loving, selfless, dedicated, supportive person you could ever meet. How I thank God that I met her at sixteen years of age. Similarly to my wonderful children, Dan, Joe and Amy. You all make me proud every day. I am privileged to be your father.

Introduction

Welcome to my first, and probably only book! I have written it for two reasons: firstly, as a Church Minister and Pastor over many years I have come to realise that just about everyone, has a 'Tunnel' experience of their own at some stage in their life. I explain the tunnel picture more fully below, but suffice to say here that the tunnel is a period in life, maybe weeks, maybe many years, where we journey through a darkness. It is a part of our life journey which we would no doubt never choose or wish upon our worst enemies and it comes uninvited and brings with it all kinds of feelings and emotions. As a pastor I want to help and reach out to those in the tunnel as best as I can. Despite my more selfish reason below, my intention is to come alongside those in the darkness through this book, and through my own experience to bring some comfort, hope, biblical support and direction.

That being said, I need to highlight at the outset that my experience is not going to be the same as yours.

Tunnels in life come in many shapes, lengths of time, depths and forms. They can be caused by illness, unemployment, suffering, bereavement, relationship breakdown, depression, anxiety attacks or any number of other reasons. You will not be able to understand or identify with some of the experiences I have had (in fact am having right now, as this book is written from within the tunnel, not at the end of it) but I am confident that there will be enough overlap between your experience and mine to make it a worthwhile and helpful read.

Secondly, and this is the honest, selfish bit: I need to find something to pour my energy into. Since my medical diagnosis (in May 2016) I have become a 'fish out of water', a minister removed from ministering in the full, focused, 50 hour a week life I was living and loving!

It has taken me many months to embark on this book-writing journey, but I recognised that my situation was going to involve many months at home, lacking any energy and a lot of time on my own during many short winter days. I am hoping that this book will not only be a strength and a blessing to you, but also cathartic for me!

During 2015 I was in an inter-church prayer meeting for revival in Plymouth and a lady from a church in Reading was with us. I was told she had an authenticated prophetic ministry. At some point towards the end of the prayer time she came and sat at my side and spoke these words over me: 'God is going to use you in writing a book and it's going to sell [a large number of] copies.' (No, I'm not telling you how many!). I had never met her before, so this was a shock to me, particularly as I read very few books and the story gave a laugh to some of my friends. Others though, told me to go for it. So I am to honour what God spoke to me out of the blue, through someone who didn't know me at all.

Why, 'The Tunnel'? The image comes from a dear long-term friend of mine, Heather, who I have known since our early twenties. She followed me into Baptist Ministry and God is using her powerfully at her church on the outskirts of Ipswich.

You will find some other contributions from her in this book and some of her own 'lessons from The Tunnel'. She too has endured this darkest period of life, where all the light disappears. Her experience was different from what I'm going through now, reactive depression instead of cancer, but there is still much experience that we have shared. She has honestly, and with great vulnerability, shared the picture below which has helped me enormously over these last two years, and I, like any good minister would, have stolen it to use (with her consent of course).

We have only once been on a canal holiday on a barge. We had a great time – energetic, great fun, very busy, loads to do. But no one had warned us about the tunnel. Britain's longest canal tunnel is at Standedge in Yorkshire between Marsden and Diggle and it's over three miles long. Remember on a barge you travel very slowly indeed. It takes up to three hours to go through. It was a bright sunny day, blue sky but with a few menacing clouds on the horizon which looked as if they were coming our way. We were having a great, action-#packed holiday, doing all sorts of things – opening and closing locks, pointing out cows and sheep and tractors in the fields to the children, taking turns at steering, keeping the children and ourselves from falling into the water – (so easy to do!). When we saw that there was a tunnel ahead we didn't think too much of it – another challenge on this adventure.

As we entered the tunnel, the atmosphere became distinctly different, and it began to get dark and cold. A faint sense of alarm overtook us, as we could hardly see at all. Ahead was pitch black and there were no clues of what was out there, in the dark. At first the light streaming in from where we had come brought some comfort. Just knowing that bright sunny day was still out there behind us, helped us to remember that somewhere in front of us it would be there too. But we still couldn't see it. There was no trace of it ahead, not a speck of light.

The barge chugged on and the darkness closed in around us. The light behind slowly, but surely, shrank to the size of a pin prick, until that too was extinguished. Thick darkness lay all around. I looked up and imagined I could see the roof of the tunnel not far above us, neatly laid bricks shiny with the moisture in the tunnel moving by, but I was just deluding myself. There was just inky black monotony, broken only by the occasional shock of a fat, cold drop of water landing on my face from out of the shadows. The only light came from the low lamps on the boat which shone down, shedding a dull light on the water surrounding the boat.

All the things we had been so actively doing before we went into the tunnel were forcibly put on hold. We had no choice. I knew there were others somewhere on the boat with me but at times I couldn't see or even hear them. I became alone, adrift in the darkness. Looking back where we had come from all was dark. Looking ahead all was dark too. It was eerie, really a bit scary.

It would have felt altogether different if I could have been sure that we were moving forward, but there were not any visual clues and no change in the engine sound. Whether idling or moving, the tone was constant. Worse still, because we were moving so slowly, there was very little feeling of forward momentum and I couldn't be sure that we were moving forward at all. The constant, unchanging chugging of the barge was the only clue, a never-varying, 'chug chug chug' and this was what I held onto as an indication that we were moving forward towards the light. But we still couldn't see it. So, for a while it seemed as if we had entered a tunnel without an end. Either that, or we had become stationary and would never reach it.

All we could do was be.

There was nothing else to do, nothing else that could be done. Those of you who know me will understand that th at is not where I'd want to be at all – unable to do anything, change anything, put things right, get us out into the light. But all we could do was wait and rely on the chugging engine.

Eventually, at long last, ahead was a pinprick of light. At first, we weren't sure if it was really the end of the tunnel or just a chink of light that had somehow got in some other way. We just stared. We studied it and sure enough it began to grow.

When we first saw it, we breathed a sigh of relief – I think there was even a little cheer as we thought we would soon be out in the sun again and able to do all that great, busy holiday stuff we were so good at. But our excitement was short lived. That pinprick of light took an age to grow into anything larger. Slowly we chugged towards it, but there was still nothing we could do to speed up our progress.

It was such a long time before we were quite out in the open and we could finally start doing stuff – start being on holiday again after this hiatus. We played 'I spy', we counted bricks, we looked for crocodiles and as we drew nearer to the end of the tunnel and out into the light things became more normal again. But none of us would forget that tunnel.

That is the closest I can come to describing how it felt to be in that strange place that reactive depression took me to.

Before I went into that tunnel, so much was going on. I was very busy at home and at work – getting on with life and loving it. But there was something inside, something that I hadn't dealt with that came back to bite me.

In the tunnel that I was taken into I hardly recognized myself. My brain wasn't functioning as it always had. Sometimes I couldn't work out how to do the simplest things. I remember standing in the food hall in M&S, at the till, and I just couldn't work out what to do with the basket. I couldn't concentrate, couldn't read even a light magazine article without losing track. I couldn't make decisions or engage in conversation. I wasn't interested in all the subjects I had been passionate about. It was a dark,

dark place and at times I wasn't sure if I was even moving through it. It didn't feel like I was. My dear husband Phil encouraged me with the memory that on the barge, we were always moving forward even if we didn't feel as if we were. Even when there were no visible clues, just waiting brought progress and I held on to that through my own personal darkness.

In the Bible, Romans 8 vs 38-39 reminds us of the faithfulness of God. This underlines the assurance we can have in our faith and the absolute certainty of God's love for us whatever is happening in our lives. This truth is at the heart of the story of my tunnel. Nothing can ever separate us from the love of God. Whatever happens to us, whatever we do, however determined we are to run away, we cannot escape it.

With her typical honesty, Heather says:

> In the tunnel, over the long fifteen months while I was off sick from work, I wasn't always conscious of a tangible presence of God, but the engine chugged on. Sometimes it could be heard loudly, echoing all around me, at other times I had to listen very carefully to hear it at all. But His love was constant, active somewhere in the background when I looked for it. Whenever I sought it out it was there, chugging away, bringing me through just the same.
>
> Psalm 139 vs 7-10 has been wonderfully helpful for me. 'Where can I go from your Spirit? Where can I flee from your presence? If I go up to the Heavens, you are there; if I make my bed in the depths, you are there. If I rise on the wings of the dawn, if I settle on the far side of the sea, even there your hand will guide me; your right hand will hold me fast.'

So welcome to my book!

I want to say here and now, as we start, if you are in a tunnel right at this time, my heart really, genuinely goes out to you. I'm just so sorry that you are where you are. I'm so sorry that you even need to read this book. Maybe a friend has bought it for you, hoping that some solace, help or comfort will come. As I write this introduction, I pray that it will achieve all of those things. Please know from the outset that I am with you on this journey through the darkness, gloom, pain and uncertainty. I certainly do not know what the end of my tunnel looks like yet or when it will be. I am struggling, big time. Struggling with pain, fear of the unknown, struggling with not being able to plan, do what I used to do, serve any more like I want to. The list is endless. I am even struggling to type because of the pain, having swigged some morphine just so I can sit long enough to write this introduction!

In this book I want to very much focus upon God, on what He says (and doesn't say) about these life experiences. I also want us to learn from the experience of the many, many Bible characters who struggled too. They worried, they got anxious, they became depressed when the light faded and the darkness set in. We have much to learn from them. Not just when they got it right, but also when they got it wrong.

Each chapter contains some relevant insight from the Bible. In the forty plus years since I became a Christian I have discovered that God's word has an inherent timelessness to it. It has wisdom, truth, authority and it is trustworthy, with much to teach us. As you will see, there is no set structure for when this insight appears in each chapter. Sometimes the Bible passage will be at the start, sometimes the middle, and sometimes the end. I wanted to tailor each piece of teaching to the subject and I have placed it where I felt it most appropriately fitted in the chapter – I hope you agree!

You will also find in here some of the many songs and poems that I have written on the journey through the tunnel, even in the early hours of the morning on an oncology ward. This sudden productivity, or perhaps receptivity to divine inspiration, has been quite a shock to me, having written very few worship songs since my teens and twenties in the Seventies and Eighties. But this has been something God has done and given to me.

Some years ago, at a conference in Sheffield, Dr Randy Clark prophesied over me that my life would be like Joseph in the Old Testament – that something intended to harm me would be used by God for good and that God would make me fruitful in the land of my suffering.

> Genesis 50 vs 20: 'You intended it to harm me, but God intended it for good to accomplish what is now being done, the saving of many lives. So then, don't be afraid.'

> Genesis 41 vs 52: 'It is because God has made me fruitful in the land of my suffering.'

I have found this, that if I can just stop and listen, He speaks, He works, He ministers to me. He brings out fruitfulness and blessing even in the depths of the tunnel. May it be so for both of us. May this book be a blessing to you (and me).

Andrew Gardiner, Plymouth, 2017

1. Getting From There to Here: 30/11/58 – 06/05/16

From Being Born, to Being Born Again

St Andrew's Day, 1958. A very insignificant, quiet day for the rest of South London, but at 1 Summerfield Street, SE12, it was all happening. Firstly, I was being born and, just to liven things up a little more, the water boiler at the top of the house decided to burst, flooding the place.

I'm told that it was quite ironic that my mum had been moved to the middle bedroom, where she could enjoy a little bit more peace, as that was the one which took the direct hit from the cascading waters above. Some would no doubt consider it rather prophetic and very appropriate to have a full immersion birth for a future Baptist Minister. My mum was very much hoping for a second girl, to round off and complete the family with two boys and two girls, so no boys' names had been chosen. It was only the attending midwife who was able to come up with a solution, helpfully pointing out that that day was St Andrew's Day. Great! I didn't even get named by my parents.

When I was about a year old my dad got promoted to a senior position in the Environmental Health department out in Welwyn, and so the family moved to the lovely Garden City in Hertfordshire.

I have tried to trace my roots of faith back to these times, but my recollections of attending the Sunday school are sketchy and not particularly positive. Whilst my older siblings had the opportunity to benefit from our dad running the church youth group, (which makes my son Dan a third generation youth leader!) we stopped attending church when I was about seven years old due to a dispute over building closures. As a young boy I went to Parkway Infants and Applecroft Junior school. As a family we moved house a lot! By the time I got to eleven I was in my fifth house. I used to joke that perhaps we were dodging paying the rent, but I suspect it had far more to do with my dad's close friendship with one of the senior housing officers, and Local Government colleagues looking after each other.

Despite the regular moves, I enjoyed a very happy, secure childhood. I found it easy to make and keep friends. Welwyn Garden City was a wonderful, rural paradise to grow up in as a child. Tons of woods and fields, river and lakes. Always lots to explore and create adventures in. The 'PlayStation generation' now would just not believe how much fun we could have, with no more than the great outdoors for our entertainment. Climbing high up and jumping from tree to tree, or bombing down hills in a home-made go-kart can never be bettered by staring at images on a screen. (Yes, I know that I sound old!)

It was in my first term at Stanborough secondary school that my good friend Chris Lloyd (best man to be) introduced me to a boys-only, Christian youth group, Crusaders, that met in a Quakers hall at 3.00pm on a Sunday afternoon. He had been taken along to it by a boy called Philip, and Chris and I in turn encouraged others from our very close-knit school form to go. Talk about, 'one shall tell another!' In the end, eleven out of the thirteen boys in our school class went regularly. Of those that didn't, one was Jewish and the other was Hindu, and even the Jewish boy went once!

Looking back, Crusaders was a funny group in many ways. Very middle class, very public school. Lots of the boys would turn up on a Sunday wearing jackets, ties or cravats! I wasn't immediately sure that I was going to quite fit in. But there are a number of things that I really remember from those early weeks; memories that have stayed with me as important guiding principles for the decades of youth ministry leadership that were to follow.

Firstly, the excellent welcome given both to newcomers and to regulars every week the second you walked through the door. The leaders were genuinely pleased to see you, always showing their affection with a crushing handshake. Secondly, that, as you left each week, a leader would see you out of the door with a 'thanks for coming and see you next week'. They cared if you came back and were so keen to impress upon you how important you were to the group. This belief was borne out in a phone call or a visit to your house from one of the leaders if you missed the group for three weeks in a row. This was simply to make sure you were OK. What a fantastic way of showing how loved and valued you are as a person. Brilliant pastoral care.

Crusaders introduced me to choruses from Youth Praise, rather than the hymns I had endured as a child in church. It also introduced me to clear, relevant Bible study and teaching, given by leaders who clearly believed it all and whose lives had been transformed and shaped by a personal encounter with Jesus Christ. This was a whole new world to me. It wasn't why I went (confession to follow next) but it was something I very much absorbed, even though I seldom concentrated enough and I'm afraid I was extremely disrespectful during the chorus-singing, often messing about in the back row or changing the words to the songs!

The main reason I went? For the football of course. For most of us, this was a very significant factor. After my first few months in the group trying to work out why on earth lads my age would go along to a fairly staid and traditional group, I realised the answer: if you attended on a Sunday afternoon, you then 'qualified' to play for the football team on Saturdays. Brilliant! For a bespectacled twelve year-old like myself, never likely to make the school team, this was ideal.

So, there I was, 'worshipping' and studying dutifully each week, to get the chance to play against other Crusader groups from the area. It may not have been Premiership standard, but our whole class of boys was together again at the weekend. Great times!

There was another reason why Crusaders became so important to me too: girls! When we were about fourteen years old, our group, in line with many across the country, went 'mixed'. My friend Tim was furious at this new policy. Funny really, as he, like many of us, got his first real experience of mixing properly with young women through this cataclysmic change. Surprisingly for all of us, it was OK. More than OK actually, as at sixteen I started 'going out' with one of the new members, Katherine Pugh. We've been 'going out' ever since!

But back to the spiritual plot – clearly the Bible teaching and the Christian example of those leaders had some significant effect on the young man I was then. The leaders were happy, confident in themselves and real, genuine givers who were prepared to reach out and share what they had experienced with those around them. The thing that had changed their lives was for sharing, not for keeping to themselves.

In the end, I think it was the classic thing of 'I just want what they have got'. I saw something in the lives of those men which had clearly and profoundly impacted and changed them, something which I didn't have. They told us change began when we 'let Jesus into our hearts', an explanation I had to accept given that I had no other. It took some time, until May 1975 to be precise. I was sixteen, but I can remember and recapture the moment in my mind's eye even now.

On the last night of that Whit Camp weekend 1975, we were stood around the burning embers of the camp fire at about 1am and our beloved leader, Clive Holt, said that he would pray and then we should head for bed. I'm sure the prayer was longer than this, but the words I clearly remember to this day were 'thank you Jesus for dying on the cross for me'. As Clive finished the prayer, I heard myself say out loud, 'Amen!'. Well that was weird.

I'm sure I had never really said a genuine prayer before. Too busy messing around during them I think. But now I had. It wasn't much, but now looking back I can see that it was me 'owning' the words offered up by Clive. I was humbly and honestly taking on board the reality of what Christ had done for me.

My 'Amen' was a response, a commitment to something I had concluded in my heart was true. I know that little prayer would not be enough for some people. Something much more full and wordy would be needed to convince them that I was soundly 'saved'. But the proof of the pudding or the outworking of that short prayer is in what happened to me from that moment. So, what happened next? All I can tell you is that the next day I woke up and came out of the tent feeling completely different. Something had happened inside me. I was a changed person! How did I know? Easy! I found myself walking across the camp site, singing those same choruses, but now with the right words (!) and I was doing so at the top of my voice, not caring who heard. I now look back and see that was the Holy Spirit, His presence changing me in an instant from someone who was dead inside to someone very much spiritually alive. That's what He does.

First Steps in Leadership and Ministry

Very sadly, many of my friends didn't continue with Crusaders. It had little to hold them and there were many alternative ways for sixteen and seventeen-year-olds to spend their time. But I stayed. My new-found faith, my unswerving commitment to the group and, I suspect, a dearth of new young leaders coming through led to me getting the call to leadership just six months later. I was only seventeen, with very little real experience of God at work in my life. What a risk those older leaders took with me!

This was the first opportunity to see what I had really learnt, and to put it into practice. It was also my second big step of faith. I didn't know what I was doing. I just had to trust God that He would use me and work through me in the same way as I had seen in the leaders who had gone before.

So, in January 1976, without any real direction or training, but just the experience of what I had seen done before, I was unleashed into Christian youth leadership. The start of a journey which would continue, almost without interruption, for the next thirty-six years. I can picture myself now with that first little group of ten boys, including my younger brother, in the kitchen of the Quaker buildings. A great place to start my new adventure.

A few years later, several of the established leaders had moved on, and a new overall leader for the group was needed. I was just twenty-one, but I think there weren't a lot of alternatives. We also had to have a female leader for the group for it to be properly registered, and, although she was only twenty, Katherine was the only choice, even though we had to get a special age exemption approval for her. We were in ministry business together, something with long-lasting consequences.

We just loved those times. We gave ourselves to it fully, just as we had seen others do. We led worship, taught the Bible, gave pastoral support (long before we knew what that was) planned the programmes, recruited and oversaw leaders, did the admin, sorted the finances, organised trips, outings and camps. We were both in full-time jobs but had no hesitation in giving up to fifteen hours a week to this really worthwhile calling and cause.

At twenty-two, like many people so on fire and enthusiastic for the work, I felt the call to what we describe as 'full-time ministry'. I had become really excited about the work of British Youth for Christ and its young charismatic leader, Clive Calver. I think I was a little bit obsessive actually, having been powerfully impacted by his message on the 'Fighter' tour at Kensington Temple. I would have gone anywhere and everywhere to hear him speak. The idea of working with him and running a YFC centre seemed incredibly exciting. I was ready to roll!

This led to a trip to go and spend an evening with the YFC centre worker at Waltham Forest, exploring this 'call' I felt. It couldn't have gone much worse. Behind the glamour of the trail-blazing work and the conference speaking, was the harsh financial reality of the sphere in which they work. Living off local support, he explained how he often had to hide behind the settee when the milkman called for the weekly bill to be settled. As we drove back home that evening, whilst I talked excitedly about the possibilities, Katherine was completely unnerved by what she had just heard, and was (quite rightly) unable to come to terms with how Christian workers were supposed to exist. It just seemed totally wrong to her. It came to a head when we stopped at the red lights at Hatfield railway station. She said, 'if you want to go ahead and do it, that's up to you. But I can't marry you and live like that.'

I had to make a choice. 'There is no way I'm going to end our relationship for that', I said. Good decision!

It was one of the very best decisions in my life, actually. I've never regretted that decision in the thirty-six years that have followed. We got engaged on 5th September 1981, and married on 10th July 1982.

I actually did end up establishing a YFC centre in Welwyn Hatfield, but as a volunteer rather than as a full-time worker. I also did get to meet my spiritual 'hero' Clive Calver several times in the process. The centre ran for over ten years, employing two workers, while I pursued my career in Local Government. It was not the most exciting work, but what I did with my 'spare time' more than made up for it.

In the midst of all of this excitement I lost my dad to cancer. He managed to struggle through most of our wedding day, but by the December he was gone.

Throughout our twenties, Katherine and I ran Welwyn Garden City Crusaders together until Katherine was decommissioned by the birth of our first son, Daniel, in 1986. Wow! Parenthood. Nothing quite prepares you for it. Joseph arrived in 1988, and we then reluctantly decided that I should take a break from Christian youth leadership. I had been promoted, well above my competence level, to the position of Principal Assistant to the Chief Executive at Luton Borough Council and, with two little boys in the house, life was beginning to get rather over-full, to put it mildly.

The break didn't last long. Within less than a year, the person we had entrusted the Crusaders work to came to us, desperate and in tears. The group was in a state of near collapse. The only option was for me to go back in alone and rescue it, and so I did. Those years leading without my life-long partner were fruitful, but never so enjoyable as when we shared in the ministry together. Katherine and I are a team. We are most productive when we work together in that way. I lead from the front, and she provides the essential support and back-up. Neither is more important than the other, but I am so much less effective without her.

When God Calls

At the beginning of 1991 we both had a strange, uncanny feeling. Not easy to describe, but a feeling, as I remember it now, that our lives were about to change. How right we were! As we had done for many years, at Easter we went to Spring Harvest, at that time the biggest Christian conference in Europe. Hosted at Butlins in Minehead, Spring Harvest had become the 'go-to' place for many Christians, tired from their weekly church commitments, to get their spiritual nourishment. Give out for fifty-one weeks, take in for one! Not ideal, but we, like many others found it kept us going, and gave renewed vision, vital biblical input and brought us in contact with fresh, vibrant worship. Katherine had been to the first event at Prestatyn in 1978, and we went almost every year after. But this year was to be different. Life-changingly different.

On the second or third night there, I woke up in the bedroom of our chalet at 2am, just very aware that God was present. I cannot even begin to explain how I knew that, He just was. In my heart and mind that night I received a very clear, unequivocal call to full-time ministry. God spoke, I listened. I spent the best part of two hours asking questions, and sensing His Spirit giving me answers, reassurance and clear direction. Part of the call was for me to give up my secure, thriving and well-paid Local Government career to go to Bible College. I knew that had to be God as the idea of full-time study didn't excite me one bit. Quite the opposite. This non-academic had never been anywhere near anything like that.

How could I explain this to Katherine? Although she had felt life was about to change, would she have expected it to be this? What would she think?

The next morning I woke up knowing that I had to speak to her about it straight away. I told her everything that I had heard God say to me but then unfairly decided to heap pressure onto Katherine to confirm everything. It's not a decision I'm proud of, but I put her and God to the test. In the night, in my dealings and questioning of God I had outlined all my concerns about how we would deal with finances and housing if we were to give up everything and go. He spoke Matthew 6 verses 25-34 directly into my mind and heart, bringing much-needed reassurance.

So, in my great, loving (!) wisdom and wanting to get it right, rather than having a repeat of 1981, I decided to say to Katherine, 'I believe that if this IS God speaking to us, that He will give you the same Bible passage as He gave me. So, I'm going to take the boys out for a couple of hours, and when I come back we will know if what I feel is true.' How really unkind! An awful pressure to put her under.

When I returned to my poor wife two hours later she felt God had given her two passages. I hung on, almost unable to breathe and the second one was Matthew 6! We were apprehensive but rejoicing. God was clearly speaking, calling and at work in our lives. The next few years were going to be eventful. The next day I was walking very early across the site and I bumped into Ian Coffey, one of the main speakers and leaders of the event. In my excitement I told him about God's call and asked about which Bible College he would recommend for me. He mentioned Moorlands, in Dorset, as one which was training and sending out people who were really being used by God across the nation.

Ian also asked me to bring Katherine to a late-evening meeting he was speaking at, so he could pray with us at the end. At the conclusion of the meeting I was amazed when he looked out into the crowd and ushered us to one side so he could minister to us and pray for God's guidance. I was pretty stunned (but I shouldn't have been) when in his prayer for us, Ian quoted from Matthew 6. I want to also mention here that I rang our Minister, Brian, from the Spring Harvest site, to tell him what had happened and asked to meet up and talk it through on my return. I then later met up with the Leadership Team of the church, submitting myself to their authority. It was really important that we got this right. What was wrong was that the Leadership Team asked me to meet them without Katherine, as we were in this together. Even church leaders get things wrong.

One of the best decisions we made was to not hurtle straight into ministry training. We could have rushed at it from April to September but we were wise not to. We met others who made last minute decisions to screech in, and really regretted it. For us, it was such a big life change, we needed time to prepare ourselves, prepare others, obtain the support of the church and plan ahead. We knew that starting at college in September the following year (1992) was exactly the right timing.

Letting Go and Launching Out...

But how do you extricate yourself from a successful seventeen year local government career? How do you tell friends and family, Christians and not, what you are doing? How do you tell your mum, dying of cancer, that you are leaving a secure job and will have no income for two years? How do you tell the best in-laws in the world that you are taking their only child, and two beloved grandsons from living around the corner, to a different part of the country? The answer, of course, is prayerfully and carefully. We could hardly believe how supportive and understanding everyone was. With only one exception, (a person we did not know well) everyone was behind us. We were particularly pleased that our beloved church family of fifteen years, at Christchurch, Welwyn Garden City unanimously confirmed and supported God's call on our lives. It is vital for anyone thinking of heading into study or ministry to have that backing. Don't leave without it.

Things at Luton Borough Council were already shifting and looking back I can see God's hand on that too. Without going into too much detail, I want to highlight several things that happened (in a non-Christian environment) as we stepped out in faith. These just help to highlight that God's rule and reign are seen wherever His people are actively serving him, no matter what the circumstances.

The first person at work I had to tell was my good friend and colleague John, who had just been through a triple heart bypass operation and had only recently returned to the Town Hall. I asked him if we could go out for a lunchtime drink, as I had something important to tell him. He was delighted, as he needed to talk to me about something too!

As we sat down with our pints, in our normal straight talking way together, we just went for it. He told me that he was unable to return to his previous job, managing over fifty people because of the toll it had put on his health. Would I be willing to switch jobs with him, so he could supervise my smaller department of fifteen? I replied and told him that God had spoken to me and I was heading off for Bible College and full-time ministry! His jaw hit the table. I would be leaving the vacancy he needed. We agreed that he would tell the Chief Executive. Although the Chief Executive was actually my current boss, John and he had been close friends for many years. He went to speak to him at end of the day.

At 8. 30am the next morning I was summoned in. We sat either side of his large conference table. 'I have just one question for you', he said. 'Is there anything we can do to get you to change your mind?' I assured him that my mind was absolutely made up. 'In that case I will do everything in my power to make your position redundant.' What? Now I really wasn't expecting that.

He then asked, 'when do you need to leave?' I confirmed our move would be in August, and he then immediately proceeded to work back from there with a plan for decisions to be made and re-organisation to happen which would lead the Council to save money whilst losing a senior position in the department. That was our Chief Executive. I was just blown away by his support for me, and grateful to God for His provision, way beyond what we could have expected.

A big concern for us had been the necessity of selling our house to free up the capital to provide money to cover the cost of studies and accommodation. That was our plan, but God had another. The house just would not sell. After a long while waiting on the market to provide a buyer, an unexpected conversation after a church evening service led to a young man offering to rent the house from us for two years instead. This solution was way out of my thinking and planning, but part of God's plan. Not only did he take over the house, but he also inherited the young adults Sunday night group that met there and ran it for the two years we were away!

So, we were finally underway on our big missional journey. It's so hard to sum up in a few sentences just how big that transition was. Katherine was born and bred in Welwyn Garden City, so a moving away was a huge change for her. We had to take Dan out of school, whilst I swapped my position of staff management, responsibility, and the big desk and office for a chair in a crowded lecture room. Quite a lot to deal with!

We arrived in the little village of Bransgore in August 1992, for the adventure to begin. Despite some painful episodes, the two years at Moorlands were some of the happiest of our lives. We made life-long friends and got to enjoy a different pace of life, having been on the Local Government management treadmill for five years. I just did not realise how tired I had become over those years until I moved on. In a classroom of over forty people I was right out of my comfort zone. The range of ages, characters and denominational backgrounds all brought together in one place was just amazing. There had been a significant intake of nineteen to twenty-five year-olds for our year, so at thirty-three I felt quite old, especially when I tried out for the college football team. Here I was suddenly a veteran!

I found some of my fellow students very challenging in their views, and a few, I'm afraid to say, were just too immature. I think they would have done better to wait a few years rather than constantly disrupting lectures with their childish behaviour. I found myself during a break one day explaining in no uncertain terms to one person how much it had cost for me and the family to come to the College, and that too much time was being wasted in the lecture room. Things did improve.

The joy of those years was marred initially by Daniel's struggles in the local village primary school. His teacher was very old-fashioned, domineering, and downright rude. Her attitude to children and parents alike was dreadful. In one consultation, where she sat above us on an adult chair while we perched on the children's ones, she reduced Katherine to tears.

We also endured the experience of two painful miscarriages, one in each year of our studies. The resulting hormonal problems left Katherine with overwhelming migraines for months on end. We had longed to have a third child to complete our family, but it seemed that it wasn't to be. We had followed God's lead this far, but we quickly discovered that even on the road of obedience, life is not perfect.

So, how do you sum up two years of Bible College life? We learned a lot, wrote a lot of essays, we laughed a lot, cried quite a bit, I honed my service leading and preaching gifts, learnt enough New Testament Greek to pass the exams, won two cup final medals with the football team, and we both came out the end as more rounded, better shaped-for-ministry people.

...and Out the Other Side

March 1994 was a funny and tense time, as students at the college edged towards the completion of the academic year. Many were successfully applying for jobs in ministry and celebrating whilst trying to be respectful to those who were repeatedly unsuccessful. College campus became a place of hushed conversations and whispers about one's future and the joys and frustrations of others.

We had a particularly busy and strange time. I applied for three positions, one as Crusaders Area Worker for Hertfordshire and Bedfordshire, one as Youth Minister at Goldhill Baptist Church, Buckinghamshire, and then Youth Director at Mutley Baptist, Plymouth.

Here, if you'll allow me, we must make a brief but important, digression regarding the position in Plymouth. It was one that I never formally applied for. This was one of those out of the blue God things, which influenced our thinking at the end of the application process, because it was such a clear example of God's hand at work in our situation. At Moorlands it was the pattern of things that after lunch each day the entire student body would pray for the graduates of the College. This involved the news/prayer request forms, completed and sent in by graduates being passed around the tables. Someone in turn would then read the main points and pray for that person. My ears pricked up when the person opposite me said they had a request from Mark Reid, Youth Minister at Mutley Baptist, the church I knew Ian Coffey attended. They went on to outline a couple of things, but meanwhile I was using my Local Government training, and was reading upside down (an essential skill to keep up with your boss) what was on the rest of the prayer request sheet.

What I read was that Mark was asking for prayer for guidance, as he felt that it was now time to leave Mutley. Because I knew Ian was at the church, something stirred in my heart. I sneaked the prayer request form home to show Katherine, and asked her what she thought. 'It's got to be worth a call' was her reply. Within an hour I was on the phone to Michael Bradshaw, the Mutley Church Secretary. The call to him revealed more of God's hand upon the situation. He asked a few slightly unusual questions of me whilst I explained why it was that I was ringing. After a few minutes he revealed to me that the night before the leadership team had met together to put together a profile of their ideal candidate for the new job and that I met it exactly!

Clearly God was doing something in the leading and guiding of our lives.

Moving back to the story, the next few weeks were mapped out for us as I went ahead to be interviewed for each one of the positions on consecutive weekends in March 1994. Within a few days of each interview I was (by God's Grace) offered each one of the jobs in turn, but I told the people concerned that I needed to complete all three interviews before I could decide. They all very kindly understood and accepted this.

On the final weekend, after the drive back from Plymouth to Dorset, I got a late call from Ian Coffey, to say the deacons (who had interviewed me over the weekend) were unanimously supportive of my going there as Youth Director, but unfortunately due to Ian's diary commitments and other events, I could not be interviewed by the whole church for another six weeks.

How could I ask the other two places to hang on and wait for six weeks? I couldn't. We needed to decide if we would pin everything on the Mutley position, not knowing if I would even be accepted. I shall never forget that late night conversation with Ian. 'Look', I said, 'After a unanimous church meeting decision, I have been offered the position of Youth Minister at the largest Baptist church in the country, and you are asking me to turn them down, in the hope that Mutley will take me on.' His answer was (typically) priceless: 'Well Andrew, it takes two to tango!' In faith, and slight trepidation, I turned down Crusaders and Gold Hill and we waited.

Six weeks later we arrived back in Plymouth to be interviewed by the whole church (well, 40 people on a Saturday night). That evening we tried to pray and relax as the special church meeting took place. Ian of course didn't tell the meeting until the end that I had turned down two other opportunities in order to come to Mutley. We sat until 10pm at night praying, pacing and glaring at the phone, until finally Ian phoned. Our future was decided – we were on our way to the other side of the country.

After an incredibly quick house sale, house purchase, and clearing two properties, we arrived in Plymouth, just six weeks later, late July 1994, long before the church was expecting us. A whole new chapter awaited.

The Mutley Years (1994 – 2003)

At nine in the morning on the first of September, I turned up for work at the large, imposing Mutley Baptist Church on Mutley Plain in Plymouth. No-one was expecting me! The few office staff around told me that they hadn't anticipated me appearing until after my induction service a week later.

As no-one had told me that, I just assumed that I should be in work from the first day I was being paid! Much still to learn about ministry and church practice, but boy was I glad of that extra week at the start of my time. So many people to meet, and so much to do. But firstly I was given the resources for my new office and for my role as full-time Youth Director for the church: two keys, one for the office, one for an old filing cabinet. That was it! I certainly felt well equipped for my new job.

It would be an enormous understatement to say that the first term did not go as I would have hoped or anticipated. Within my first fortnight, for reasons I won't go into, I had to prevent the midweek youth house groups restarting, 'release' some young youth leaders from their responsibilities for behaviour inconsistent with discipling our young people, and cancel a planned youth weekend away. The upshot of all this upheaval was that at the end of October I had to deal with the resignations of all four of the midweek youth group leaders for the fourteen to eighteen year-olds' work. Each of them put their letter of resignation through the front door of my home, on consecutive days. Nice!

So, rather than be able to spend the first year doing what all the good books told me – spend the first six to twelve months assessing, reviewing and building relationships, without making major changes – I was just forced into it all, immediately! I had to quickly assess what was really needed, and how I might be able to keep the teenagers on board when so many changes were happening at once. Where I would find new youth leaders in a fellowship I didn't even know yet, and how I might develop a vision and strategy for the ministry to carry us through the next few years were further issues to add to the pile.

Phew! The decisions I felt forced to take in those first weeks put me in a very difficult place with parents, teenagers and leaders who had resigned or been removed. It was a really challenging time and by the end of November we were ready to turn around and leave. Katherine and I talked about it a lot. Everything seemed horrible and hopeless, and we felt like we were going nowhere. I was having to deal with too many issues which should have been addressed within the youth ministry long before I got there. The only reason we didn't leave was that we just knew that God had called us to be there. A prophetic word given to us by a retired Methodist Minister, Joe Ridholls, in a little fishing village in Cornwall the summer before was enough. Though it's been so many years since then that I can't remember the exact prophecy itself, I can still so clearly recall how significant its fulfilment was for Katherine and me. When you are faced with what we were going through, and the opportunity to turn and run is so great, you really need to be reminded of what your calling is and who it is that has called you.

Over the next eight years, by the grace and enabling of God, we saw the youth ministry at Mutley rebuilt and begin to thrive. At its peak we would see well over a hundred eight to eighteen year-olds meeting each week for open youth groups, Bible studies and Sunday programmes (morning and evening). We planted two new churches from Mutley and I had oversight and involvement in the running of all of that too. At one stage the volunteer leadership team for all we were doing (ages eighteen all the way down to babies) numbered over fifty.

In September 1995 I took on a trainee youth worker to help manage the increasing workload, and then ran a leadership training program for people doing a 'year out' with me for the rest of my time there. The trainee youth work team grew to six within a few years, and we were able to support and resource many other churches in the city by offering the services of members of our growing team for part of their time with us.

In addition to this work at Mutley, for a number of years I was also South West Regional Development Worker for Crusaders (now Urban Saints) and Youth Director for the South West Baptist Association. In both those roles I sought to advise, encourage, provide training and events to grow youth work across the region.

This was whilst still doing eight sessions of weekly youth work back in my home church. Stupid, crazy, and fruitful. This is definitely not the level of work that I would now recommend to someone bringing up a young family. A family which finally gained the sought-after third child in November 1995, as we were blessed by the birth of our precious baby girl, Amy. I can only look back and thank God for the support, commitment and energy of my beloved wife, without which I never would have been able to do all these things.

One of the most exciting things we did at Mutley was to develop what we called 'Regional Youth Celebrations'. This was the rather grandiose title which we gave to a termly gathering of leaders and young people from across the South West. The Celebrations grew into an amazing hub for leaders and young people across the region, whilst simultaneously energizing and equipping our own teenagers. The numbers grew over my time at Mutley from an initial three hundred and fifty, to a peak of almost a thousand. Fifteen years on, I still get occasional messages from people saying how those events impacted their young people and youth groups. All the glory goes to God.

After eight very fruitful years working together at Mutley, Ian Coffey announced that he would be leaving. The Associate Minister (John) and I were immediately 'on notice' because we were told that any new incoming Senior Minister must have the right to pick their own team, and not just inherit the existing one. John almost immediately got a job as chaplain to the local NHS Trust, and I, through God's call and leading, ended up moving within a couple of months to another church, barely two miles away. As chance would have it, Ian did not end up going elsewhere, and remained at Mutley for another eighteen months. Life is strange!

The Move to Hope

Sometimes when we are praying in expectation, we have to be patient and 'wait on the Lord.' This can be really hard, but we trust that God's timing is perfect so we can bear the waiting. At other times, God answers instantly and we find ourselves in a rush to keep up. My move to Hope was definitely an experience of the latter! In October 2002, a chance conversation with Andy Saunders, the Minister at Hope Baptist Church in Peverell, Plymouth, led to a deeper discussion about the possibility of us ministering together.

We discussed how I might take over responsibility for overseeing youth, children's and families' outreach. A meeting with deacons that November confirmed to everyone involved that God was with us, and by January we had a (near) unanimous decision from the church congregation at Hope. We were on our way!

In all honesty, the speed of the transition didn't take me by surprise as it had done for other people. Several months earlier I was sat at the traffic lights opposite Hope, and I heard the audible voice of God say to me, 'You are going to minister there.' I looked around the car stupidly searching for who might have spoken, but quickly knew once again, this was Almighty God leading and directing my path.

So, this strange, God-ordained series of events led to 1st January 2003, when I went on sabbatical from Mutley not knowing if I would ever go back there to work. After finishing my sabbatical at the end of April, I didn't! The call to minister at Hope was confirmed and I moved from a role almost entirely focused on youth ministry to one which had a great deal of other responsibilities besides. But once again I found myself in a position where there was clearly much to be done.

Thirteen Years of Hope

Thank God, I now carried with me nearly thirty years of youth ministry experience and so knew a bit more about what I was doing! Once again, by God's grace we were able to build a work which would see dozens of older teenagers discipled, and at its peak around one hundred children aged eight to eighteen attending our programmes. Several of those I had the privilege of leading in midweek Bible studies are now in full-time ministry themselves, with many others as volunteers.

Alongside the youth ministry I now had the opportunity to get more experience in preaching, teaching once a fortnight instead of every couple of months. Venturing out into adult pastoral care was a whole new experience for which I felt completely inadequate, but trusted that, if God wanted me to do it, He would again equip and provide what was lacking within me. And He did. It has been a humbling privilege to sit alongside people facing terminal illness, going through relationship breakdown, experiencing bereavement and to love, care and support them through it.

In 2005 I was asked to take the lead role in a major building development at the church. Me, the man that can hardly change a fuse! Discussions had gone on for years about what was wanted, with many plans drawn up, but no major decisions. Ideas and proposals had just gone back and forth with nothing actually being done. Action was now needed, and I applied my 'can do' attitude to this next challenge.

I really didn't know much about building developments, but I did know about moving something from vision to strategic planning to execution. After convincing the church that the time for talking was over, I presented a plan which I could see working, broke it down into about twenty manageable areas and we were off.

Without having much clue about how it all might end up, I gathered a team who knew a bit more about things than me (not difficult!) and we spent the next seventeen months overseeing it all. It took about twenty hours out of my week, mainly added hours on top of all else I was doing. At the end we had a wonderful multi-purpose facility. There was now an open and welcoming entrance, new lighting, heating, flooring, toilets, a prayer room and new offices. It was a completely refurbished and renewed worship centre fit for a new era. No more hard wooden pews and no organ. And God provided through various means exactly what was needed, not the £160,000 we first estimated, but the £250,000 to do the job fully and properly.

Katherine and I are so thankful to God for using us: 'even us' as I often say – in the building up of His church. We have worked hard, but using the gifts He has graciously given. When I 'preached with a view' at Hope in January 2002 I think there were about one hundred and ten present in the congregation. In April 2016 we were quite often seeing over two hundred and thirty people on Sunday mornings. Over the course of a few years we saw more baptisms than had taken place in the previous thirty. In our first ten years at Hope, church membership increased from ninety-six to one hundred and seventy.

I say all this to demonstrate, loudly and clearly, that God uses weak, ordinary, inadequate people for His purposes. That is just so important to recognise and means I can take no glory for myself. When Andy Saunders left in 2012 for BMS training before heading abroad, I became the sole minister. This gave us the opportunity to think again as a church what team ministry looks like, and we have had the joy of working with a team of eight people, each with their own roles and chance to develop and grow their own areas of ministry and 'administry'.

In April 2016 a further development of the main church building and the move of offices to the first floor meant that we were now able and ready to go to the next stage, a church of three hundred meeting every Sunday. There was a buoyant, upbeat feel at Hope. We were ready to move forward in faith, with confidence. We had every reason to believe greater fruitfulness and growth was ahead.

> Philippians 3 vs 7-9: 'But whatever was to my profit I now consider loss for the sake of Christ. What is more, I consider everything a loss compared to the surpassing greatness of knowing Christ Jesus my Lord, for whose sake I have lost all things. I consider them rubbish, that I may gain Christ and be found in him, not having a righteousness of my own that comes from the law, but that which is through faith in Christ – the righteousness that comes from God and is by faith.'

2. No Tunnels In Sight

Before we enter The Tunnel together in this story, I want to give you a snapshot of what life was like for me at that time. This isn't to try and engender sympathy, but to add depth and significance to the experience it has been for me. Darkness seems much darker when you still have the memory of the light fresh in your mind. It is also written because many of you reading will also have had to come to terms with massive change, loss, sudden pain, brokenness, unwanted and unexpected hardship.

Together we need to face the harsh reality of how difficult that really has been for us, and somehow assess what it has done to us. Self-understanding is so important, so we can work through these struggles ourselves, but also so we can explain it to others and help them to understand and come alongside us.

So where was I before it all started? Before I popped along to the doctor, for what I thought was a fairly routine check-up. Well, what do you need to know? I'm fifty-seven, I am so very happily married to Katherine, my wife of thirty-four years. Katherine works four days a week in a local primary school as a 'Specialist Mentor' dealing every day with children who have social, emotional and mental health issues. These days, an enormous, varied and challenging role!

We have been blessed with three wonderful children, all now in their twenties. Dan, who lives nearby in Plymouth, and works locally. Joe has been based (most inconveniently we feel!) with YWAM in Indonesia for the past 5 years, and Amy who is currently pursuing performing arts and working as an intern with Woodlands Community Church in Bristol.

Facing the 'empty nest syndrome' in 2014, and still having a fair-sized mortgage hanging over us, we decided to think about downsizing our house and, in what seemed like no time at all, we had moved into a smaller property just half a mile from our family home of twenty years.

Having been in the hands of the same owner for over forty years, and being untouched decoratively since the 1970's, it took us (and twenty-eight friends) three exhausting months to gut it, and transform it into a property that really felt like home to us. We were just so, so happy with the result!

Anyone reading this who is in full time ministry (and of course others just stressed out with their day job), knows how important it is to have a safe haven to come home to and this was ours. The fact that we had invested so much money, time and sheer hard work in the transformation only meant that we appreciated it that much more.

Barely a day went by without us remarking on something we just adored about our new home. A real place of peace, and of course a place we sought to be a blessing to others, providing a venue for Sunday lunches, informal meals, student BBQs and great new year parties!

We felt like we had really entered a new phase, missing the 'children' enormously, (notwithstanding the accompanying mess and the shopping bill!) but we embraced the freedom and the opportunities to extend ourselves in ministry in new ways. Suddenly we had more time; for ourselves and for each other. We suddenly had more free time than we had had in years. I was the Minister and Team Leader of Hope Baptist which, after the house move, was just a few lovely minutes' walk from home. Having spent many years working in Local Government in London, with a one-hour travel to work journey, you can imagine how good that felt. At that time, I had been the minister for well over thirteen years, nearly twice as long as most Ministers generally do. I was really enjoying the benefits of a long-term pastorate. Having rejected thoughts and possibilities of moving on to other churches over the previous couple of years, Katherine and I were really grounded in the certainty that Hope was where we were called to be. We felt that this was our place to minister under God, and the place where He would build His kingdom through us and the wonderful people he had put alongside us there. And boy, did we experience his blessing!

I can hardly put into words the joy we had in being what Eric Delve described as 'mum and dad in the house of God.' Maybe as an outsider that sounds a bit twee, but we all knew what he meant. First and foremost, our church is not an organisation, or an institution, it's a family and that's one of the major things we have loved about Hope.

Everyone who comes to Hope just knows it! We just have a wonderful, precious sense of being part of one big extended family, from toddlers to eighty year-olds. Since a crisis period in the 1980's where it looked like closure might beckon, over the past thirty years the church has grown to having about three hundred people regularly involved. It has not all been plain sailing, and not without problems along the way, but the key underlying difference is that Hope has become a church which accepts and embraces change. What I've found along the way is that as long as the need for change is explained carefully, with all options clearly presented, even the longest-serving members of the church (who can often be most resistant to change) will not stand in the way. I am greatly indebted to them all, and the church could not have moved forward without their attitude and openness.

Each year I regularly took time out of the busyness of ministry to pray that God would bless us further with healthy signs of fruit and growth. For our size of church, I prayed for at least ten new Christians, at least ten baptisms, and at least 10% growth in membership, believing that God's church is not an organisation, but a living organism. And healthy living organisms grow. Ok, so not every prayer was answered in the way I hoped but we were certainly seeing growth, in all kinds of ways. New people were coming into church every Sunday to have a look at us. More significantly perhaps, those people often returned for a second or third week. More people were coming to faith for the first time, we saw about ten full-immersion baptisms each year, the congregation was increasingly responsive to the Sunday messages and the church was developing a real heart for prayer, unity, faith, things of the Spirit and mission. Almost everything I had dreamed of when I first went there.

Of course, it was not all rosy. We were an imperfect church led by an imperfect minister.

But thank God that He uses imperfect people.

I hope this chapter helps to give you the bigger picture of our lives in 2016. A loving husband and wife, very happy, knowing God's joy and blessing, fruitful and deliriously excited to be part of a thriving church family. We served in a church where we knew what it meant to be able to love, and be loved in a wonderful, healthy atmosphere. We were surrounded by good friends, we had happy children enjoying life and thriving in their own settings, all looking forward with excitement to what God was going to do next. I knew I had eight and a half years left in ministry at Hope and I wanted to make every day count!

I have learnt many lessons from the book of Job and I feel that the picture I have painted for you above has some real similarities with Job chapter one:

Job 1: 1-5: 'In the land of Uz there lived a man whose name was Job. This man was blameless and upright; he feared God and shunned evil. He had seven sons and three daughters, and he owned seven thousand sheep, three thousand camels, five hundred yoke of oxen and five hundred donkeys and had a large number of servants. He was the greatest man among all the people of the East. His sons used to take turns holding feasts in their homes and they would invite their three sisters to eat and drink with them. When a period of feasting had run its course Job would send and have them purified. Early in the morning he would sacrifice a burnt offering for each of them, thinking, "Perhaps my children have sinned and cursed God in their hearts." This was Job's regular custom.'

In this passage, we see a man settled in his way, seeking to honour and serve God with his life, blessed with children, in a 'good place' in life, definitely enjoying God's goodness and hand upon him.

Ok, so I'm not 'blameless and upright' like Job was, but I am redeemed and I am confident of my righteousness through Christ. I don't have quite so many camels, oxen and donkeys, but I love the goldfish we have in our garden pond. Spiritually, relationally and materially Katherine and I knew how blessed we were and we recognised that fact, giving thanks to God for His work and goodness in our lives.

I don't think we were taking it all for granted, but we thought we knew what was ahead, and we were really relishing the thought of the years to come.

Then came Friday, 6th May 2016.

Proverbs 3 vs 25-26: 'Have no fear of sudden disaster or of the ruin of the wicked, for the Lord will be your confidence and will keep your foot from being snared.'

Dear Lord,

Help us to always remember to thank you when life is good. There is nothing that can take away the memory of the wonderful times you give us. Help us to resolve to cling to you no matter what the future brings. We are grateful that we do not know tomorrow so that it cannot take away the joys of today.

In the name of Jesus.

Amen

3. 'I'm Sorry'

Two short words that we probably hear often in our lives, although for some of us not quite enough. Elton John did tell us years ago that, 'Sorry seems to be the hardest word.' It does seem to be for a lot of people.

As English people we often use it in a range of innocuous contexts in our everyday lives: 'I'm sorry, I trod on your foot'; 'I'm sorry, I've just scratched your car'; 'I'm sorry, I've given you the wrong change'. For those of us who have entered The Tunnel, my guess is that being on the receiving end of the same words has led us into a dark place of fear, uncertainty and pain.

'I'm sorry, I just don't love you anymore'; 'I'm sorry, things aren't going well, we have to make some redundancies'; 'I'm sorry, I have to tell you that your son has passed away'. You will have your own moment. It's seared into your brain, with pain forever attached to it. For me, 'I'm sorry' led me into The Tunnel at about 3.00pm on Friday 6th May. I had been to the doctor late the previous year with a minor gastric complaint and was reassured that it was nothing to worry about. However, when things grew more complicated, I decided I had to return and get some further assurance.

This was most unlike me really, as I don't usually bother. I felt generally very fit and well. 'Better than I have done for years', I told Katherine. I was very proud of the fact that I could still run each morning and score the odd goal on the football field at fifty-seven!

Anyway, the doctor listened, checked my tummy for anything untoward, found nothing and indicated that it was most likely nothing to worry about. However, on hearing that my father died from bowel cancer, albeit thirty-two years before, he concluded that I should go for a colonoscopy, 'just to be on the safe side'. I was subsequently sent to the local hospital, not immediately for a colonoscopy, but to go through further 'clearing' to see if a specialist even felt one was needed.

A further, more rigorous, internal check took place within a fortnight and found nothing of obvious concern. But again, 'because of your father's medical history, I think you should have a colonoscopy anyway. Just to be on the safe side.' So, having just celebrated thirteen years of ministry at Hope, feeling generally very fit and well, enjoying my usual positive optimism, I popped in for my first ever colonoscopy. I was fearing nothing, and expected to be out and having tea and cake in the cafeteria in no time at all. 'I'm sorry, I have found a tumour, and I have to tell you that it's most likely cancer.' What?

Thoughts raced, my mind whirled, checking and re-checking the doctor's words. Could I have misunderstood? I could not believe it. This was not happening!

It just did not seem possible. The Tunnel opened up before me.

I was left to recover from the procedure on a trolley in a room with one or two others. I was beyond stunned. Shocked, speechless. I recall others remarking on their good news but I'm ashamed to say I could not rejoice with them.

'Do you want a cup of tea?'

'No!'

I just wanted to be told it was a mistake, that I had misheard or misunderstood. But I hadn't.

I began to panic over the fact that Katherine would soon return to pick me up. What on earth would I say? How could I help and support the love of my life, whilst still coping with my own shock? How could I protect her? My heart and mind were overwhelmed.

When she returned to the desk she was greeted with the words, 'the specialist nurse will be in to see you both.' Scant information, but enough for her to realise that clearly all was not well.

She came to find me in the small room, looking shaken, the colour drained from her face, struggling to speak, eyes filling with tears. I just did not know what to say.

'I'm sorry...' It was all I could get out before the tears started falling. We were quickly joined by the nurse who began to talk us through what had happened, what had been found and what would happen next. She was calm, gentle and soothing. It didn't help. Nothing could change the news. The Tunnel was big enough to swallow us both.

The breaking of bad, shocking news is never easy. The Bible has many moments and places where people are told things they would rather not hear.

My mind goes to the story in John 11, where Jesus gets the news that his friend Lazarus, has tragically been taken very ill. The situation is devastating for Lazarus' sisters, Mary and Martha.

But Jesus is with them.

The disciples can go to him, talk to him, share their upset and concern with him. Jesus is reassuring. 'This will not end in death', Jesus explains. 'It is for God's glory.' But, confusingly for them, He isn't in any rush to go to Lazarus, even though He clearly loved him.

As we read through the rest of the story, we see that He does go, He does act, and Lazarus is miraculously raised from the dead by God's mighty power. But before that, as you can see in all that is said by those caught up in the trauma, there are so many questions. There is confusion, anger and frustration (vs 32) – with faith thrown into conflict with doubts. When Katherine and I were told, 'I'm sorry', it precipitated a hurried search. Soon after we got home, pushing through the panic and shock, came grasping, pleading questions:

Where is Jesus? Is He here?

What is He doing?

The Tunnel is wide open before us. We are so scared.

Does he even care?

So here is my first Lesson from the Tunnel:

Since our teens, when we both came to know Jesus, and felt Him come to work in our lives, Katherine and I had trusted Him in so many circumstances, and in so many different ways. We were not always perfect, and our faith is as flawed as we are. But by the grace of God, we have been able to face every challenge. There have been leadership dilemmas, loss of parents, enormous work pressures, church battlegrounds, financial turmoil, the demands of raising children, life decisions, two miscarriages, ministry opportunities, ministry changes, traumatic challenges to my leadership and much more besides.

But this Tunnel has felt entirely different. Nothing compares.

I recognise now, very clearly, that when you encounter a Tunnel in your Christian journey, the life you have led before will shape everything that follows. The spiritual disciplines you have put in place (or not), the way you have grown spiritually (or not), the way you have learned through your faith (or not) and the church friendships that you have put around you (or not) will determine how you deal with it.

It is likely that every one of us will encounter some form of Tunnel in our lives. Trials, trauma and testing will be there. It's not a case of if, but when. So, is it possible to be ready? Can we be prepared for these times of trial and test?

I recognise that any preparation will be imperfect, but in those brighter, simpler days, it is crucial actually, to seek God, to grow and abide in Him, to learn from His Word, to keep in step with the Spirit, to develop healthy relationships with others for mutual blessing and encouragement.

The Bible makes it clear. In this life we will face, 'trials of many kinds' (James 1 vs 2). Jesus Himself promised that, '…in this world [we] will have trouble' (John 16 vs 33). Like the disciples, we don't know when the squall on the lake is going to blow up (Luke 8 vs 23). Even in calm, clear waters we never know when we will hear the shout of 'Iceberg!'

It's impossible to put up an umbrella in a gale. We've all tried that. It just gets blown inside out. It needs to be up and ready for the time when the storm strikes.

I am not going to pretend to you that I have prepared perfectly over the brighter years I have had. Journeys of faith and growth are not uniform. My story, just like yours, has not been one of leaping from one spiritual mountain-top experience to another. There are always valleys in between.

The road to Heaven is not a super-highway. Along the way are diversions, hold-ups, accidents and cul-de-sacs.

And Tunnels.

> 1 John 1 vs 9: 'If we confess our sins, he is faithful and just and will forgive us our sins and purify us from all unrighteousness.'

Dear Lord,

*When trauma comes upon me out of nowhere
thank you that you are always with me. Thank
you that you are not taken by surprise Father; your
foundations don't shake, not by so much as a quiver.
You are my rock, my fortress and my salvation.
Immovable, unchanging. Rock of ages, I take my
stand on you.*

Amen

4. Shock to the System

Somehow, we got home without crashing the car.

Katherine and I very seldom swear, but our language on that journey home was not the kind you might use in church. Almost overnight, when I became a Christian at sixteen, I was delivered from the language I used to use as a fairly foul-mouthed teenager. It wasn't something I particularly prayed about or sought to change. It just happened. Katherine's language in my earshot has never been of that kind either.

But in that moment, as the shock took hold, it brought with it words which appeared unbidden on our lips. For us, this represented our hearts and minds falling into chaos. I take no pride in this, but I want to again show you that we are only human, and so are our responses to shock.

We didn't know what to say. Anything that did come out was so tear-filled and terrified it was hardly understandable anyway. We were desperately trying to support one another but didn't have the words to say what our hearts wanted to. A problem in many marriages, I know, but never before in ours.

What does a shock to the system do? I can only tell you what it did to us:

Produced a sense of unbelief.

Ignited the question: is this really happening?

Created a volcano of emotions.

(The mind tried to quell it: 'This cannot be true.')

Felt like we could be sick at any moment,

Destabilised us immediately and completely.

Produced instant fear and dread,

Set our minds racing with questions.

No answers.

In the immediate aftermath I don't think we could do anything to stop this. I say that knowing some super-spiritual types are already thinking badly of us, maybe tossing the book away, disappointed that we allowed this tidal wave to wash over and drown us in self-pity and fear.

But I feel in the moment, there is nothing you can do but endure the fear – merely coping, somehow, seizing all the help you can get. We were always going to do the wrong things, think the wrong awful thoughts and say the wrong things. We were in a sodden, panicking mess.

That being said, we were definitely in good, Biblical company.

For example:

- Elijah when he found out that Jezebel was out to get him (1 Kings 19 vs 1-5)

- David on the run, under the threat of death from Saul (Psalm 59)

- Simon Peter's inability to cope with what was going to happen to Jesus (Matt 16 vs 21-23)

- Simon Peter facing the truth of his own failure and the impending crucifixion of his friend and Messiah (Luke 22 vs 54-62) The Bible is full of true stories of real, human experience. Anguish, pain, heartache and tragedy. God has included them for a reason. We have much to learn from where some of these heroes got it right, and also where they got it wrong. Thank God that the initial shock to the system does not last forever. I recognise that for everyone this experience is different, and that for many this after-shock is much longer and more intense. For us it was awful, but not nearly as bad as it was (or is right now) for some of you.

Honestly, I don't know if the shock can be avoided. Perhaps it has to happen. It's no good us trying to quickly move on. It's also no good trying to bounce someone quickly out of the shell-hole when they've just been the victim of a blast. People mean well and try hard to do the right thing, but wrong things said and done at this point can be destructive rather than constructive.

For every storm of life, for every trauma, for every time the tunnel sucks you into its darkness, there is word from God that can offer support. Psalm 16 vs 8 says, 'I have set the Lord always before me. Because He is at my right hand, I shall not be shaken.' As Tim Keller explains in his book *My Rock, My Refuge*, 'to be at someone's right hand is to be their support in battle or companion for a journey.' The Lord is our support and companion in every trial we face.

Lesson from the Tunnel:

God is your strength and refuge. Rely on Him in your darkest moment and he will comfort you.

We may be shaken to the core with shock, but God isn't shocked. Nothing that ever happens to us takes Him by surprise. Every corner we turn in life, we find God is already there. Thank God that He knows it all, the end from the beginning, and is able to hold us and sustain us through it. In our human weakness, we may not always be able to grasp that, but once the after-shock has faded, it is a truth which we can cling to.

> 1 Peter 4 vs 12: 'Dear friends, do not be surprised at the painful trial you are suffering, as though something strange were happening to you.'

Dear Lord,

We confess that when shocking news or events in our lives threaten to overwhelm us, we may give in to anger or fear at first. When we don't know how or what to pray, help us to call upon the Holy Spirit to intercede for us. When our lives are turned upside down and our own carefully laid hopes and plans are suddenly dashed we ask that we may know the reality expressed in the Psalms of you being our rock, our fortress and our strong deliverer. Set our feet once more upon that rock, strengthen our faith, and renew our hope in you as an anchor for our souls, firm and secure. Enable us to look upwards and fix our thoughts upon Jesus!

Amen

5. Living with Uncertainty

I don't want you to think that we came to terms with everything swiftly and simply.

That just did not happen.

It was too big, and too much for that. In fact, all these many months later we are still trying to process the information, working out what it means for us. This changes almost daily. That being said, the real killer in those early days is the uncertainty.

We all like the assurance that we are on top of things in our lives. It's human nature to like to feel in control. Although most of us might enjoy the thrill of a surprise party or an unexpected present, there is a great underlying peace that comes from the stability of life being predictable. We like to be able to see what's coming as the days and weeks unfold. I think we often rely upon it for our security in life.

From my many years in pastoral work as a minister I have seen what uncertainty does to people. As they wait for a diagnosis, a loved one to recover or pass away, the company to make a decision or the result of exams or an interview, it can eat away at them.

Honestly, I count it as an absolute privilege to have been alongside people in my role in life who are going through this period. I have learnt just how much people need, and appreciate, support during this painful waiting time. Although the results or outcomes are often really hard to live with, the unknown seems to be the vice that really grips people.

I couldn't tell you the number of times I have heard people say, 'I can cope with the knowing, but it's the not knowing that is getting to me.' It's a really tough place to be.

At the entrance of The Tunnel, the raw uncertainty robs us of our previous assurances, demolishing the previously solid ground upon which we built our lives.

Completely overwhelming. Utterly disorientating.

Like people who get caught on the Plymouth to Roscoff ferry in stormy weather, it leaves people grasping for something secure to hold onto, searching for relief from the anguish through whatever means they have available to them. It is this inability to see what lies ahead that often causes people to turn to things like alcohol for comfort. Although it's now many months ago, the rawness of that early period, where everything that I thought I could rely upon collapsed, is still only a thought away. If I allow my mind to wander it will easily drift back to that time. That's what happens when you experience severe trauma. No matter how hard you try to erase the memory, it remains lodged in the deep recesses of your brain. Lurking.

During that period of life, two books held places of absolute significance in my life. My changing relationship with them both as I entered The Tunnel summed up the changing reality of my new life.

The first book was one which effectively ruled my life at the time – one that I had referred to so often and that I wrestled to keep under control – my diary.

The other had been a guiding, directing source and driving force in my life ever since I had begun to be taught it through by wonderful, gifted leaders in our Crusaders group in my teens – The Bible. I had come to recognise that this collection of ancient writings was God's Word and because of that it had an authority and a trustworthiness beyond all other, with a power inherent in itself.

Because of the news and the uncertainties which engulfed us, like a dark cloud in the middle of a summer's day, my relationship with both of these books changed overnight.

The diary had to be reassessed and carefully emptied, with help from my church Admin Manager, Karen. How I needed support in that. The letting go of responsibilities, the passing on of tasks to others, was too painful to handle myself, especially with all else I was feeling and having to cope with. The impact that this had on me might seem difficult to understand, especially with so many other more significant pains occurring at the same time. But, for me, seeing my immediate future being slowly emptied of anything significant, to see the blank days and weeks stretching out before me was awful. It was a clear physical representation of how my life was going to be. Empty, unfilled, waiting for something, anything else to be filled in. But what this would be I just didn't know.

My diary was to be hardly used in the coming months. How incredible to go from what was often six to seven appointments a day to nothing. Just doctor's appointments, scans and visitations.

My Bible on the other hand became even more central. I held on to it even more than I had previously. God's Word became a sustaining and stabilising influence in my life in whole new ways as I learnt to search it afresh and depend on the truth of its words in the new place I found myself. When it seems that everything has collapsed around us we need a solid base upon which to build our foundation. We need concrete certainty about our Maker, who He is, and what He does. That's what we find in the Bible.

> Psalm 119 vs 89-93: 'Your word, O Lord, is eternal; it stands firm in the Heavens. Your faithfulness continues through all generations; you established the earth, and it endures. Your laws endure to this day, for all things serve you. If your law had not been my delight I would have perished in my affliction. I will never forget your precepts for by them you have preserved my life.'

> Malachi 3 vs 6: 'I am the Lord and I do not change.'

> Psalm 18 vs 28: 'You, O Lord, keep my lamp burning; my God turns my darkness into light.'

O Lord, My Lord,

May I not rely on false, 'earthly' security but rely on You, my faithful God. Help me to rely only on you, rather than on my own grand plans. May my hopes and dreams find their foundations in you, and not in my own desires. Help me to look to you in the turbulence of the storm to know you are with me in my circumstances. Be my refuge. Father, take me by the hand and lead me through the uncertainty of this time. Help me to trust you to see me through.

Amen

6. Sharing Bad News

Because of what I was expecting to hear from my colonoscopy, I really was in no way prepared for how hard it was going to be to tell others. Breaking the news to Katherine alone had been awful enough. But now with the tears came the realisation that we would have to have the same conversation over and over again. How could we bear to tell everyone from our beloved children, Katherine's parents (at 87 and 92), to our wider family and friends, work colleagues and church family? So many people that were going to have to know.

This was going to be really tough.

This news was hard enough to cope with ourselves. Having to break it to others when we were still processing the shock seemed impossible, particularly when some family members live on the other side of the world. There's no handbook for that conversation. No step-by-step guide or information sheet which walks you through the process. We would have to work it out for ourselves.

As it was, Katherine took it upon herself to do the bulk of it. Looking back now, we never really discussed this. I guess she realised I did not have it within myself to do it. I have walked with so many people through the painful paths that life takes us, so you would think I might have been equipped to do better with this. The life experiences I had with others seemed to count for nothing. Suddenly the pastor was desperately needing pastoring!

She went to see her parents on her own, that evening, when we had just got the result. We both felt the need to inform those who needed to know, as quickly as possible. Is that because it was too much to bear on our own? I don't know.

I do know that when she got to her dear mum and dad, she could hardly get the words out before dissolving in tears. All the shock and emotion of the day came flooding out. Suddenly she wasn't the minister's wife, the capable mother, the children's mentor. She was just the fifteen year-old daughter, collapsed in their arms. The day had just been too much!

So, some people were told, but many were not. Not yet. In public we had to contain ourselves. We were still trying to fulfil our calling in ministry, although it was incredibly challenging. We told the church leadership team immediately in order that they were aware and could protect us from things (or people) as much as possible that coming Sunday.

Thank the Lord it was a Sunday where I was not preaching! Conducting an extended interview about someone's life and faith was hard enough. In the after-church coffee, our church leadership team were just magnificent! They all knew, they all said nothing, but kept an eye on us, shielding us where necessary from anything they knew would be too much.

I can still remember the relief in getting back home that morning. We breathed the longest, deepest sigh as we slumped into the lounge settee. We had done it! On the Monday afternoon I had to take the 2.15pm service. Just eighteen people, generally the 'mature' section of the church who are free at that time, and who appreciate a quieter, more reflective time together than is possible to have on a Sunday morning with young families. A really nice thing to have on the church weekly programme, a place where we can sing a few more hymns and older choruses, which don't perhaps always fit any more in the main Sunday event, in order for the many and broad needs to be met.

For these short, once-a-month services I had embarked on a series from January to July covering the 'I Ams' of Jesus from John's gospel. I found myself in John 11, with Jesus getting the news of Lazarus's impending death, and declaring, 'I am the resurrection and the life.' But the words which whirled around my head all day were from verse 4: 'This illness will not end in death.' Could this be of significance to my own situation? I didn't know, but for the duration I was hanging onto that for all it was worth!

At the same time as we wanted to shield ourselves from more pain and conversation, we felt that in keeping the news of my cancer from the wider church for very long would be to 'live a lie'. We could not just shoulder the burden alone and carry on with a smile as if nothing had happened. We had been crushed inside and needed our dear church family to know and to have the opportunity to be there with us, just as we had tried to be there for them over the previous thirteen years. How would they respond? Would they be able to handle the news? We would see.

Like many other churches, Hope Baptist has a 'prayer chain'. At that time it was run by Val, an eighty-one year-old prayer warrior in the fullest and most wonderful sense of the phrase. Though she has sadly since passed away and is much missed by us all, at that time she still faithfully emailed all those in the fellowship with important news that required their prayers.

The normal content of the prayer chain is illnesses, operations and job interviews. I have encouraged many over the years to make use of it, to get the church behind them in prayer at key moments in life, but I had never used it before for my own health issues. There was no need. I had been extremely healthy and well during all my time at Hope.

Knowing the effect it would have, we decided to announce our news in the prayer chain email on the Monday following my diagnosis. We did it after the Monday night prayer meeting, as we feared that it might overly shock people and take over the hour we had together. We reckoned that the further away from the coming Sunday service the news went out, the more the word would get round in advance and this would allow time for people to respond before, if they wanted to, perhaps saving us from being overwhelmed on the Sunday. To be really honest, we just didn't really know how to handle it. It was all new ground to us. Blast the lack of a how-to guide!

Over the years at Hope I had encouraged people to create a fellowship where we could be 'real': open and honest with each other. I wanted to make Hope a place where we could share and bear each other's burdens. When people had been struggling with illness, pain or bereavement I always counselled them not to shy away from the company of God's people and to not, 'give up the habit of meeting together.' (Hebrews 10 vs 25). I am fully aware that it's not at all easy for people in The Tunnel to come along on a busy Sunday, perhaps with upbeat worship that they find it hard to join in with. Harder still, if something touches you in the service, and suddenly finding yourself having a good cry. But I firmly believed that coming together with your church family would be an easier path than trying to shy away and survive the pain alone.

The problem was that now it was not other people, it was us! The minister and wife struggling deeply with their new circumstances of pain and anguish, trauma and uncertainty. Not every church would be able to rally around us and cope with this. We are so thankful that ours did so well!

The following Sunday we were overwhelmed with love and compassion from all sides. It was enough to let us know that people really did care and supported us, but not quite so much that we were drained out emotionally and physically. It was still touch and go at times, but it is so hard for a church to get this right.

On the door at the end of the service shaking hands I distinctly remember one person responding to my, 'how are you doing?', by starting to tell me about their cold symptoms. They suddenly stopped themselves mid-sentence: 'But, sorry, of course that is nothing compared to what you are going through.' It was great that they were able to recognise any potential insensitivity, but I felt awful being in this new and uninviting place where people no longer wanted to share with us at a deep level as they wanted to protect us.

Lesson from the Tunnel:

We must learn within the safe place of church life to be open and vulnerable with others. To allow them to come alongside and support us as we would want to support them.

> Psalm 112 vs 6-7: 'Surely he will never be shaken; a righteous man will be remembered for ever. He will have no fear of bad news; his heart is steadfast, trusting in the Lord.'
>
> Galatians 6 vs 2: 'Carry each other's burdens, and in this way you will fulfil the law of Christ.'
>
> Matthew 17 vs 22-23: Jesus shares difficult news with his disciples.
>
> Matthew 26 vs 36-46: Jesus asks the disciples to share with him, and stand with him.
>
> John 14 vs 1-7: Jesus comforts and reassures his disciples as he is about to leave them.

Father,

As hard as it is to receive bad news, sometimes it's almost harder to share it; to see on well-loved faces the shock, disbelief and sorrow that mirrors my own. To know that in so many ways this is life-changing for them too. Yet there is comfort in the instant outpouring of love and sympathy, the hugs and the promises of prayers and support. Thank you for that Father. Give us the grace to share with one another your strength and peace as we navigate this tunnel together. In Jesus' powerful name.

Amen.

7. Handling the Guilt

Like many others, one of my initial responses to the crisis was to blame myself. 'How stupid I've been! Why didn't I act earlier?' I agonised over whether I might have been able to spot the signs earlier and prevent everything before it had even begun. I am certain that many of you can resonate with these 'what if?' feelings of regret and guilt in the aftermath of your own life traumas.

I went through days of turmoil over this and became deeply distressed that I could have put my family in this position. I had checked some of my symptoms online, and I ticked the boxes for most things connected with Irritable Bowel Syndrome. Not nice, but nothing to panic about. So, I left things for about two months.

It was therefore somewhat of a relief to be told by my GP and later a consultant in the field, that bowel cancer is notoriously hard to spot, as the symptoms do not always easily present in the same way. When I did eventually check, I found that out of the four main signs of bowel cancer, I had only presented with one, so it was not surprising that I (and my GP) were not alerted earlier. I felt relief that there wasn't much I could have done, but I was immensely frustrated to find that the lifestyle choices which can cause bowel cancer; drinking, lack of exercise, obesity were not things that reflected how I lived.

So yes, the disease was just random and yes, I felt upset by the unfairness of that, but I have seen, and learnt, and said to people over the years that life is not fair. We don't always get what we think we deserve and of course when it comes to judgement and God's grace and mercy, we are most grateful for that!

With a disease like cancer it was very quick and easy to turn on myself. I felt like I had to blame someone for what had gone wrong. I am sure that this is the case with any kind of Tunnel that we experience, as we look to apportion responsibility for the trauma which we find ourselves in the midst of: Depression? 'I should have got help sooner.' Separation or divorce? 'I should have seen the signs' Family issues? 'Why on earth didn't I...?'

Job loss? 'I should have got out sooner' Bereavement? 'I should be able to get over this alone'

Then, from a spiritual perspective, we can also face the kind of guilt which brings with it the question: 'Is God punishing me, or chastising me in some way, for the wrong things I've done?'

For many Christians, that thought comes all too quickly and powerfully. Let me remind you that the devil is a liar and an accuser. He loves to try and crush you and destroy you in that way. The truth is, that whether we have got it right, or wrong, as human beings we have an incredible ability to beat ourselves up over things like this and drag ourselves into an even bigger black hole. It is vital that we try and avoid this behaviour, both from our perspective and from that of those around us.

Even so, if we don't beat ourselves up and heap guilt upon our own heads, it is a sad fact that we often encounter other people who do it for us! These are those who can, whether consciously or unconsciously, make us feel as though we have messed up somehow and should have done much better. Not what you need at all in this situation, as The Tunnel swallows you into its darkness. This situation is one that maps directly onto the book of Job. In the narrative, these people are called his 'comforters'. After Job had been through plenty of turmoil and anguish himself, we meet his friends who offer their support and often unhelpful counsel to poor Job. They suggest that everything that has happened to him is somehow his fault, as the righteous are never punished in that way. They surround him with doubts about his own actions, questioning, 'Who, being innocent, has ever perished? Where were the upright ever destroyed?' (Job 4 vs 7) and, 'If you are pure and upright, even now [God] will rouse himself on your behalf.' (Job 8 vs 6).

In my situation, I was blessed to be able to quickly recognise the danger of adding guilt to my feelings and emotional turmoil. I was helped by family support and medical reassurances which released me from these things too, but that won't be the same for all of us in the tunnel.

Whatever the truths or the lies you have heard about your situation, God has provided the way to deal with any guilt that comes in these situations. Please hear me now, as I say loud and clear to you, my fellow Tunnel-dweller:

It is not God's will that, alongside all else you are currently facing, you are to be further buried with the burden of guilt that you lay on yourself, or others lay on you.

If it helps, say that last sentence out loud to yourself. The very best thing to do in this situation, whether we feel we have done well or badly, is to bring that feeling and weight of guilt to God. This is so important for now and for your future. The Tunnel is a difficult enough journey in any case. We don't need extra burden as we try and venture through in the darkness.

If we bring it all to God, He will deal with it. That is His promise. He may even show you that you had no reason to feel guilty in the first place. He will get to the bottom of it and deal with it all because of His grace, His wonderful mercy, and forgiveness that can be found in Christ and in his sacrifice on the cross. God has the power and authority to deal with it.

As Baptists, I'm not always sure we do confession and repentance well. In our quest to be 'free church', we can tend to move ourselves so far from Anglican-style liturgies that we completely leave them out of our devotions and services. These things should play an integral part of our Christian life, as they offer an important opportunity to humble ourselves before God and to unite as a church family in confessing before him. Soon after my diagnosis, a local minister friend, Clive, came to pray with me. To my surprise, he directed that we confess our sins to each other and to God before asking anything else of Him. Whilst this caught me off guard slightly, I felt so freed because of this act. It was an important cleansing, unburdening moment that allowed us to draw nearer to God in prayer, as well as bringing the two of us closer together. Whatever else was going to happen in The Tunnel, whatever challenges and, hopefully, healing was to come, I knew that I was released and delivered from what I had been and all that I had done before. The journey ahead remained uncertain, uninvited and undesirable, but I knew I had done the right thing at that point.

My reflection now, some months further on, is that The Tunnel is hard and painful enough as it is, without us placing any extra distance between us and our greatest source of comfort and support. What we need at the outset and throughout is to be in the best possible place with God, clinging as closely to Him as we can. We need to keep short accounts with Him, not allowing sin to settle and fester in our hearts and lives. As I will say later, it is a big enough challenge to see, hear and feel that God is with us in The Tunnel, because so much else is going on around us. But by following good, sound, biblical teaching, we can put ourselves in a much stronger position to find Him and know Him, even in the most awful of circumstances, when 'the darkness comes upon [us] in the daytime.' (Job 5 vs 14) Please can I encourage you right at this moment that if you have not already done so, to simply come before your loving, Heavenly Father and admit anything you know you have got wrong. Maybe like I did, you will find it helpful to do this with someone else present, but that is not necessary. God meets us on a one-to-one basis.

I have so often found the words of 1 John 1 vs 5-9 helpful in these moments and I think you will too. When we find ourselves in the 'dark place', whether that is sin, or life trauma, we need to reach out to God who is light.

As we read here, we must not be false to ourselves, or try and be false before our God. He knows the whole truth of our situation, even better than us. Perfectly, in fact! We need to act as it says here, not claiming to be without sin, but confessing. That's our responsibility. God cannot do everything. He cannot confess your sins and failings for you, only you can do it.

Look at the wonderful truth and power in these words: 'the blood of Jesus, his son, purifies us from all sin...If we confess our sins, He is faithful and just and will forgive us our sins and purify us from all unrighteousness' (1 John 1 vs 7,9).

Lesson from the Tunnel:

Do not allow yourself to be overwhelmed with feelings of guilt and shame. The wonder of the cross is that grace is available for all, guilty and ashamed though we may feel in this moment. Cast your cares on Him who loves you.

Romans 8 vs 1-2: 'Therefore, there is now no condemnation for those who are in Christ Jesus, because through Christ Jesus the law of the Spirit of life set me free from the law of sin and death.'

1 John 1 vs 7: 'But if we walk in the light, as he is in the light, we have fellowship with one another, and the blood of Jesus, his Son, purifies us from all sin.'

Dear Heavenly Father,

Thank you for your love for me, that you have shown fully in your Son Jesus. I bring before you now the guilt and shame I feel. I thank you for the shed blood of Jesus and the power of the cross to cleanse and deliver me from what I have been and done. I confess my failings and mistakes. I hand them to you, trusting in your mercy and forgiveness. Thank you that I can walk forward from this point, into whatever the future holds, knowing that I am forgiven, cleansed and restored by your work in my life. Please shield me from the attacks of the devil who comes in like a flash when he sees an opportunity. Thank you that there is no sin so great that cannot be washed away by your blood shed upon the cross for us. I am forever in your debt. In the name of Jesus.

Amen.

8. Where is God Now?

The cry of the psalmist in Psalm 22 vs 1 is raw and comes from a deep well of emotion: 'My God, my God, why have you forsaken me?' It is a passage that Jesus uses to express his sense of abandonment amidst the pain and agony of His crucifixion (Matthew 27 vs 46).

It is also destined to be the anguished enquiry, of those of us in The Tunnel as we struggle to make sense of our situation. With all the feelings and emotions, the mental and physical turmoil, there is going to be a blind searching in the darkness as we seek to 'find' God. Why is it that we often feel the need to search for a God who doesn't feel as present as He used to when we are in The Tunnel? Does He remove himself from the situation? Does He vanish in our time of crisis, when we need Him most?

I can only describe my own experience and that of some of those I have pastored over the years. At that point of panic, entering into trauma and uncertainty, if you had asked me, I would have said, 'I know God is here, I know He is real, I know He is with me.' That truth is so grounded in my life and born out of a forty year-old faith where He has proved Himself faithful so many times. But when your world is turned upside down and everything that felt certain before is shaken, it is easy to doubt your previously concrete faith in your relationship with God – it can 'feel' like God has left us. And the Bible shows us that it is OK to question why this might happen.

In simple terms, if we have been used to knowing God in mainly peaceful, happy, untroubled times and we think we know where we are with Him and what walking in faith looks like, when the darkness of The Tunnel opens up it is easy to be shaken. This sudden onset of darkness is a big part of the reason we can feel that God is absent; He is light (1 John 1 vs 5), Jesus is the Light of the world (John 8 vs 12), we are lights to the world (Matthew 5 vs 14-16), we are called to live in the light (Ephesians 5 vs 8) and walk in the light (1 John 1 vs 6-7). No wonder when the darkness closes in on us we suddenly feel that absence or at least a separation from Him.

Putting on one side the unique experience of Jesus on the cross, which needs more explanation and understanding than I can give here, I want us to focus on why we can quite suddenly feel that lack of presence of God or lack of connection with Christ, our Saviour.

How do we get to that point when He promised to be, '...with [us] always, to the very end of the age' (Matthew 28 vs 20) and the one whose Word promises that 'Nothing can separate us from the love of God' (Romans 8 vs 39)?

Outside of The Tunnel, before all that, when we walked in the light, it was perfectly straightforward to know Him, experience Him and 'feel' Him in our lives. That has changed. The light has gone. This is where we have to say, first and foremost, that feelings are notoriously hard to rely upon. Dangerous, really. In my experience, Christians who have been brought up to trust in them are on really dodgy ground when the earthquake comes. You cannot move forward in a mature, growing faith doing what 'feels right' in God. There must be something more tangible and solid to your faith. Something much more Biblical too. As we enter and go through The Tunnel we need to secure ourselves firmly to the truth of God's Word and His promises. Whatever it feels like, (indeed, whatever it felt like for me right now), in that moment where everything changes, we can be sure that God has not deserted or abandoned us.

Hebrews 13 vs 5 reads, '...God has said, "Never will I leave you, never will I forsake you."' Deuteronomy 31 vs 8 says, 'The LORD is the one who goes ahead of you; He will be with you He will not fail you or forsake you. Do not fear or be dismayed.'

God is there. Here. In the place where He was before this awful journey began. He has not moved from that place. He is with you, alongside you, beneath you, around you and within you by the very presence of the Holy Spirit. We can be absolutely secure in this, that just as Jesus was present with the disciples in a storm on the lake (Matthew 8 vs 23-27), just as He was with them in the apprehension of the Last Supper (Luke 22 vs 7 – 23), and just as He was suddenly with them in their fears on that great resurrection Sunday (John 20 vs 24-29), so He is with us now, through the presence of His Spirit.

During my years of pastoral work I have often seen how, in the panic of life's traumas, people can quickly lose hold of that truth, feeling that they have lost sight of their God. When things are good and comfortable in life, maybe it's easier to worship, to be rejoicing and to feel blessed, but it's also possible to become blasé, take things for granted and perhaps get the impression that bad stuff doesn't (or shouldn't) happen to God's people. I have met more than one person who simply walked out on their faith when things in life did not go the way they had hoped on the basis that, 'God doesn't exist after all'.

When faced with danger, the driving temptation is to run. I don't think that's a bad thing, but of course there is always more than one direction you can go! If you are not careful you can run in the wrong direction and things can get quickly worse rather than better. People may shout 'fire', but not always tell you where it is. When a giant gorilla recently made his way out of the enclosure at London Zoo, visitors weren't immediately sure where to go for safety!

My congregation at Hope have heard me say this more than once: 'When faced with crisis and life trauma, there are only two ways to run. You can run from God, or you can run to God. It's a clear choice.' I don't need to spell out to you my recommendation. Over the years I've seen many people get it right and wrong. However tempting it might seem to run away towards other comforts – unhelpful relationships, drink, drugs – this never ends well. Running from God is never going to get you to where you need to be. It's never going to get you into the place of safety and security. Take the advice of King David, who often found himself on the run: 'In you, O Lord, I have taken refuge; let me never be put to shame; deliver me into your righteousness. Turn your ear to me, come quickly to my rescue; be my rock of refuge, and strong fortress to save me.' (Psalm 31 vs 1-2) That is a man who has learnt to run in the right direction. When we turn to Him and throw ourselves into His arms we discover His compassion, His care, His faithfulness and His ability to carry us through the most troubling of times.

Quite afraid for how things were going with my illness, in the middle of the night on an oncology ward, I wrote this song below as a statement of faith in the darkness. Summoning up all the courage I could find in God, I made this declaration. By the time this book is published I'm hoping it will be put to music and out there somewhere on the internet, but here are the words in any case.[1] May it bless you and encourage you to reach out to God, who is ever-ready and there for you.

---

1   *Editor's note*: Andrew's song *True Identity*, as well as a collection of other songs he wrote during the period of his illness, are available to buy on iTunes and the Play Store, as well as being available to stream on Spotify and YouTube. They were released under the banner of Rising Hope Ministries, the organisation Andrew founded to share the many songs, poems, and messages he produced during this time. To find out more, please visit www. risinghope.co.uk.

True Identity

I've discovered a golden truth;
That from the start, I was in your heart.
A revelation, that changed my world;
That from round one, I am God's son.
To be sure, in my mind, just who I am,
Brings such peace, such joy.
In my heart, in my soul; this means everything!
I'm a man on a mission, I'm God's envoy.

Chorus:
For now I know, His Word is true;
And I am more than my work, or what I do.
And I am loved, and I am His, I am set free…
In Christ I have my true identity.

I now see, the reality,
I know it sounds wild, but I am your child.
I count myself among God's own
My heart just sings, I know I'm His!
To trust your ways, every day,
Brings such hope, brings me so much bliss.
To be clear, once for all, its all for a reason….
I'm a man on a mission, I'm God's envoy

Chorus

Jesus this means everything to me…
In you, I have my true identity…. (x2)

Chorus

Jesus this means everything to me…
In you, I have my true identity…. (x2)

Lesson from the Tunnel:

When faced with a life trauma, run! But run into the arms of your loving, caring, powerful Father God.

Psalm 10 vs 1: 'Why, O Lord, do you stand far off? Why do you hide yourself in times of trouble?'

Psalm 38 vs 21-22: 'O Lord, do not forsake me; be not far from me, O my God. Come quickly to help me, O Lord my saviour.'

Psalm 102 vs 1-2: 'Hear my prayer, O Lord; let my cry for help come to you. Do not hide your face from me when I am in distress. Turn your ear to me; when I call, answer me quickly.'

Dear God,

I am struggling to find you in the darkness of this experience. Please come to me now, by the presence and power of Your Holy Spirit. May I know your nearness and reassurance; that you are with me in the shock and the anguish of this time. Thank you, Lord for your constant love and for the reality that I can know you are with me even in the most difficult of times.

Amen

9. Who Am I Now?

An understanding of our individual identity is at the heart of each of us. We have an innate need to know who we are, and we need some way of defining that. This is part of what makes us human. Often, we can receive a sense of identity from outside ourselves, rather than from within. Many draw it from their career, so they unconsciously build their self-identity around their title, status, role or position in life. That can be unhelpful and quite dangerous, for the reasons I will explain.

If we gain our sense of identity from what we do, the question arises: 'What happens to us when things change dramatically?' All of a sudden, we can suffer a loss of identity on top of all the other damaging impacts of the change. We don't know who we are anymore. That can have the most devastating and debilitating effect. In The Tunnel, this loss of self only increases the huge burden we are already trying to contend with. It can impact us more than we think possible in those awful circumstances.

However, in the same way that a misplaced identity can be damaging, so an identity centred on the knowledge of who you *really are in God can be powerful and transforming.*

What happens if your identity in life comes from being a successful business person and you lose your job? What if it comes from being a husband or wife and your partner leaves you? What if your identity comes from achieving and then you are too ill to work?

As a minister of a thriving church, with a successful ministry (although I find it hard to know what that really means), this was a very real issue for me. Who is a minister when he is abruptly removed from ministering? When fifty hours a week are spent devoted to a calling to church leadership and suddenly they are gone? Who is a husband or a father when aggressive medical treatment leaves him unable to effectively function in those roles?

It would be easy enough to tell you what I would have said to another facing the same situation, but it's much harder to practise what you preach, than to preach it. I was no longer dealing with someone else's identity issues, but my own! What had I become, almost overnight? A person with a purpose, an overflowingly full diary, now getting up every day not knowing exactly what to do.

I now have a new identity in the eyes of family, friends and church. A new job title: Cancer Victim. Whenever I get to the hospital, (and that is suddenly very often), I'm just a cancer patient. I'm removed from my wonderful church life, where I know who I am and what I'm doing. Instead I'm NHS patient No. A38 – a person on a list with a label who gets asked their date of birth frequently.

How do I cope with this? The honest truth is not very well at certain times. I have really had to search myself and ask hard questions about 'my' ministry and the degree to which that dictates who I am. It's difficult to disassociate myself from what I do. It may be that it's only other clergy who understand this, but when you are in full-time ministry, it doesn't generally matter where you are or what you do, you are always 'the minister'!

It's a badge you can't get off, a tattoo that seems to be emblazoned on your forehead. I am as sure as I can be that I don't imagine this or accentuate it myself (though I know some who do!) but it does seem that it is not possible to switch off from this particular role in life, at least in the little church 'bubble' that we often exist in, no matter the situation or circumstance.

Over the years, when I have got chatting to another parent in the park, to a stranger at a party or someone in a hospital ward, I have tried playing a game which involves seeing how long I can go for without telling them what it is I 'do'. It has been fascinating to see, when I am eventually 'outed' as a church minister, how the person responds. Sometimes it has been a real conversation stopper, and they just do not know where to go from there. You can often see them re-playing the previous minutes of conversation in their minds, desperately thinking, 'What have I said to him?', 'What was my language like?'

Once in an interview, having had to give my title of Baptist Minister, a young lady said to me, 'I'm sorry I just don't know what one of those is. I have never met one before.' How very sad. The closed circles we ministers must live in! She made me feel like my vocation was like that of some kind of specialist nuclear scientist, locked away in a research establishment and allowed out only on special occasions. Another time, when applying for a Debenhams card, the lady looked at my completed form, thoroughly confused, went to enter details on her computer, and asked if my first name was 'Rev'!

I know those last few paragraphs are a digression, but I hope they go some way towards illustrating just how challenging the issues surrounding identity are for someone in my position. It's not at all like when I used to work at the Town Hall. Then, I played one part at work, but then came home or went to church and I was someone else. It helps to explain why it felt like a part of me was lost, or died, when I went off sick one day and then didn't come back.

Having been told very firmly by the oncology doctor that I was not to continue working, I just stopped. I felt I had no choice. If I was going to give my body the best chance of fighting the cancer I would have to do what I was told. That's never been easy for me! Wrenching myself away from the church programmes, from our extended family at Hope, the staff team, the leadership and from all the great initiatives I was involved in, was not going to be easy. But it just happened. Overnight.

I left it all behind. Only half a mile away from my home but it might as well have been the other side of the world. I soon realised that I left something of myself there. My sense of purpose, my reason for getting up in the morning, my joy in ministry, my fulfilment of calling, and yes, my feeling of worth and identity. I could no longer see myself as 'minister'. Although I was assured by everyone that I retained the title, it was not possible to feel that I was the person with that position when all the things accompanying it fell away.

Many of you will have seen the BBC1 programme *Who Do You Think You Are?*, where celebrities delve into their family history, and discover all sorts of secrets and surprises from their ancestry. Most of them seem to be quite sure about their background and who they are, getting quite a shock at the surprises that can be turned up. We can be similarly shocked when, 'all is stripped away' (to quote the song by Christian singer/songwriter, Matt Redman) and we are left to examine who we really are when the familiar, stable and secure things around us just go.

I have got to be honest and again say that I did not find it easy, or quick, to come to the place of security built on who I am in Christ. It was a long journey. It took some real introspective reflection (which friends of mine will know I hate!), to get to a good place again, but was so necessary. Looking back now after six months in The Tunnel (as I write this), maybe this identity shift has been one of the most important things to come out of the painful process I have been through.

This is not a new idea, or revelation that I have come to alone. I have seen it for years. Followers of Jesus who know who they are in Him are the most grounded, secure, safe, mature and trustworthy people for service, ministry and leadership in the local fellowship. The converse is of course sadly true, that when people in church gain their sense of identity from what they do, rather than who they are, they can be dangerous – always wanting to achieve, overly dependent on constant recognition and requiring infinite amounts of affirmation lest they collapse in a heap.

When, in the trauma of our lives, we are robbed of our position, status or role, knowing our true identity in Christ becomes so vital. When all else goes, you are still His creation, made in His image, loved by Him. As your Heavenly Father, He has done so much for you to claim you as His own.

Lesson from the Tunnel:

We become the best versions of ourselves, able to withstand any challenge and most effectively serve God, when we find our security and our identity in how Jesus sees us.

I have compiled a list of Bible passages below which really focus in on these incredible truths. Please turn to these scriptures to discover, or rediscover, the amazing reality of your true identity.

- John 3 vs 16, John 15 vs 9: You are so loved by God.

- John 1 vs 12, Galatians 3 vs 26, Romans 8 vs 16: You are a true child of God.

- John 15 vs 16: You are chosen and appointed by God for fruitfulness.

- 1 Corinthians 6 vs 19-20: For you, Jesus paid the ultimate price.

- Ephesians 4 vs 32: You are free from guilt, truly forgiven.

- Romans 8 vs 1, 1 Corinthians 6 vs 11: You are redeemed, justified, sanctified and restored.

- 2 Corinthians 5 vs 17: You are a new creation in Christ.

- John 15 vs 15: You are God's friend.

- Galatians 2 vs 20: You are a person in whom Christ dwells.

- 1 Peter 2 vs 9: You belong to Him. You are one of his chosen people.

- John 15 vs 5: You are joined to Him, for the purpose of fruitfulness.

- 1 Corinthians 12 vs 27: You are individually part of the body of Christ.

- 1 Corinthians 3 vs 16: You are God's temple in whom the Holy Spirit lives.

- Romans 8 vs 17, Phillippians 3 vs 20: You are heirs of an inheritance in Christ, citizens of Heaven.

- Ephesians 1 vs 3: You are blessed with many spiritual blessings.

- Romans 8 vs 37: You are a conqueror!

- Philippians 1 vs 6: God works in and through you.

- 2 Corinthians 5 vs 20: You are God's ambassador.

Dear Father,

Thank you for all of the times your precious Word reminds me of who I am. Thank you that I can rely upon these promises, and trust in them. Today, I take on board who I am in Christ. I thank you that my true identity is in my relationship with you. I thank you for all the things that you have done in me and for me. For how you have provided for me and made me this new creation in Christ. I pray that this would change who I am and the way I feel about myself. Thank you that I have a certain hope for the future as your precious child and all that this brings.

Amen

10. Changing Priorities: The Things That Suddenly Seem Less Important

As I'm sure you can imagine, this whole experience has been a real learning process, though one which I have come to terms with surprisingly quickly. As anyone caught up in trauma will tell you, early on you begin to recognise that your life is changing. Along with all the swings in mood and emotions, comes a new sense of what your life priorities are.

It's just amazing. So many things which seemed to be important to your life: money, possessions, birthdays, Christmas, music or football, all seem inconsequential.

I am an avid music lover, with an extensive CD collection, built over twenty-four years, and a particularly beloved selection of vinyl, including (and this is where it gets sad) twenty T. Rex albums. I have also always been an ardent football fan, looking forward to 3.00pm on a Saturday afternoon, most concerned to see my 'little' Watford team doing well, usually in the Championship, but more lately in the Premier League.

Suddenly, it all counts for nothing. Now, I know some of you will say these things shouldn't have mattered before, but we are all human! But it wasn't as if I worshipped these things, any more than I did my close family relationships, the money in the bank or our lovely home. There is a great deal of difference between valuing and appreciating things and worshipping them. I have learnt over many years the danger of doing the latter. I have loved these things and probably collected more 'stuff' than I really need, but didn't realise it until now. All at once these 'things' are relegated way down the priority order. The fragility of the human condition has smashed its way to the forefront of my mind. My concern now is just to get healed and well, to find the best strategy for doing that and to pursue it for all I'm worth. Everything is now secondary to that and therefore takes a lower place in my thinking. In fact, for a time they don't have any place at all as I am quickly pulled into the NHS's schedule for my life.

Why and how did those things ever take such precedence? I think I can tell you: it's when we got the idea that we are immortal. That we are here forever or that these possessions are somehow important in the grand scheme of eternity. I have been brought back to reality sharply. Much earlier in life than I imagined, I was brought face to face with the bare fact that I will not be around forever (at least, not in this life). More than once in my preaching I have used the illustration of an old miser who was well known in his small village. He was a lover of money, and he had made and inherited much over his many years. When his sudden death became known a member of the community rushed to the local attorney asking the question on everyone's lips: 'Well, how much did he leave?' Back came the answer, 'All of it my friend…all of it!' There are two things I know, that when I leave this life I have a place secured in Heaven with the Lord Jesus Christ. He has promised it to me and to all those who know and trust in Him and His redeeming work (John 14 vs 1–4). The other thing I know is that we cannot take any of the 'stuff' we accumulate with us. It's all going to be left behind for others to share out, sell off, or throw away. This has been a sobering thought for me.

Even though I actually hope to live for many more years, it still makes you stop and think. We need to 'travel light' through this life. I'm afraid I have never been a very patient person (none of my family are disagreeing at this point!) and I have to confess I do let things get to me and irritate me more than I should. Even little stuff, that is unimportant in the big scheme of things, winds me up, and on too many occasions I have said things, sent texts and emails which I have later regretted. One of the things I have noticed in The Tunnel is how dramatically this has changed too. Things which would have had me jumping up and down in a previous life don't seem so important now. One reason for that is of course the lack of energy but more significant is the radical shift in perspective I have gained. I have been reminded that life is fleeting, and I now realise that separating the important from the unimportant is good for me (and my blood pressure).

As I write this, 'the big C' is beginning to dominate the conversation as well. Not cancer, but Christmas! It consumes the thinking of so many people any time from October onwards (although it seemingly gets earlier every year). The lights, the adverts, the build-up sucks us in and takes over our planning, our diaries and our debit cards. This year I just cannot be bothered! I know this seems really selfish, but with a scan, a consultation and a very uncertain new year beckoning, I feel completely unmoved sat in the midst of a festive maelstrom.

Instead, I can clearly discern in myself a different attitude towards the festive season. Having been at the same church for many years, I was dreading Christmas before I was ill, wondering where I was going to find my fourteenth set of talks and sermons. This is terrible I know, but even back in April, I had wondered how much of it I could delegate to others this year. What I would now give to be well enough to preach the Word of God this Christmas! If you are a minister or preacher please, please take and enjoy the opportunity and the privilege you have in the coming season.

So, what am I trying to say in this chapter? That I have learnt some big lessons in my life about priorities and what really matters in life. But it is not for me now to preach at you and to become a killjoy for all the things you have come to love and absorb into your life. I do, however, want to say that some things have eternal significance, are of higher value and should command our time, energy and money. I speak to you from the perspective of one who has been forced to confront where his priorities in life are. I encourage you to examine your own life and honestly question whether you need to make some life adjustments.

Lesson from the Tunnel:

Get your priorities right! As Matthew 6 vs 31-34 tells us, '... the pagans run after all these things, and your Heavenly Father knows you need them. But seek first His kingdom and His righteousness...'

> James 4 vs 13-15: 'Now listen you who say, "today or tomorrow we will go to this or that city, spend a year there, carry on business and make money." Why, you do not even know what will happen tomorrow. What is your life? You are a mist that appears for a little while and then vanishes. Instead you ought to say, "If it is the Lord's will we will live and do this or that."'

Psalm 39 vs 4-7: 'Show me, Lord, my life's end and the number of my days; let me know how fleeting my life is. You have made my days a mere handbreadth; the span of my years is as nothing before you. Everyone is but a breath, even those who seem secure. Surely everyone goes around like a mere phantom; in vain they rush about, heaping up wealth without knowing whose it will finally be. But now, Lord, what do I look for? My hope is in you.'

Psalm 31 vs 6-8: 'I hate those who cling to worthless idols; as for me, I trust in the Lord. I will be glad and rejoice in your love, for you saw my affliction and knew the anguish of my soul. You have not given me into the hands of the enemy but have set my feet in a spacious place.'

Philippians 3 vs 10-20: 'Living in the light of Christ's resurrection and running the race to win the prize; not looking back to the world but looking ahead to Jesus.'

Dear Lord,

In the place I find myself today, please help me to know your priorities for my life. Help me to see what is important and precious to you, and therefore to me as your child. If there is clutter please help me to throw it out. If I need to change habits and patterns of behaviour, please show me and give me strength to act now.

Amen

11. What Does This Mean for Our Future?

I just hate this! I mean really hate it! I am a person who is constantly planning ahead, I know where I'm at and where I'm going. I have ideas, plans, dreams and a diary waiting to be filled week by week. Now this. Having everything tossed up in the air and the huge uncertainty which has been thrown like a shroud over my future. It's just dreadful. My soul has been destroyed. What about all the good things I had in mind for this year and next year? All the things I was really looking forward to – holidays, events, weddings to take, babies to dedicate – suddenly everything has been thrown out of the window. Out of the question. On the turn of one sentence it has all disappeared, though it actually takes some time to fully sink in. It doesn't all hit you at once. Just as well I suppose, as that might be too much to bear. The individual waves that crash over you in succession are bad enough.

Whatever it is that has led you into The Tunnel, you, like me, are going to have to come to terms with the fact that both your immediate and long term futures are changing, and probably changing quite fast. We are going to have to cope with new realities and accept that things are just not going to be the same as they were before. If you are a person who finds change hard you are in for a bumpy ride and need to hold on tight to something, or someone. Whether it's a cancer diagnosis, a job loss, a major operation, a separation, loss of a loved one or divorce, it doesn't really matter. The changes to our settled plans about our future mean we are going to experience anxiety, fear, loss of confidence, sadness and some sense of bereavement because of the things being taken away.

Like most people, I like to know things. I certainly like to know what's happening to me and my loved ones, and now, I don't know anymore. I have this overwhelming loss of certainty about so many things to do with my future, my life, my body and my treatment. It eats away at me, day and night. Especially at night. So much to wrestle with in my little brain!

It reminds me of ice-skating. I have been many times with youth groups and children's parties but never quite conquered it. The act of stepping out from the solid, safe, flooring at the side of the arena onto the slippery and sometimes uneven surface of the rink is just like where we are now. I don't know how to place one foot in front of the other and remain upright anymore.

I don't know how to move forward. It's all so strange and unnavigable. I'm sure I'm going to end up losing my footing, going over and landing on my backside in front of everyone. And I usually do!

That's where I am today with this. Life has thrust me unwillingly out onto the ice where I don't know how to stand and move forwards. I am clutching at people, at the wall, anything which will help me stabilise.

You will have your own things to come to terms with under the banner of 'future plans'. For me, in the immediate aftermath it meant abandoning all ideas of 'ministry' for about three months. The cancer was in a 'good' place to deal with, easily removable, to be followed by a course of chemo pills. It all seemed so straightforward. I am not saying the diagnosis wasn't a devastating blow, but the fact that the treatment plan was so 'do-able' really helped me to come to terms with it.

Gosh how quickly things changed! Within a matter of weeks, we were told that it actually wasn't going to be quite so simple. The detailed scan and the expert analysis of it showed that the cancer was going to be much more complicated to deal with. The treatment plan became longer and more convoluted, with definite uncertainty attached this time around. This was to be the way of things for some time for us. Each scan, each meeting seemed to throw up something different and we came to dread every appointment. We lost trust and confidence in what was being said to us, as it seemed to change so drastically a short time afterwards. The colorectal nurses were excellent at supporting us in this, though it has to be said we were not helped by a dreadful initial oncology doctor. We didn't know back then in May 2016 exactly how the future was going to pan out. No-one could tell us. With hindsight, probably just as well. I think if I had known, I would have been thoroughly discouraged and fed up. Even now, all these months later, I still don't know what my illness means for my future and how this will impact my wife and family.

All of this uncertainty has an impact on your feelings, plans and sense of stability. In your own situation you will have had to face similar related issues. What can we do, when we just don't know what's next? No-one can give us the answers. If you are feeling ill, or bereaved, or isolated it's not always possible to know how long that is going to last and when the pain will abate. The chink of light at the end of the tunnel has not yet appeared in the distance. Will it ever?

I have had to re-adjust. I have had to learn to accept that I now have a very uncertain future and this impacts the future of many others too. As I have said many times to my congregations, life is about choices, both good and bad. This is not simple or easy, but I have had to make myself come to terms with the lack of clarity and uncertainty and I have had to make a choice.

On the one hand I could submit to my fears, and allow myself to drown in worry over the future, veering ever closer to depression. There are definitely times in the middle of the night when I can feel myself going down that track.

But on the other hand, I can throw myself at God's feet. In the same way as I have put my faith in Him when I had a clear picture of my future, I am going to trust God in whatever happens next. In doing this, I am making a clear choice to trust Him in the darkness. To say to the Lord, honestly and with some fear and trepidation, 'I don't know the future, I don't know or like what's happening anymore and that makes me afraid. I am putting my hand in yours, because you know the future and I trust you have a future for me, both here and eternally.' Personally, I have found Psalm 37 vs 23-24 very helpful in negotiating these difficult moments.

My mind goes back to a hymn learnt long ago in my teens, which stands me in good stead in this horrible, uncertain phase of my life.

> *I do not know what lies ahead,*
> *the way I cannot see,*
> *But one stands near to be my guide,*
> *He'll show the way to me.*
>
> *I know who holds the future,*
> *and He'll guide me with his hand,*
> *With God things don't just happen,*
> *everything by him is planned.*

So, as I face tomorrow,
with its problems large and small,
I'll trust the God of miracles,
give to Him my all.

I do not know the course ahead,
what joys and griefs are there.
But one stands near who fully knows,
I'll trust His loving care. [2]

How can I do that? How can I make that decision in faith? Some might say I have little choice, but I don't accept that. I am making that life choice based on the God of the Bible that I have come to know and believe is faithful and trustworthy. In the small things and the big things of my life I have trusted Him before and He has not let me down. Where would I go instead? Why would I try anything else? Even if I did try, my wonderful, faithful wife would soon put me straight anyway.

The Bible puts it like this, 'Here is a trustworthy saying…If we are faithless, He will remain faithful, for He cannot disown Himself.' (2 Timothy 2 vs 11 and 13).

Lesson from the Tunnel:

Don't give in to your fears and be submerged by them, but choose instead to reach out to God and be supported by Him.

> Proverbs 3 vs 5-6: 'Trust in the Lord with all your heart and lean not on your own understanding; in all your ways acknowledge him, and he will make your paths straight.'

I want to encourage you to do the same thing. To reach out to God in this moment, however scared or uncertain you are. Wherever you are in your own journey of faith. Can you join me in praying these words?

---

2 Alfred B. Smith and Eugene Clarke.

Dear God,

I am so concerned about my future and for that of family and friends who I love too. I have to admit that in the past I have probably not trusted you as I should. Too many times I've gone off and done my own things. Now I'm in the dark, and I feel trapped. I feel imprisoned in this place I've got to in life and I just cannot cope with not knowing how the future is going to be. Today, I make this choice, I am putting out my hand and placing it in yours. Whatever way my life goes, I am going to follow you and your ways and entrust my future to your safe care. Please hold me, protect me, and let me know that I am in your safe care.

In Jesus name.

Amen.

Dear God, Hold My Hand

I wrote a song about this choice at 3.00am on the oncology ward of Derriford Hospital.

Till the world fades away, I will love you,
Then even more, even more.
While I've breath in my lungs, I will praise you,
It's what I'm here for, what I'm here for.

Chorus
Dear God, hold my hand,
As I find my way through this foreign land.
I will walk, close by your side
And be safe, knowing you will see me through.
Will see me through.

As I grow daily older, please God, wiser,
I will seek you, only you.
As I learn what it means to walk in your ways
They are just and they are true.

A dictionary, doesn't fill the void in me,
Like you Lord, living Word.
No discovery on one million channels,
But in you, there's always more.
(There's always more)

Nothing else, but you, can quench my thirsting,
I won't search, I won't try.
Nothing satisfies like living water,
It nourishes, never runs dry.

12. Tears: 'Big Boys Don't Cry'

I don't care what 10CC sang back in 1975, I have cried more in the last six months than in the previous fifty years (easily!). Especially in the early months, after the cancer diagnosis, I just could not help myself from crying, with or without company. It would happen almost whenever I stopped to think about the implications, the future, in fact any aspect of our predicament.

What is this all about? This is not me! Even all these many months on, I now find that the simplest, most stupid things set me off. It doesn't matter whether it's a song, a simple act of kindness, a gift received in the post or a heart-rending video on Facebook, I just lose it. What on earth has happened to this emotionally and mentally strong person who could cope with most things without dissolving into a pool of tears?

In the last ten years I have sat alongside people going through divorce, at the bedside of people with little time to live and spent many hours with a tragically bereaved wife. At all times I was able to maintain a strong, perhaps professional, disposition in the face of pain, suffering and tragedy. But that was then, and this is now. That was them, and this is us.

This chapter has just one short lesson to offer, one that is of particular importance to male readers.

Why am I crying? I think firstly it's because I am physically and emotionally very low. The events, the bad news and the aggressive treatment regime have taken their toll. I feel pretty wrecked to start with. I have also found that, very sadly, I have become very inward-looking and self-focused. I guess that's pretty inevitable. I have had too much time on my hands and too much of it on my own. Time to dwell on things has not helped at all.

Secondly, obviously, I am deeply saddened by events. As I've said many times already, I just never expected to be where I am now and I really don't want to be here. I think I've made that clear! I look around at the ones I love and can see the impact that my condition has had on them. It's not all about me, it affects them deeply too. And, I may not have caused this, but I feel responsible for the sadness, anxiety and fears that it has created in those closest to me, even if I haven't done anything wrong. I am frustrated. In life and ministry, I am a fixer, a sorter, but I just cannot fix or sort this as I would want to. So, I'm crying in my growing sense of frustration too. I know that my tears won't help fix my circumstances. There is no logic to it, but logic has gone out the window in this new circumstance of my life. And that is OK.

Lesson from the Tunnel:

It is OK to cry.

Psalm 6 vs 6: 'I am worn out from groaning; all night long I flood my bed with weeping and drench my couch with tears.'

Psalm 102: 3-11: 'In my distress I groan aloud and am reduced to skin and bones. I am like a desert owl, like an owl among the ruins. I lie awake; I have become like a bird alone on a roof. All day long my enemies taunt me; those who rail against me use my name as a curse. For I eat ashes as my food and mingle my drink with tears because of your great wrath, for you have taken me up and thrown me aside. My days are like the evening shadow; I wither away like grass.'

John 11 vs 32-36: 'When Mary reached the place where Jesus was and saw him, she fell at his feet and said, "Lord, if you had been here, my brother would not have died." When Jesus saw her weeping, and the Jews who had come along with her also weeping, he was deeply moved in spirit and troubled. "Where have you laid him?" he asked. "Come and see, Lord," they replied. Jesus wept. Then the Jews said, "See how he loved him!"'

Dear Lord,

Thank you that you yourself have taught us that crying knows no boundaries between male and female. Thank you that Jesus was fully God yet fully human, so that he understood the sadness at his friend's death and the deep grief of Lazarus' sisters Martha and Mary. Thank you that Jesus was so deeply moved by his friends' crying that we learn that 'Jesus wept' and the weeping was heard by you. We are wonderfully created in your own image with the full range of emotions and we believe that you feel for our sadness. We are so thankful that our crying and tears are always heard and for your amazing promise to be close to the broken-hearted and those whose spirit is crushed. Please help us to learn from Jesus' example and trust in his promises.

Amen.

13. Anxiety and Fear

Prior to this episode in my life I have never been an anxious person. Apart from very rare occasions of genuine anxiety, I don't think I have ever suffered an 'anxiety attack'. Having met several people in my time who have them regularly or who struggle and suffer with anxiety issues, I realise just how fortunate I was in this respect.

This, like many of the other things I am describing in this book, has changed. I have never minded change in life before. I have enjoyed it, embraced it and celebrated it as keeping me from routines and associated boredom. Unsurprisingly, this change is different, and one I could really do without! Although I have not suffered anxieties before, I have been, at times, quite a tense person. I can get uptight, frustrated or irritated by things too easily. But anxiety is quite different from any of the above, and I can feel the distinction deeply. Before we go any further, I feel that it is important to define what I am referring to here, to better relay my experiences and related insight. This is what the experts say about anxiety and how it affects us.

1. A feeling of worry, nervousness, or unease, typically about an imminent event or something with an uncertain outcome. (Dictionary definition)

2. Anxiety is a general term for several disorders that cause nervousness, fear, apprehension and worrying. These disorders affect how we feel and behave and they can manifest real physical symptoms. (Medical News Today)

3. A nervous disorder characterized by a state of excessive uneasiness and apprehension, typically with compulsive behaviour or panic attacks. (Psychiatry)

Well, that just about sums it up! It also helpfully categorises some of the feelings I have been having over the last eight months. When I think of the experiences I have been through, my body's response is hardly surprising. Now I see this in print, I just really wish someone had told me in advance that this might happen, why, and how it might impact me. It would have been a great help, and to be honest, reassured me that I wasn't (at times) going quite mad. In my case I guess that is particularly true because feelings of anxiety were previously so alien to me. This is a result of what I refer to as the 'tunnel effect', a natural outcome of The Tunnel which robs you of your certainty and creates apprehension.

In my case, the direct causes were many – horrible, destabilising events like emergency hospital visits and treatment, but also the more 'routine' stuff such as scans, results, chemo, radiotherapy and their effects upon your mind and body. There is an awful lot of inbuilt fear in many of those situations.

I have had both an increasing number of anxious moments over these months, but also an underlying anxiety which established itself some time back (maybe all the way back to Day 1, 6th May) and has festered and grown within me. I have to confess that I'm not finding it at all easy to write about this experience. I can feel myself on this sunny day allowing my mind to wander. Anything would be more appealing right now than facing the fact that I have become an anxious person and fronting up to how this has changed my life. But, as I wrote in the introduction, I set out to write a book which might not only help me, but also be a help and offer pastoral support for those going through similarly dark times. I want to see if I can help to uncover ways out of destructive and distinctly unhelpful patterns of thinking and acting.

So, I am going to now be personal and just face this head on. I will start with this one. I have become anxious about the future. I never imagined feeling like this and as a Christian leader I have to confess that I feel rather guilty and foolish, even lacking in faith, that I am having these feelings. Can I pin down precisely what has caused this particular anxiety? It doesn't take a lot of heart-searching or brain-wracking. With the spread of the cancer (rather than the easy, quick removal of it) I have had to face the fact that I may well not live for a very long time. It's quite possible that I could die, not in the near future, but certainly much earlier than I was anticipating.

I want to be clear here, I am not anxious or unsure about what will happen to me after I die. I am confident in Christ and secure in my relationship with Him. I trust the words of Jesus in John's gospel, 'Trust in God, trust also in me. In my Father's house there are many rooms; if it were not so I would have told you. I am going to prepare a place for you. And if I go and prepare a place for you, I will come back and take you to be with me, that you also might be where I am...' (John 14 vs 1b – 3).

What wonderful, certain, reassuring words they are from Christ our Saviour! They were not just for the disciples who heard Him two thousand years ago, but for us, here and now. I know they are true for me, not on the basis that I am good enough, but that Jesus is good enough and I can know that I have that place with Him in the future, not on the basis of what I have done, but because of what He has done. (If you are not yet a follower of Jesus, please do get a Christian friend to unpack that a bit more for you, maybe the person who gave you this book to read. I am sure they would be delighted to do so).

I am not anxious about what comes next, but how I get there in the next few years. What's it going to be like? Woody Allen summed up my feelings perfectly when he reasoned, 'I'm not afraid to die, I just don't want to be there when it happens.' For me, it's questions like: 'Am I going to become very ill, and slowly deteriorate?' and 'Are my wife and family going to have to observe that and go through a long painful process with me?' It's not that this is my certain future, but the not knowing is what is so difficult. No-one can know and tell me and that's hard to live with. I know this could sound fatalistic and I want you to know that I am not like that at all. I am a very fortunate person with the personality I have, to be generally positive and optimistic in life. Until recently I have not been given to lying awake at night and pondering such things. To refer back to the previous chapter, neither have I in the past been prone to sudden tears, but I certainly am now, as I contemplate the possible way ahead for me and the family. So, if you have, and you do, we are in good company together.

One question I have had is whether my anxieties have a deeper root? Having pondered this, I think I can trace some of them back over thirty years ago when my father was seriously ill, and subsequently died from bowel cancer. That is a hard image to lose, and it's not a memory that I can dispense with, because of the precious person that is involved there. The doctors have referred to this 'family history' and the potential links. It's hardly surprising that it conjures up all kinds of concerns for me.

In the same way that I have considered the above, I encourage you to do the same. I don't want to drag you down with me, or have you sucked into a whirlpool of your own, but I do really believe that we can face our anxiety and fears with God's help, and that this can help us to avoid being overwhelmed. Some anxieties are completely understandable, rational, but many are not. Like many things, this analysis is easier in the light of a sunny day, than the darkness and cold of the night.

Lesson from the Tunnel:

Face down uncertainty and fear with God's help. Go to Him in prayer and open yourself to receive His peace.

> Philippians 4 vs 6-7: 'Do not be anxious about anything, but in everything, by prayer and petition with thanksgiving, present your requests to God. And the peace of God which transcends all understanding will guard your hearts and your mind in Christ Jesus.'

> Psalm 55: 22-23: 'Cast your cares on the Lord and He will sustain you; He will never let the righteous be shaken. But you, God, will bring down the wicked into the pit of decay; the bloodthirsty and the deceitful will not live out half their days. But as for me, I trust in you.'

> Psalm 10 vs14: 'But you, God, see the trouble of the afflicted; you consider their grief and take it in hand. Victims commit themselves to you; you are the helper of the fatherless.'

> Psalm 94 vs 18-19: 'When I said, "My foot is slipping," your unfailing love, Lord, supported me. When anxiety was great within me, your consolation brought me joy.'

Dear Lord,

These feelings are new to me and yet they have been felt by so many before. Lord, give me more understanding of how others feel so I can truly empathise. Who knows what the days ahead hold for each one of us? Only you Lord and we trust you. In the name of Jesus.

Amen.

14. Not a Time to Whisper

When I was very first diagnosed with cancer, I realised quite quickly that this was going to mean extended time off. I didn't of course know at that stage just how long it would be. Three months I was told! I have to be honest and say that any ideas I had about preaching or testifying disappeared pretty quickly. I was caught up in the awful shock and the unbelievability that we looked at earlier. It was as though, once I was taken out of my role as 'the minister' that the essential, related things of ministry, like evangelism and mission to people who do not have a faith, disappeared off my agenda as well. How wrong I was. This was perhaps understandable given the sudden change in my circumstances, but looking back now I still feel that I should have done better.

Within a few weeks though, my mind went to a short paper I had come across a year or so before by the well-known American church leader and inspirational Bible teacher, John Piper. It was given the intriguing, but typically challenging title, *Don't Waste Your Cancer*. The bold title had caught my attention, but the content was intimate and emerged from John's experience of facing a diagnosis and then an operation for prostate cancer. He did not know if he was going to come out of surgery alive.

I don't remember the full detail, and strangely after all this time, have not gone back and re-read it. What I remembered was the key message – that cancer can be an incredibly useful tool to help you to testify and witness about your Christian faith. Many of us reserved British Christians would find that thought very hard to come to terms with, evangelism not being high on the list of priorities when faced with a life-threatening illness! Initially, this was certainly the case for me, but a few months down the track, having had time to come to terms with the diagnosis, I was prepared to consider what this challenge might mean for me.

Where would I start? The obvious place was our home church. How could I be, or continue to be, a witness to the faithfulness and provision of God, even in these changed, dire, traumatic circumstances? Myself and my family did not put ourselves under undue pressure, but we still felt the responsibility of leadership in this new series of events. We wanted, with God's help, to set an example to our church of how Christians might live out their faith when something terrible disrupts well-ordered lives. We didn't have a set of instructions to follow, so we made our way forwards as best we could.

Again, I have to emphasise that I don't want to seem to be boasting about our actions. This was simply us trying to do the right thing by God and continue to explore how our faith worked out in practice. In preaching, what we as ministers do is often focus overly on theory. This circumstance now became a very real and practical issue, played out in front of two hundred anxious church members. The church was confused and upset, and we had to consider how we could possibly help them. The first thing we decided to do was to be honest with the fellowship. First the leadership team, and then soon after the whole church. We felt that we should tell them all as soon as we could. We knew that we would have to do it at some point, so why not soon? I had spoken on many occasions over the years about us being a church who do not cover up the pain and burdens that we carry, but who are able to instead be open, allowing others to come alongside us. I always wanted us to be a community where people don't have to put on a mask, or a false smile, in order to get through the Sunday morning. A church where it's ok to say, 'I'm not doing ok' was how I put it. This was our opportunity to live that out in front of everyone, and when we would see how people coped when it was their minister who was not OK.

The second thing we determined, as soon as we were ready and able, was just to be there with the congregation. To be present, among our church, as much and as often as possible. It sounds obvious, but we felt that pulling away and retreating into ourselves would not help anyone. I had been so aware, particularly in our thirteen years at Hope, of people who received bad news and then withdrew from the church family. I don't want to criticize these individuals, far from it. One bereaved lady previously confided in me, 'I just can't bear to be amongst all those happy, problem-free people.' That comment really stayed with me. Is that how we portray ourselves as the church? She hadn't grasped that at any point in time just about everyone is carrying some concern, problem or issue that is a struggle for them. But grief can play tricks with our minds, and distort how we see those around us. Perception had become her reality.

Although it was no doubt difficult and upsetting for many church members to see us on a Sunday and know the pain and devastation we were experiencing, we still knew it was the right thing to do. We wanted to show them the truth of what I had been trying to teach them for so long – it really is OK not to be OK. That not everyone is, 'happy and problem-free' all the time.

For some, this might not be possible immediately, but my humble advice to people is 'do not give up the habit of meeting together'. It was hard and it was painful but we still felt that we could not do anything else. And it was. Several people have subsequently said how much it meant to them to see us carrying on 'as normal'. To withdraw would be to cut ourselves off from the lifeblood of church fellowship, denying people the opportunity to love, care and support us. If you are struggling with this, I understand. I do not want to place more pressure on you, instead simply to offer the guidance which I believe will be the best thing for you and your church family.

That is not to say that there aren't issues inherent in placing yourself in the public eye when you are known to be dealing with trauma. People might not cope, may say the wrong thing or not know what to say. Friends may not be able to look you in the eye without getting upset. It's a risk. You do perhaps have to know who you can trust and engage with, but we would say it's worth the risk and the alternative is to become more isolated in your trauma.

There are also things that can help to make the transition back into church life easier for us as well. For those who do not feel able to face the whole church on a Sunday, then a small group can take that place of sharing and safety. As we were not in a house group, we did not have that option open to us. I think that for many, a loving, supportive house group can be the 'bridge' to an eventual return to Sunday church life.

Returning to a full church service can also be made easier by the presence of a close friend alongside you. A person, or a couple who can pick you up for church or meet you outside and walk in with you. They can help protect you from potentially unhelpful comments or unwanted intruders as you navigate the church environment. Over our years in ministry we have often observed the value that this has had for those who are experiencing trauma, and we have helped to arrange for these allies to accompany them in church. Over the last few years it has been our turn to be supported, especially when Katherine has had to attend church alone. Someone to help control the 'traffic volume' towards her has been invaluable, for both of us.

To help avoid people feeling as if they have been cut off from information we have also twice taken the decision to be interviewed in front of our own church, to give an update on our situation. This has included a basic run down of the facts, but also offered an opportunity to tell people how we have been experiencing God's presence and continuing work in our lives. That has been really helpful for Hope and other churches we have visited.

However, it's just as important to consider how to reach the wider community who don't go to church. Witnessing in the church is all well and good, but there are many more people who need to hear the good news which we can preach even in the midst of our suffering. In January 2017 the Plymouth Herald (our local newspaper) carried a full page article about my situation, music writing and iTunes success of 'True Identity' on page 3 of the paper. Momentum began to build from that moment. When I got into hospital for my chemotherapy treatment a few weeks later, the nurse breezed in with the tray of medication, suddenly exclaiming 'oh you were the one in the paper! We've put the article on the staff notice board here!'. Wonderful – they were doing my outreach for me! Within seconds the room was filled with several nurses all coming in to see me and I was able to give a CD single to each one. Later on, I could hear it being played in the staff rest room at break time. Amazing! This gave me a bit of confidence, and I recognised my new mission field much more clearly than I had done before. Cancer is horrible, but it had built for me a new platform from which to share and declare the glorious life-changing message of Jesus. This was a bit of a revelation to me. From that point on I became absolutely determined to exploit this opportunity God had given me as much as I could.

This has led to me writing articles for several national publications, doing interviews on Christian radio stations around the country, being featured on secular local radio, Premier and Radio 2 and then eventually BBC1. All of this means it is no exaggeration to say that I have reached millions of people with some aspect of the gospel message. That would never have happened if I had stayed in pastoral ministry, without cancer. Honestly, I find it ever so hard to get my little human head around that.

I am so grateful to God for giving me the written words and the ones I spoke through the radio and TV. I have had to learn to fully trust that the Holy Spirit will give me what to say, at just the right time. On so many occasions I have listened to interviews, and read back articles, hardly able to believe the words of courage and faith that came out. God has truly taken hold of me in this time and is using His instrument for His purposes.

Just as significant have been the many one-to-one or small group opportunities I have been given across a wide range of settings. Whether chatting whilst waiting for chemo, speaking to strangers in a queue, listening to people questioning me after a sermon or meeting parents of toddlers who listen captivated, what I have concluded is that it's all about me (when physically able) putting myself in the right place for God to work and speak. I need to be sensitive to His guidance, and to throw myself out there and see what happens.

If only I had just done that more as a minister! How many more people would I have reached in the last thirteen years? It has been too easy to become church-orientated and simply minister to the seekers who step through the door on a Sunday. I feel somewhat ashamed but I have to try avoid beating myself up. And, of course, I didn't have cancer before, so the 'lever' which has opened the door to those conversations was not there. Despite the number of people we have reached as a church and those that I have had the privilege of leading to faith, it has still really made me think about how I've prioritised my time over my ministry.

Despite these thoughts, I am where I am now. I cannot go back and change the past. What I can do is recognise that now is not the time for me to hold back and whisper about my faith in a corner. Now is the time to proclaim from the rooftops – to take every opportunity given, in every place; to share, witness, proclaim and preach.

My humble plea to every minister, to every Christian reading this, is that you learn from my 'mistakes'. Time is short. The world cannot wait. The gospel is worth it.

Lesson from the Tunnel:

Use your Tunnel experience to share the gospel with those around you at every opportunity.

Hebrews 10 vs 25: 'Let us not give up meeting together, as some are in the habit of doing, but let us encourage one another – and all the more as you see the Day approaching.'

Ephesians 5 vs 15-16: 'Be very careful, then, how you live – not as unwise but as wise, making the most of every opportunity, because the days are evil.'

Matthew 28 vs 18-20: 'Then Jesus came to them and said, "All authority in Heaven and on earth has been given to me. Therefore, go and make disciples of all nations, baptising them in the name of the Father and of the Son and of the Holy Spirit, and teaching them to obey everything I have commanded you. And surely, I am with you always, to the very end of the age."'

Dear Lord and Father,

Thank you that you long to use people like me to reach others with the good news of Jesus. Thank you that when I make myself available, you never fail to use me, whether it be through my words or actions. Help me to take every opportunity given to me, through your leading, to share with others about who you are. Thank you for your body, the church. Help me to see them as you do, to love and encourage them and to allow myself to be loved and encouraged by them also. Thank you that you use your people as your hands and feet here on earth.

Amen.

15. God's Word, His Spirit and My Prayer Life

I feel incredibly embarrassed to try and cover these major subjects in one chapter. Each one merits a chapter of its own, but I am running out of space, and I am determined this book should not be too long.

By taking them together, it gives me the opportunity to show how God's powerful Word and Spirit have worked together, intertwining in my prayer life over what is now (at this time of writing) twenty-two months journeying with Him through cancer.

As I mentioned earlier, Katherine and I thank God for the Bible teaching we received in our youth group in the 70's. For both of us, an hour's study every Sunday afternoon in our Crusaders group enabled the Word to be sown and take root in our hearts and lives.

Perhaps more important than the talks was seeing the priority that our youth leaders gave to knowing and applying this Word to their lives. It wasn't just another book, but God's precious Word, and they treated it as such. It was held in the highest regard, shaping their priorities, giving direction and purpose to their lives. We could see that. They really lived out what it taught.

Over the years that have followed we have sought to faithfully teach the Bible to both teenagers and adults, but we have always been conscious that everyone, as we did, wants and needs more than just words. They need to see our teaching lived out with honesty and integrity.

We wanted to bring the Word to others, as it had been brought to us. If people see you teaching one thing, but living another way, they will never take you or the Bible seriously. Many outside the church describe those within it as hypocrites. Sadly this is often a just observation rather than a baseless insult. I read long ago that we must, 'learn the Word, love the Word, and apply the Word.' All preachers will fall short of this maxim in some way or another, but this must not deter us from doing our best, aided and guided by the Holy Spirit.

Before entering The Tunnel I had taught the Word in a variety of settings, initially very nervously and with no small amount of apprehension. I understood that the Bible was not like any other book. It had to be handled with due care. I learnt from my late teens that teaching it well, with the anointing of the Spirit meant life-changing encounters with God for people as you shared the truths it contained. I found it to be a completely humbling privilege to be used by God in this way. It is something that I have honestly never got over.

I have also learnt that it's no good simply serving up messages and sermons for others. As a preacher I must regularly and faithfully search the Word for my own grounding in God, to encourage growth in my heart and soul, to find direction for my life. Have I done this perfectly well? No. I freely and openly confess that over the last forty years I have gone through times of real dryness, where I have struggled to engage with the Bible in any meaningful way. I know from experience that few, if any, church leaders find themselves spared from these spiritual droughts. We are all human, and those who are used on the platform are as vulnerable as those in the pews!

When I have found myself drifting from personal Bible input, I feel a real sense of urgency to get back to where I need to be, whether I'm teaching a small group of teenagers, or a full church of adults on a Sunday. I love them all, and I want to feed Jesus' sheep (John 21 vs 15 – 17). Katherine has been a real example of diligent study of the Word to me at times when I have been really struggling. I have learnt a great deal from her about personal discipline and diligence in study of the Bible. Her example is one which I have often sought to follow.

Before The Tunnel, that's how I sought to live in relation to God's Word. But now, in this new, darker section of my life's journey, what place does the Word take?

As I have already discussed, when you enter The Tunnel all the norms you have lived by before disappear in a flash. But I knew – Katherine and I both did – that in the horrible place we now found ourselves, we either had to run towards God or run from Him. We were so certain that we could not survive without His support and guidance, which meant we had also to decide what to do about approaching His Word.

We made the right decision. We have based our lives on the Bible, and God has used it to sustain and hold us close to Him for over forty years. Why should that change now? In fact, we knew for certain it should now take even greater precedence in our lives.

I wrote a poem called *The Grace of My God* during this time. One of the lines effectively sums up how I felt:

'Did you somehow imagine me fleeing,
From His word that can hold and sustain?
That I would abandon the truth for a lie now…
Then you'd better start thinking again.

We have typed up, printed out and placed in very visible places some very key Bible verses, to encourage us and keep us focused. God has not abandoned us. He is with us in the trauma. Nothing surprises Him. Does this take away the pain, or change the situation? No, but it brings God right into the heart of it.

I am not planning at this stage to move into a major explanation of who the Holy Spirit is and how He works. There are a great many other books which do that. Instead I want to outline here something of what He has done in my own life and how this has impacted my experience in The Tunnel. The Holy Spirit is described in the Bible in so many different ways. He is God's personal presence with us, not some strange power or ghostly influence. Katherine and I have experienced that reality so fully, in so many ways. This interaction with the Spirit has often led us to ask questions. However, this time the questions were far more answerable than the simple, pleading, 'Why?' Instead we were led to question how come we were coping so well and experiencing such life as we were? We should have been in tears far more than we were, so why weren't we?

Quite simply, He was, and is, with us. God has honoured His promises to us and blessed us with His Spirit just as His Word promised He would. His Word on this, like all else, is faithful and true.

It is this truth about His Word and His Spirit that has impacted our prayer life to a huge extent. It has taught us how to pray even when we feel that everything in our lives is falling apart and when we don't have the words any more. Romans 8 vs 26 has been a great aid to us in understanding how this can be. As Paul writes, '[Even when] we do not know what we ought to pray for…the Spirit himself intercedes for us with groans that words cannot express.' I have tried to explain in my own simple way how God's Word, Spirit and gift of prayer have worked together for our good and for His purpose and plan. The combined action of all of these blessings has enabled us to continue to witness, declare, testify and, quite simply, to live for Him, even as the darkness has closed in around us. All the glory goes to Him.

Lesson from the Tunnel:

Never abandon God's Word – it is the lamp to light your path through the darkness of The Tunnel.

> Psalm 119 vs 105: 'Your word is a lamp to my feet and a light for my path.'
>
> Psalm 18 vs 28: 'You, O Lord keep my lamp burning; my God turns my darkness into light.'

Dear Lord,

Thank you for the gift of your Word to us. Thank you for the firm foundation that it is to me in times of trouble, when everything around me seems so uncertain. Help me to love your Word and apply it in every aspect of my life so that others can see the Word lived out through me. Thank you also for the precious gift of the Holy Spirit who is so faithful to comfort me and guide me in the face of life's trials. Help me to never take your gifts for granted but instead to have them as anchors for my life, to hold me securely in the storms.

Amen

The Grace of My God

So, what were you thinking of satan;
That I'd be pinned to the wall, full of fear?
That my faith would be crushed by this sickness,
When the Lord of my life is so near!

Did you feel that my soul could be bound now,
That my voice would be silenced from praise?
When Jesus, my Saviour is with me,
And has walked with me all of these days.

Did you somehow imagine me fleeing,
From His Word that can hold and sustain?
That I'd abandon the truth for a lie now?
Then you'd better start thinking again!

Did you feel I would give up and lie down,
When this journey of life becomes tough?
Did you really believe that I wouldn't stand,
On the grace of my God, that's enough.

So how could I turn from my Jesus,
When I know that He's always there?
I reach out and find His assurance,
And discover His power through prayer.

Yes, some put their hope in their treasures
Even though we are nothing but dust,
But I'll take my stand, and I'll hold out my hand,
To the One that I know I can trust.

- Andrew Gardiner, 10th May 2016
(four days after diagnosis)

101

16. Songs of Praise

'I've got a bit of a surprise for you', Maddie cheerfully called to me across the aisle on Sunday 29th October, minutes before the service was about to begin. 'What is it?' I replied. 'You'll find out, tomorrow...I think!' And that was that.

Now, don't get me wrong, I like surprises, but this was Maddie, who at frighteningly short notice had propelled me onto national radio back in March. What had she prepared now? A 'moon shot for Jesus'? Simultaneous broadcast across the world via the internet? One thing was certain, I wasn't going to get any more out of her about it whatever it was! Thankfully I didn't have long to wait. The next morning the phone rang, and it was Jessie from Nine Lives Media, the production company who make Songs of Praise for the BBC. Jessie was bright, confident and sounded very organised. Having a reasonable idea how long programmes are in production before they hit the small screen, from the moment Jessie came on I had clearly in my head that she would be talking about filming in February, maybe even March.

Then she started talking about advent and Christmas trees and I fairly quickly realised that she was talking about filming very soon, for a programme in the build up to Christmas! She then carefully explained what had happened. A contribution which was due to be filmed for 10th December had fallen through and they were hurriedly searching for a story to fill the slot. At just the right time, my friend (former friend?) Maddie had emailed various members of the production team to tell them about my story, and they had decided that we were the right item to fill the gap. As Jessie explained, 'We would have to come and film soon, very soon actually, to be able to hit the deadline for editing and production.' All of my mental images of relaxed forward planning, spring scenes in Plymouth and a simple time that week dealing with ministry business went straight out of the window! Then she mentioned that they would like to come and film that Friday – in just four days time!

My brain went into overdrive, which was an amazing fact in and of itself considering what an awful week I had had and how challenging I had found it to focus that morning. Once we had established that, and I stumbled my way through a whole load of other questions, I knew we were going to have to get the church geared up, and quickly. This was not just about me being ready – they wanted a congregation, a band and a church that was Christmas-ready. All this despite the fact that it was going to be a Friday in October.

I came off the phone buzzing with both excitement and no little trepidation. I quickly rang the church office to brief them on what was happening and to book a meeting with our Operations Director and the Office Administrator to sort out what needed to be done and then come up with even more questions for the production team. Incredibly, by 3.00pm that day we seemed to know where we were and what should happen next. We had a list of jobs to be getting on with – when you have a list it all seems more do-able!

I wasn't having a good week health wise. My low state from the previous week's events still hung over me like the infamous Plymouth drizzle. But now we had a whole range of challenges to contend with. I was tasked with information gathering from Nine Lives and thinking about what they might ask or do. The church office went into overdrive – shuffling room bookings, moving youth groups and planning how to make the church look Christmassy in October. All this even before organising a large crowd of people for Friday night! As I later said to the Plymouth Herald, 'Thank God for social media.' To be honest, the rest of the week went by in a bit of a blur. I felt drained and was struggling to come to terms with what was happening, but also with changes in my medication as the superb St Luke's Hospice Team tried to get on top of my pain levels and my lack of sleep. Just another thing to be dealing with.

The church office was great in assuring me that all was in hand and people were responding to say that they would attend on the Friday night. It was certainly not all just 'falling into place' but being put in place through the hard work of a good team.

That week Friday came around much quicker than usual. It felt like there was no way that three whole days could have elapsed between the call and the arrival of the big day. Unfortunately, in the weeks running up to this period I had been experiencing incredible heat surges in my head, that were affecting every part of my body. Neither doctor or nurse could explain them. The only reason anyone could offer was 'tumour overload' in my liver. I didn't like the sound of that. The heat surges lasted anywhere from two to four hours and needed application and re-application of cooling towels to my forehead to bring back under control. The action of bowl to head just went on and on. For some strange reason this often happened on a Friday. It had for two out of the previous three, but surely it couldn't happen this Friday...Friday came, and early in the morning the heat surge overcame me. This could not just be happening! My family launched into action with well-drilled movements. I felt confident we could get on top of things, but by 10am we were beginning to panic just a little. Surely, we were not going to have to postpone or cancel. Everything was in place, and the production team was en-route from Manchester, a six hour journey.

Once again, thank God for social media. As my head exploded in heat-induced pain I took to Facebook to ask people around the country to pray on my behalf. Back came the responses as people cried out to God for me, knowing just how much hung on me being well today. At 11.30am the heat surge subsided and I was left feeling as well as I had before. On previous occasions I had been left feeling drained and sleepy for hours as my body recovered from the trauma, but not this time.

At 2.30pm, the production team turned up. Just two of them: Jessie and Mark. Any concerns we had had in advance about how we might be dealt with quickly dissolved. We were in the hands of thoughtful, caring professionals. Our house was quickly reorganised and transformed for an instant Christmas shoot, but very sensitively, with a genuine regard for how I was feeling, and how we were all coping with everything.

At 3.00pm I sat at the end of my dining room table, very unprepared, but ready to face the camera and trust God for the words to say as my family in the house, and 'family' around the country prayed for me. I had planned to review the interview questions that morning but in my state that had just not been possible. A 'wing and a prayer' was all I had. Over an hour later we were done. Not a blip, not a re-take, not a blunder. Only God could have helped me through that time.

After my piece to camera we had a 'family shoot'. Another forty-five minutes of us all playing the part of a happy family Christmas, sitting around a table looking at old photos and newspaper articles about my life in ministry (like you do!). Amy had come back from Bristol to display her performing arts skills, whilst the rest of us just did our best. The smiles and laughter were all genuine as we cracked up at the absurdity of it all. Perhaps we enjoyed ourselves too much as we ended up overrunning, leaving ourselves with barely ten minutes to get down to the church to film. We didn't even know if there would be anyone there to film. I shall never forget that moment of getting out of the car and walking down the side of the church, peering in to try and see how many might have come. Even through the stained-glass windows I could see that the church family had responded to the call. Well over a hundred people had gathered to support me (or get their faces on BBC1!). My eyes began to sting as tears met the cold air and my deep gratitude momentarily got the better of me. What a church! Many had brought family members who did not usually attend church, whilst others invited friends and neighbours for the experience.

The next two and a half hours were like a crazy dream. I had stepped into a film shoot, and with the help of Mark, the producer, we were able to organise and direct a large crowd of people. As I looked out on many unfamiliar faces in the crowd, I remembered the prompting of God earlier in the day and the promise I had made to the Lord just two weeks before, to testify to as many as I could, as often as I could, for as long as He gave me. I was not going to pass up this opportunity in my own church. Mark whispered to me, 'I will be ready for the next bit in two or three minutes, but if you want to speak, do so for as long as you want.' A dangerous thing to say to a Baptist Minister!

With just the barest of notes and trusting in the Holy Spirit to once again give me the words, I took the chance to proclaim what I had come to know and challenged people to put their faith in Christ. I don't know if anything happened as a result of what I said. All I know is that I had to be faithful to God's call on my life, in season and out of season (2 Tim 4 vs 2).

The church was simply phenomenal in the way they threw themselves into the whole event. I felt bad that so little of the footage would be used in the final film, but it gave a great insight into our extended family that we have come to appreciate and love so much over fourteen years. The fond farewells on the door, the smiles, the warm affection all played well for the cameras, but were absolutely genuine. This is who we are. Church life at its very best.

At 9.15pm we were able to crash at home and review the maddest of days. Our children diverted on the way back, so we sat down to dine on McDonalds and Pinot Grigio. An unlikely combination! As several people remarked when I told them the story of the day,

'We had no idea McDonalds even served that!' Now, that would be something. At the end of it all we were left realising once again the power and faithfulness of God, to get me, and the family through the day. When we run out of our human resources, He steps in. When we are weak, He is our strength (2 Corinthians 12 vs 9-10). I think the converse is also true, when we do things in our own way and strength, we cannot expect to see the power of God manifested. Trusting in Him for these things must become our first priority, and not the last resort.

Lesson from the Tunnel:

Use your testimony to share the gospel with as many as you can, as often as you can, for as long as He gives you.

Colossians 3 vs 17: 'And whatever you do, whether in word or deed, do it all in the name of the Lord Jesus, giving thanks to God the Father through him.'

Ephesians 6 vs 19: 'Pray also for me, that whenever I open my mouth, my words may be given me so that I will fearlessly make known the mystery of the gospel, for which I am an ambassador in chains. Pray that I may declare it fearlessly, as I should.'

Dear Lord,

Thank you that every day I have opportunities to witness about you in word and in deed. Help me to notice these opportunities and boldly proclaim the truth of you and your son Jesus. I pray that I would remember to never rely on my own strength but instead submit to the Holy Spirit, who is faithful to prompt me with the word or action I need. I do it all for your glory.

Amen

17. 'Why?'

I can assure you now that this will be one of the shortest chapters in the book. I know it would not be for many others. Other writers and deeper thinkers than I have written thick books on this question, but for me this will be enough. I have sought to deal with this experience in my own way. I am not that kind of person and this is not that kind of book. This is me, my story, and my reaction to what I have had to go through. My way of dealing with it.

I have been asked the 'Why?' question' several times over the many months which have now elapsed. As in, 'Why have you got cancer?' 'Why you?' 'Why now?' Always implicit in these questions is the underlying challenge: 'Why has God allowed this to happen to you?' On radio programmes, in conversations and in my own thoughts I have been confronted with this problem. The issue, quite understandably, is that it seems that this should not have happened to me. A church minister involved in good, valuable, fruitful work. A person in amazingly good health, who is regularly active, never smoked, taken drugs or drunk alcohol to any serious level. This should have happened to someone else, surely? So, why me?

Similarly, there are related questions others have struggled with (though not me): 'If God is able and all-powerful to take it away, why doesn't He?' Many Christians have seen the wonderful miracles of God's healing, so why haven't I in my situation? My answer is simple, though, I am sure, insufficient and inadequate for many. He has not chosen to bring healing or change in this instance. Sometimes He does, sometimes He doesn't. I don't believe I am being punished for anything, or that I could have done things differently and seen a different outcome. Even now, in March 2018, I hope that He might heal me, but we have an increasing sense that He won't. This is not due to a lack of faith or a lack of prayer. For reasons I cannot understand this side of Heaven, this has not been God's decision for me.

As I have pleaded with God for healing, along with my family, church and friends over this time, it has not been easy to accept. Far, far from it I can assure you. I have seen an amazing level of pain relief, peace, joy, and much more through God's grace, but just not the healing of my cancer. We continue to worship God, seek to glorify Him and make Jesus known.

What is clear is that through my illness God has given me an even wider ministry through Rising Hope. I have been able to reach thousands more people with the gospel than I ever could have in my previous situation. However, let me be very clear though – God did not give me cancer so He could give me a new ministry. Instead he has worked good from the evil that has befallen me. He has brought forth fruitfulness from a dark, barren, tough place. That is His prerogative to do so. It is indeed what He prophesied long ago. God has used me, among the weakest of all, to create songs, poems, hymns and more in this period to help, encourage, bless and strengthen others. My cancer has given me a bigger platform than I have ever had before, to do this. As I explained on Cross Rhythms Radio over a year ago, the 'Why?' question is the one I have chosen to box, wrap and put out of the way on a high shelf, not to be opened. I knew that wrestling with it would send me into a downwards spiral from which I would not return and that I would not get out of. My previous pastoral experience had taught me that.

Please forgive me. I cannot explain all the whys and wherefores. For me, it is sufficient to trust in God in all things. I feel I want to leave it there.

Lesson from the Tunnel:

In all things trust God, and He will bring good out of the darkest of circumstances

> Isaiah 55 vs 8-9:"For my thoughts are not your thoughts, neither are your ways my ways', declares the Lord. 'As the Heavens are higher than the earth, so are my ways higher than your ways and my thoughts than your thoughts.''

Dear Lord,

Sometimes things happen in life that I do not like and I do not understand. During these times help me to put my trust fully in you. Help me to know that you are in control. Please remind me that when I am weak, you are strong!

Thank you that you have promised never to leave me or forsake me.

Amen

18. The Final Chapter

My goodness, dear friends, this is going to be hard to write. My tissues are at the ready. I hope yours are too. My tears now are not for me, but for family, friends and others who have accompanied us, loved us and prayed for us along this long, long journey.

For my part, I am finally emerging from The Tunnel into the light. Either the light of a warm summer day, where God has indeed stepped in at the 11th hour to save me or the light of a bright, shining eternity, glorious beyond measure. All I can say as I finish writing this book is that I'm glad I've done it. Without my wife I could not possibly have done so. I hope that I have fulfilled the purposes I set out at the start and that I have in some way been a help to you. I pray that I have pointed you towards the God I have loved and served for over forty-four years.

If my passing to a 'much better place by far' causes you to grieve, I pray that it will not be never-ending or overwhelming (1 Thessalonians 4 vs 13-18).

Read this and rejoice with me:

> Revelation 21 vs 1-4: 'Then I saw a new Heaven and a new earth, for the old earth and the old Heaven had disappeared. And the sea was also gone. And I saw the Holy City, the new Jerusalem, coming down from God out of Heaven like a bride beautifully dressed for her husband. I heard a loud shout from the throne, saying, "Look, God's home is now among His people! He will live with them, and they will be His people. He will wipe every tear from their eyes, and there will be no more death or mourning or crying or pain. All these things are gone forever."'

> Revelation 22 vs 3-5: 'No longer will there be a curse upon anything. For the throne of God and the lamb will be there, and His servants will worship Him. And they will see His face, and his name will be written on their foreheads. And there will be no night there – no need for lamps or sun – for the Lord God will shine on them. And they will reign forever and ever.'

Postscript

On 28th March 2018, days after finishing the last chapter of this book, Andrew left behind all pain and suffering and went to be with the Lord he had served so faithfully. He faced his two-year battle with cancer with incredible courage and dignity. His faith in God never wavered. I feel privileged to have been his wife. Our children, Dan, Joe and Amy, and I miss Andrew more than words can say.

During the gloom and troubled time of his illness, God inspired Andrew to write the words of many songs, several of these making the top three of the Christian music charts in the UK. He also wrote many poems, some of which he had printed onto bookmarks to encourage and inspire others. He decided to call this ministry Rising Hope. It gave him the platform to proclaim his faith to thousands of people, through the Rising Hope Facebook page, church services, radio interviews and two appearances on Songs of Praise.

Any monies made from the sale of CDs and bookmarks are put into a fund called Rising Hope Foundation. In the 1990s when Andrew worked as Youth Director for the South West Baptist Association, he was frustrated at how little money was available to help young people be involved in mission and evangelism. Andrew therefore decided that Rising Hope Foundation funds should be available to young people from the South West who want to step out in faith and serve God in making His name known. The money that you paid for this book will go to Rising Hope Foundation, helping to spread the gospel and expand His kingdom through young people.

I pray that you will have been blessed by reading The Tunnel.

Katherine Gardiner

Appendix: Friends Looking In

I asked a few friends to share briefly what it was like 'looking in' on my Tunnel Experience. They have shared what it is like to walk alongside Katherine and me during this dark time.

'I have known Andrew for over twenty-five years; we were at college together and I count it a privilege to be called his friend. These last eighteen months have drawn us even closer together through a deeper sharing, bathed in tears. To witness this highly competent and effective minister be unable to exercise his God given ministry has been excruciating. To see God powerfully at work in him and through him, in spite of all that he has faced has been inspirational. Sitting and being with someone like Andrew without offering the glib catchphrase or worse, attempting to spiritualise the desolation away, is not easy, but facing mortality and helplessness with Andrew has enabled me to see Christ and The Tunnel he endured in a new light.'

Rev. Dave Morris – Bible college friend

'When Andrew was diagnosed with cancer I knew how important it was to support him and his wife each time I saw them at church so that they knew they were loved. However, when the cancer spread, and they were sometimes unable to attend church, it was then that I felt there was a huge canyon between us. I began seeking God's help about how I could encourage Andrew. God gave me pictures for Andrew to show him that God was walking right beside him on this painful journey. I have never sought God in such a way before and have learnt that God will use me if I deeply seek Him with a right attitude.'

Kelly O'Neil – Hope Church Member

'When I learned that Andrew had cancer, I experienced a whole range of emotions, some of which I had some time ago laid to rest and had resurfaced again. My reaction was to wonder, 'How do I handle this? What should I do?' I was concerned for Andrew's family but didn't want to intrude. I felt anxious and helpless. However, I believe that God has a plan for Andrew and He hears all our prayers for him. As I continue to pray and trust in God, the feeling of being totally helpless has been replaced by knowing that God is in control and that there is hope.'

Tom Collins – Hope Church Member

'It's been so hard to see dear friends going through such a traumatic experience and being unable to do much to relieve their suffering. Knowing how best to support them has not been easy. No-one is fully prepared when these awful circumstances come along. Should I send more texts? Cards? Flowers? (I think they had enough to open a florists!) Would less contact be better?

As well as praying regularly for Andrew, I have kept in close contact with Katherine via texts: sending verses from my Bible readings, prayers, assurances of love and friendship and offering to take her out for a drink or walk, to do some 'normal' stuff.

It would have been easy on such occasions to try to avoid the subject of Andrew's illness, but I felt it best to chat openly and honestly, as and when Katherine wanted to. Difficult and sensitive issues have been talked about and cried over – it just felt right to be totally 'real' and not gloss over the ghastly situation they find themselves in.'

Mary Simpson – Hope Leadership Team

'Judy and I first met Andrew and Katherine when they were both young teenagers in our Crusaders Bible class and we have treasured them for over forty years, feeling real joy and pride in them both as they have matured into wonderful Christian leaders, sharing their faith and supporting so many others over the years.

We can honestly say that in sharing Andrew's cancer journey, our own happiness has been 'dulled', as each day we have been conscious of what they must be going through.

Living two hundred and fifty miles away, we feel so frustrated that we can't hug them and be there to give close practical support – or just know how they are coping each day – but we CAN and DO pray every day that the cancer will be arrested; that the discomfort of the treatment will be small; and that Andrew and Katherine will have peace in their souls.'

Mike and Judy Bramwell – Crusader Class Leaders

'Watching my friend, brother and fellow pastor, Andrew's walk of faith through suffering has been both painful and inspiring. Witnessing something of Andrew and Katherine's courage has been poignant and precious. They have continued to love and serve their Lord Jesus with authenticity, bravery and deepening faith, in the midst of personal pain. Andrew has been inspired by God, but not despite his own suffering; creativity and a passion to share his faith has flowed from the midst of that suffering. This has flowed into worship song writing, media involvement and other new initiatives as he refuses to give in, in any way.

He even paid a 'pastoral' visit to me, after I had a life-threatening operation and we were blessed as we prayed together. I have journeyed with my brother as he has felt the 'loss' of being unable to fully live out his God-given calling. I have been able to make some input into the life of one of his fine sons (and his daughter-in-law), as they are home from the mission field and attending our church.

Andrew strikingly told me that he wants to tell as many people as possible about Jesus through this time. His faith has been radiant, he (and Katherine) has and will minister in my own Church, releasing something of the reality of authentic Christian Faith. Whilst inevitably feeling, even as an experienced Church minister, that my words and action have been inadequate, it has been a privilege to simply try, however infrequently, to just 'be there' and I have been personally inspired in so doing.'

Rev. Clive Burnard – Friend and Fellow Baptist
Minister in Plymouth

21283172R00070

Printed in Great Britain
by Amazon

Beryl Rogers.

MIL A MWY O DDYFYNIADAU

Mil a Mwy o Ddyfyniadau

Edwin C. Lewis

Gomer

Cyhoeddwyd yn 2007 gan
Wasg Gomer, Llandysul, Ceredigion SA44 4JL
www.gomer.co.uk

ISBN 978 1 84323 710 5

Dymuna'r cyhoeddwyr gydnabod cymorth
Adrannau Cyngor Llyfrau Cymru.

Argraffwyd a rhwymwyd yng Nghymru gan
Wasg Gomer, Llandysul, Ceredigion

Cynnwys

Gwnewch i chwi gyfeillion o lyfrau, fel pan eloch yn hen y bo gennych rywrai i'ch derbyn pan fu llawer yn eich gwrthod.

Emrys ap Iwan

Y gwaethaf peth ynglŷn â llyfrau newydd yw eu bod yn ein cadw rhag darllen yr hen rai.

Joseph Joubert

Rhagair

'**Yn y llyvyr hwnn**'* mae mil a mwy o ddyfyniadau: rhai yn hen a chyfarwydd, rhai yn hen ac anghyfarwydd a rhai yn gwbl newydd. Amrywia'r cynnwys o'r difyr a'r doniol i'r dyrys a'r dwys. Ceir nid yn unig pwy a ddywedodd hyn a'r llall, ond ym mha le ac ar ba achlysur. I'r sawl a fyddai am ddarllen y cyd-destun perthnasol nodir y teitl a dyddiad y cyhoeddiad y dyfynnwyd ohono. I'r un sydd ag ond rhan o ddyfyniad ar ei gof, bydd y mynegai o ddefnydd mawr.

Adlewyrcha llawer o'r casgliad ran o gefndir y diwylliant cyfoethog a berthyn i bob Cymro a Chymraes: iaith syml hwiangerdd, rhigwm, cân werin a thriban; parabledd hen bennill; doniolwch ac arabedd sawl dywediad; dilysrwydd dihareb drawiadol; harddwch barddoniaeth; rhyddiaith afaelgar; addasrwydd gweddi gynnil; mawredd emyn addolgar ac ysbrydoliaeth geiriau'r Ysgrythur Lân.

Yn ogystal, yn britho'r testun hwnt ac yma, mae ambell ddyfyniad o iaith estron, a cheir gyda'r cyfieithiad y fersiwn gwreiddiol a'r ffynhonnell.

Cyfrol yw hon a haeddai le ar silff lyfrau ysgol a choleg a chartref, a bydd o ddefnydd cyson i bawb sy'n hoffi darllen.

Edwin C. Lewis

---

* Teitl a geiriau agoriadol y llyfr cyntaf a gyhoeddwyd yn yr iaith Gymraeg: John Price (1546).

Y Flwyddyn
a'i Thymhorau

1   Ionawr, mis y cawr corwynt – a mis oer,
         Mis eira a rhewynt,
       Mis meingledd a gogleddwynt,
       Mis araf gaeaf a gwynt.

Simon B. Jones: 'Ionawr', *Cerddi ac Ysgrifau S. B. Jones*, gol.
Gerallt Jones (1966).

2   Wrth i 'leni lithro i gôl hanes
     a chysgu ym mreichiau ddoe,
     wrth i'r flwyddyn newydd ddihuno –
     arhosa, a chymer hoe

     cyn camu'n daliedd tros y trothwy
     rhwng fory a gynnau, am nawr
     oeda ac arhosa i ddisgwyl
     anadl gyntaf y wawr . . .

Mererid Hopwood: 'Ym Mwlch y Blynyddoedd', *Cwlwm*,
Rhif 268, Ionawr 2005.

3   Y mae dechrau blwyddyn yr un fath yn union â
     chegin heb dân ynddi.

Kate Roberts: Pennod 19, *Tywyll Heno* (1962).

4   Mae'th chwiban leddf drwy dwll y clo
     Fel pibau pagan er cyn co;
     Mae'th oernad yn y simdde fawr
     Fel utgyrn yng ngorymdaith cawr.

R. Williams Parry: 'Y Gwynt', *Yr Haf a Cherddi Eraill* (1924).

5   Calennig i mi, Calennig i'r ffon,
      Calennig i fwyta'r noson hon;
      Calennig i 'nhad am glytio fy sgidiau,
      Calennig i mam am drwsio fy sanau.

      Wel, dyma'r dydd Calan, O cofiwch y dydd,
      A rhoddwch galennig o'ch calon yn rhydd;
      Dydd cyntaf y flwyddyn os rhoddwch yn hael
      Bydd bendith ar bob dydd i chwithau'n ddiffael.

      Calennig i'r meistar, Calennig i'r gwas,
      Calennig i'r forwyn sy'n byw yn y plas;
      Calennig i'r gŵr, Calennig i'r wraig,
      Calennig o arian i bob ysgolhaig.

      'Calennig', *Cylchgrawn Cymdeithas Alawon Gwerin Cymru*, cyf. III,
      Rhan 1 (1930).

6   Blwyddyn Newydd Dda i Gymru,
      Blwyddyn Newydd Dda i chi
      Duw fendithio chi a'ch teulu,
      Blwyddyn Newydd Dda i chi!

      Dyma yw'n dymuniad ni:
      Blwyddyn Newydd Dda i chi!

      Cân draddodiadol Ddydd Calan yng Nghwm Tawe.

7   Blwyddyn Newydd Dda i chi
      Ac i bawb sydd yn y tŷ!
      Dyma'r flwyddyn wedi dod,
      Y flwyddyn ore fu erio'd:

O dyma'r Flwyddyn Newydd!
O dyma'r Flwyddyn Newydd Dda –
A Blwyddyn Newydd Dda i chi!

Codwch yn y bore, cynnwch y tân,
Ewch i'r ffynnon i nôl dŵr glân:

Cytgan:

ibid.

8   Rhew yn y ddaear, a'r haul
Yn brin; dim byd yn araul.
Oer, y wlad yn oer,
Y wlad yn llwm, a glafoer
Iâ – dant y wrach – dan y bondo;
A'r ieir yn gynnar i glwydo.

Gwyn Thomas: 'Tlws yr Eira', *Symud y Lliwiau* (1981).

9   Wyt Ionawr yn oer,
    A'th farrug yn wyn;
A pha beth a wnaethost
    I ddŵr y llyn?
Mae iâr fach yr hesg
    Yn cadw'n ei thŷ,
Heb le i fordwyo
    Na throchi'i phlu.

Eifion Wyn: 'Ionawr', *Telynegion Maes a Môr* (1908).

10   Noson arall byddai wedi bwrw eira yn ysgafn,
bron ddigon i wynnu'r ardal . . . Dyna olygfa. Y ddaear
oll yn wyn, wyn a Llyn Ogwen yn ddu yn y pant
i'r dde i ni ac yn ymddangos yng ngolau'r lloer
wen ganol gaeaf fel diamwnt dur ar fantel wen . . .

Ond y rhamant mwyaf oedd bore Sadwrn yn
Ionawr 1940. Yr oedd wedi bwrw glaw yn drwm
trwy'r bore. Bûm yn corddi a rhoddais y noe ar
ben y clawdd wrth y drws iddi gael ychydig o
awyr. Ond sylwais fod y glaw a ddisgynnai arni'n
troi'n rhew gloyw, yr oedd pob gweiryn a changen
a dylif o law wedi rhewi'n gorn a thincient fel
clychau wrth daro'n ysgafn yn erbyn ei gilydd.
Daeth mymryn o haul oer i'r golwg a throi'r wlad
yn risial i gyd. Arhosodd y rhew hwnnw am
wythnos neu ragor, ac ni allai dynion na chŵn
symud arno. Gwisgodd Edward bâr o esgidiau
cryfion trwodd yr wythnos honno a chwyrnai'r
cŵn yn dorcalonnus wrth gerdded.

Margaret Roberts: *Oes o Fyw ar y Mynydd* (1979).

11   Niwl y gaea', arwydd eira:
Niwl y gwanwyn gwaeth na gwenwyn.

Evan Isaac: 'Darogan a Choelion Eraill', *Coelion Cymru* (1938).

12   Bu'r tywydd erioed yn fan cychwyn cyfleus i agor
sgwrs â dieithryn, a bydd sôn amdano yn debycach
o dorri trwy len o swildod na dim testun arall.

J. M. Edwards: 'Hen Arwyddion Tywydd', *Y Crefftwyr ac
Ysgrifau Eraill* (1976).

13 Wele nifer o arwyddion glaw a geir drwy Gymru:
Cochni awyr ar doriad gwawr; haul y bore yn
felyn gwan; yr haul yn machlud yn wan a
chlafaidd; corn isaf lleuad newydd yn ymollwng;
cylch am y lleuad; barrug y bore, oni phery am
dridiau; gwenoliaid yn ehedeg yn isel fin nos; y
gwylanod yn ehedeg i'r tir; y defaid yn tynnu i
gysgod; ci yn pori glaswellt; y merlynod yn gadael
y bryniau am y dyffryn; moch yn rhochian a
chario gwellt yn eu safnau; brythylliaid yn 'codi'
yn aml; cathod yn chwareus; ci yn rhedeg yn
ddiamcan, neu yn ceisio dal ei gynffon, yn arwydd
o wynt cryf; niwl yn ymgripian o'r dyffryn i'r
mynydd; sŵn y môr yn cyrraedd ymhell i'r tir.

Evan Isaac: *op. cit.*

❖

14 Nid oes dim iâ ar war y llyn,
　　Na rhew ar fryn na mynydd;
Blodeuog yw briallu'r fron
　　A gwyrddion ydyw'r coedydd;
Datodwyd clo y nant a'r iâ;
　　Fe dreigla yr afonydd.

Caledfryn: 'Y Gwanwyn', *Blodeugerdd Barddas o'r Bedwaredd Ganrif ar Bymtheg*, gol. R. M. Jones (1988).

❖

15 Gwyn, gwyn
Yw'r gynnar dorf ar lawr y glyn.
O'r ddaear ddu y nef a'u myn,
Golau a'u pryn o'u gwely pridd

A rhed y gwanwyn yn ddi-glwy
O'u cyffro hwy uwch cae a ffridd.

Waldo: 'Eirlysiau', *Dail Pren* (1956).

16   A ydi'r Gwanwyn yn crwydro'r gweunydd
     A galw'i flodau i lannau'r lonydd?
     A deifl y nos o'r rhosydd – chwiban glir,
     Daer, y gylfinir i'r dirgel fynydd?

T. Rowland Hughes: 'O'r Gongl', *Cân neu Dduy* (1948).

17   Darfu'r gaeaf, darfu'r oerfel,
     Darfu'r glaw a'r gwyntoedd uchel;
     Daeth y gwanwyn glas eginog
     Dail i'r llwyn, a dôl feillionog.

Edward Matthews: 'Carol Haf', *Cerddi Rhydd Iolo Morganwg*,
P. J. Donovan (1980).

18   Y mae sbeit yn safn Mis Bach,
     Mis cur yw mis y corrach,
          Rhyw hen gynffon i Ionawr
          A'i rew llwyd yn chwipio'r llawr,
     Hwn yw mis eillio'r meysydd
     A beudai mwy swrth bob dydd.

Nia M. W. Powell: 'Y Tri Hyn', *Cerddi'r Troad*, gol. Dafydd
Rowlands (2000).

19   Pan ddaw eirlaw yr hirlwm
        Ar sguboriau'r lloriau llwm
        Mor hir yw'r tymor eira,
        Mor hwyr yn dyfod mae'r ha'.

Dic Jones: 'Gwanwyn', Awdl fuddugol Eisteddfod Genedlaethol
Aberteifi: *Cyfansoddiadau a Beirniadaethau*, gol. J. Tysul Jones
(1976).

20   Mae hirlwm ar y meysydd,
          A'r gwynt yn fain ac oer,
        Ac nid oes gân aderyn
          Heno o dan y lloer.

        Eira sydd dros y caeau
          Ar nentydd dan eu clo,
        A phob dyn ac anifail
          Yn llechu o dan do.

W. Leslie Richards: 'Breuddwydio', *Bro a Bryniau* (1963).

21   'Mi wellaf pan ddaw'r gwanwyn:
          Bu'r gaeaf 'ma'n un mor hir.
        A oes 'na argoel eto
          Fod gwennol yn y tir?
        Mae hi'n anodd mendio dim fel hyn
        A phen yr Wyddfa i gyd yn wyn . . .'

T. Rowland Hughes: 'Gwanwyn', *Cân neu Ddwy* (1948).

22   Unwaith daw eto Wanwyn,
Dolau glas a deiliog lwyn . . .

T. Gwynn Jones: 'Unwaith daw eto Wanwyn', *Caniadau* (1934).

23   Gwelais y Gwanwyn araf
yn iro llymder dy frigau
a'u himpio'n dwt;
yna'r dail yn dod
i ysgwyd fel dillatach ar y lein . . .

W. Rhys Nicholas: 'Y Goeden', *Cerdd a Charol* (1969).

24   Yn y gwanwyn y mae blodau llawr y goedwig ar
eu mwyaf gogoneddus. Bydd y briallu, blodau'r
gwynt a chlychau'r gog fel ei gilydd yn manteisio
ar heulwen dros dro y gwanwyn cynnar . . .
Planhigyn gorllewinol tra phrin yn Ewrop, yw
clychau'r gog (*Hyacinthoides non-scripta*). Fe'i bygythir
gan ei chwaer rhywogaeth braffach a llai gosgeiddig
o Sbaen. I'r garddwyr y mae 'diolch' am hyn,
ac i'w harchfarchnadoedd blodau-i-bawb-i-bob-
achlysur. Hir oes serch hynny i'n rhywogaeth ni, y
blodau glas o lennyrch Coed Cantre'r Gwaelod, ac
o aml i fynwent hefyd lle clywent ganu, ar sabothau
tawel o wanwyn, seiniau peraidd glychau'r Llan.

Cymdeithas Edward Llwyd: 'Y Cysgodion Isaf', *Llên y Wig*
(1998).

25   I erddi y daw tarddiant – er oerni
    Yr hwyrnos daw tyfiant,
    Mis y meiriol, rhown foliant –
    Ond ei swyn yw Dewi Sant.

John Pinion Jones: 'Mawrth', *Gardd o Gerddi*, gol. Alun L.
Jones a John Pinion Jones (1986).

26   Nid iawn lais un edn o lwyn
    Yn ei gân a wna gwanwyn.

Edmwnd Prys: 'Cywydd 23', *Ymryson Edmwnd Prys a Wiliam
Cynwal* (1581-7), gol. Gruffydd Aled Williams (1986).

27   A chamwn gyda'r dychymyg
    hyd ogwydd y weledigaeth

    hyd y lle i gadw dull llygad y dydd
    ar y clwt yn cadw amser y cloc.

    Fe welwn eirlysiau'n glychau yn galw hoyw
    ddaffodiliau i ddoffio o hyd eu hilion

    ar y blodyn-ymenyn main
    yn ei fri i ymgoethi ar gae.

Euros Bowen: 'Yn y Gerddi', *Lleidr Tân* (1989).

28   Croeso i'r gwanwyn tawel cynnar,
    Croeso i'r gog a'i llawen llafar,
    Croeso i'r tes i rodio'r gweunydd,
    A gair llon, ac awr llawenydd.

Edward Morys: 'Y Gwanwyn', *Penillion Telyn*, W. Jenkyn Thomas
(1894).

29 Fe'th welais di ar lawnt y plas
   A gwyntoedd Mawrth yn oer eu min;
 Ar feysydd llwyd a gweirglodd las,
   Ac awel Ebrill fel y gwin;
 Ni welwyd un erioed mor llon
   Â'th fantell werdd a'th euraid rudd,
 Yn dawnsio yn y gwynt a'r glaw
   I bibau pêr rhyw gerddor cudd.

I. D. Hooson: 'Y Daffodil', *Cerddi a Baledi* (1936).

30 Dyfod pan ddêl y gwcw
   Myned pan êl y maent,
 Y gwyllt atgofus bersawr,
   Yr hen lesmeiriol baent;
 Cyrraedd, ac yna ffarwelio,
   Ffarwelio, – Och! na pharhaent.

R. Williams Parry: 'Clychau'r Gog', *Cerddi'r Gaeaf* (1952).

31 Mis parod ei gawodydd – mis y tes,
   Mis y tawch aflonydd,
  Mis oriog y gôg a'r gwŷdd,
  A mis gwyrddlesni'r meysydd.

Ithel Davies: 'Ebrill', *Gardd o Gerddi*, gol. Alun L. Jones a John Pinion Jones (1986).

32 Ganol Mawrth a chanol Medi
 Dydd a nos 'run hyd â'i gily'.

Casgliad Amgueddfa Werin Cymru, Sain Ffagan.

33 Mawrth yn lladd, Ebrill yn llym;
  Rhwng y ddau ni adewir dim.

  Evan Isaac: *op. cit.*

34 Na chred ei bod, rhod yw'r rhôl,
  Yn wanwyn er un wennol.

  Edmwnd Prys: 'Cywydd 51', Gruffydd Aled Williams, *op. cit.*

35 Un wennol ni wna wanwyn.

  William Hay: *Diarhebion Cymru* (1955).

36 Gwynt o'r dwyrain, gelyn milain.

  Cymru, lxx (1926).

37 Er oered y gwanwyn,
  Daw haf i'w ddilyn.

  William Hay: *op. cit.*

38 Yr un sane gwcw, yr un blodau menyn,
  Yr un aflonyddwch pan ddelo'r gwenyn;
  Ar ôl pob Gwanwyn daw tes yr hafau,
  Ar ôl pob Hydref daw'r llwyd aeafau;
  Yr un yw'r patrwm a'r un yw'r gwead,
  'Run yn oes oesoedd yw llwybrau'r cread.

  W. Rhys Nicholas: 'Yr Hen Lwybrau', *op. cit.*

39   O anfon, Glamai, dy fwyn golomen
         Goruwch y dilyw i gyrchu deilen,
         Tyrd dithau'r wennol yn ôl â'r heulwen
         I laesu aerwy gaeafol Seren . . .

Dic Jones: 'Gwanwyn', *op.cit.*

40   Gwn ei ddyfod, fis y mêl,
         Gyda'i firi yn yr helyg,
         Gyda'i flodau fel y barrug –
         Gwyn fy myd bob tro y dêl.

Eifion Wyn: 'Mai', *op. cit.*

41   . . . Fis Mai haf . . .
         Cyfaill cariad ac adar,
         Cof y serchogion a'u câr . . .
         A mawr fydd, myn Mair, ei fod,
         Mai, fis difai, yn dyfod . . .

Dafydd ap Gwilym: 'Mis Mai a Mis Ionawr', Rhif 69, *Gwaith Dafydd ap Gwilym*, gol. Thomas Parry (1952).

42   Mor deg a hyfryd ydyw Mai,
         Pob peth heb drai sy'n ddedwydd –
         Mor hardd eu drych yw blodau'r drain
         A geir yn gain ar gynnydd –
         Aderyn bach, mor bêr dy big,
         A'th gân ar frig y gwinwydd.

Daniel Ddu: 'Mis Mai', *Blodeugerdd Barddas o'r Bedwaredd Ganrif ar Bymtheg*, gol. R. M. Jones (1988).

43   Hawdd i'r hen yn hindda'r haf
    Herio gwewyr y gaeaf.

T. E. Roberts: 'Cwpledi Cywydd Epigramatig': *Cyfansoddiadau Eisteddfod Genedlaethol Aberystwyth* (1952).

44   Pan ddêl Mai, a'i lifrai las,
    Ar irddail i roi urddas,
    Aur a dyf ar edafedd
    Ar y llwyn, er mwyn a'i medd.

Dafydd ap Gwilym: 'I'r Llwyn Banadl', *Detholion o Gywyddau Dafydd ap Gwilym*, gol. Ifor Williams (1927).

45   Glaw, glaw cadw draw;
    Tes, tes tyrd yn nes.

T. Hughes Jones: 'Gwawr y Waun Bellaf', *Molawd Cymru, Newydd a Hen* (1954).

46   Llwydrew cyn nos, glaw cyn bore.

'Fyl'na weden i', *Blas ar dafodiaith canol Ceredigion*, Llyfrau Llafar Gwlad 46, Huw Evans a Marian Davies (2000).

47   Pan fo'r ddraenen ddu yn wych
    Hau dy had os bydd yn sych,
    Pan fo'r ddraenen wen yn wych
    Hau dy had boed wlyb neu sych.

Cymdeithas Edward Llwyd: 'Y ddraenen wen neu'r ysbyddaden', *op. cit.*

48   Mai y rhianedd a'i serch morwynol,
         A Mai yn yr oed ym min hwyr hudol;
         Mai yn dduw ym min y ddôl, a Mai'n dwyn
         Y nyth ar y llwyn, a throell y wennol.

         R. Williams Parry: 'Yr Haf', *Yr Haf a Cherddi Eraill* (1924).

49   Daw hindda wedi drycin.

         William Hay: *op. cit.*

50   Arwyddion Tywydd Teg:
         . . . yr haul yn machlud yn goch cryf a chlir;
         defnynnau glaw yn aros yn hir ar frigau'r coed;
         niwl yn dianc i lawr o'r mynydd; y defaid yn ceisio
         lle uchel ac amlwg i gysgu; gwylanod yn dychwelyd
         i'r môr; gwenoliaid yn hedeg yn uchel; cyrn lloer
         newydd yn ymgodi; y bryniau yn ymddangos
         ymhell; os deilia'r derw o flaen yr ynn, haf sych . . .

         Evan Isaac: *op. cit.*

51   Daw hyfryd fis Mehefin cyn bo hir,
         A chlywir y gwcw'n canu'n braf yn ein tir.
         Braf yn ein tir, braf yn ein tir:
         Gwcw, Gwcw, Gwcw –
         Canu'n braf yn ein tir.

         Cân Gron Draddodiadol: 'Daw Hyfryd Fis Mehefin', Detholiad
         1961, *Undeb Noddwyr Alawon Cymru*.

52 Pan own i ar foreddydd,
　　Ar laswyn y dydd,
　　Yn rhodio glas y coedydd,
　　A 'nghalon i yn rhydd;
　　Clywn i'r deryn du pigfelyn
　　Yn canu yn y dyffryn
　　A finnau'n ei serchu yn y gwŷdd.

Traddodiadol: *Songs of Wales (Caneuon Cymru)*, gol. Brinley
Richards (1879).

53 Dymor hud a miri haf
　　Tyrd eto i'r oed ataf,
　　A'th wyddfid, a'th hwyr gwridog,
　　A'th awel chwyth haul a chlog.

R. Williams Parry: 'Yr Haf', *op. cit.*

54 Gwcw fach, ond wyt ti'n ffolog,
　　　　Ffal di ral di rw, dw ri rai tai to.
　　'N canu 'mhlith yr eithin pigog,
　　　　Ffal di ral di rw, dw ri rai tai to.
　　Dos i blwy Dolgelle dirion,
　　Ti gei yno lwyni gwyrddion
　　　　Ffal di ral di rw, dw ri rai tai to.

Traddodiadol: 'Y Gwcw Fach', *Caneuon y Cymry (Songs of the
Welsh People)* (1938).

55 Un o ddyddiau cynhesaf yr haf oedd hwnnw,
　　Mehefin wedi cyrraedd, a'r caeau'n dryfrith gan
　　lygaid dydd a blodau ymenyn, a phoeri'r gog yn

dechrau ymddangos yn y cloddiau. Safai'r haul yn llygad noethlym uwch y dyffryn, a phob gwrych ac adeilad a choeden yn dirwyn eu cysgodion atynt am ei bod yn tynnu at ganol dydd. Draw, yn y tarth glas, ysgafn, safai bryniau Maldwyn yn ffurfiau disylwedd, fel pethau heb fod yn perthyn i'r olygfa ond wedi hongian yno dros awr siesta cyn symud yn eu blaenau gyda symudolion eraill y cread.

Islwyn Ffowc Elis: 'Y Bennod Olaf', *Yn Ôl i Leifior* (1956).

56   Tripheth a gerir drwy'r byd:
Gwraig a hinon ac iechyd.

Dafydd ap Gwilym: 'Y Bardd a'r Brawd Llwyd', Rhif 137, Thomas Parry, *op. cit.*

57   Heddiw,
          daeth yr haul i liwio'r dref
wedi'r glaw.

Melyn sy'n crasu'r meini
ar furiau a thyrau a thai,
oren sy'n dwym ar erwau
o friciau a waliau hir,
coch sy'n gryndod cynnes
ar wydr ffenestri'r stryd,
a glaswyrdd yw'r toeau gloywon,
fel petai paent gwlyb ar y llechi llwyd.

Bryan Martin Davies: 'Diwrnod o Haf (Wrecsam 1981)', *Lleoedd* (1984).

58 Yr wylan fach adnebydd
Pan fo'n gyfnewid tywydd;
Hi hed yn deg ar aden wen,
O'r môr i ben y mynydd.

'Yr Wylan', *Hwiangerddi*, O. M. Edwards (1911).

59 Y daran sy'n rhuo
Ond y fellten sy'n taro.

Diddordebau Llwyd o'r Bryn, gol. Trebor Lloyd Evans (1966).

60 Tyred eto, Haf tirion – i greu cân
   A gwisgo'r coed noethion;

Thomas Nicholson: 'Hiraeth am yr Haf', *Blodeuglwm o Englynion*, gol. W. J. Gruffydd (1920).

61 Dyddiau cwn, heulog ha'
Ddaw i ni â blwyddyn dda.

William Hay: *op. cit.*

62 Marw i fyw mae'r haf o hyd:
Gwell wyf o'i golli hefyd.

R. Williams Parry (1956), 'Cantre'r Gwaelod', *op. cit.*

63 Glaw yw glaw, pe ond diferyn.

Dihareb: Casgliad Gwernyfed o ddiarhebion ardal Merthyr Tudful yn *Y Geninen* (1894–95).

64 Pwy ni chwardd pan fo hardd haf?

Dafydd ap Gwilym: 'Yr Haf', Rhif 24, Thomas Parry, *op. cit.*

65 I dyfu, glasu glwysaf,
    Dail ar goed y rhoed yr haf.

Dafydd ap Gwilym: *ibid.*

66 Dechrau Awst niwlog; diwedd tesog.

William Hay: *op. cit.*

67 Y fuwch fach gota
    P'un ai glaw ai hindda?
    Os daw glaw, cwymp o'm llaw:
    Os daw haul, hedfana.

Evan Isaac, *op. cit.*

68 Gwelais yr Haf
    yn galw allan dy faneri gwyllt,
    nes oeddit fel brenhines falch
    yn hawlio'r prynhawnau i gyd,
    a'r haul yn suddo i esmwythyd dy fynwes.

W. Rhys Nicholas: 'Y Goeden', *op. cit.*

69   Aeth yr haf â
hi o fy ochor i
eleni;

Cyn darganfod y geiriau
wylodd y cawdodydd
a theimlais ddiwedd Awst
yn wlyb
ar y caeau ŷd:

gwelais y coed cam
yn bwrw eu beichiau
i ddŵr llyn llonydd . . .

Alan Llwyd: *Blwyddyn a Chydig* (1991).

70   Nid diwrnod y plant yw diwrnod o law.★

★*Ní hé lá na báistí lá na bpáistí.*
O'r Wyddeleg: *Archif Seanfhocal*, Gwefan Daltaí.

71   Mae chwilen bwm yn canu,
Gwna dywydd teg yfory;
Ond peidiwch gwneud coel ar chwilen y bwm,
Dichon y gwna law serch hynny.

J. M. Edwards: 'Hen Arwyddion Tywydd', *op. cit.*

72   Cylch yn agos, glaw ymhell;
Cylch ymhell, glaw yn agos.

(Cyfeiriad at y cylch neu'r cysgod o amgylch y lleuad.)
J. M. Edwards: *ibid*.

73 Croeso, Medi, fis fy serch,
    Mis y porffor ar y ffriddoedd . . .

Eifion Wyn: 'Medi', *op. cit.*

74 Mis y cnau, mis cynhaeaf – mis gwair rhos,
        Mis y grawn melynaf,
      Mis gwiw cyn gormes gaeaf,
      Mis liw'r aur, mis ola'r haf.

Gwilym R. Tilsley: 'Mis Medi', *Y Flodeugerdd Englynion*, gol.
Alan Llwyd (1978).

75 Bwa'r Drindod y bora, aml gawoda;
    Bwa'r Drindod prynhawn, tegwch a gawn.

Evan Isaac: *op. cit.*

76 Awyr goch y bora, brithion gawoda;
    Awyr goch prynhawn, tegwch a gawn.

ibid.

77 Daw teg hin 'nôl drycin drom,
    'Nôl oerni daw haul arnom.

Geirionydd: 'Hiraeth Cymro am ei Wlad', *Geirionydd.
Cyfansoddiadau Cerddorol a Rhyddieithol y Diweddar Barch. Evan
Evans*, gol. W. J. Roberts (1862).

78   Gwelais yr Hydref dolurus
          yn sychu'r clwyfau yn dy ddail,
          a'th adael ym mwlch y machlud
          yn delpyn fflamgoch . . .

          W. Rhys Nicholas: 'Y Goeden', *op. cit.*

79   Wyla gwlad, pob dôl a glyn – alar hir
              Ar ôl yr haf dillyn;
          A rhagor nis gall brigyn
          Na wylo dail wedi hyn.

          Thomas Nicholson: 'Cwmpiad y Dail', W. J. Gruffydd, *op. cit.*

80   Gwelais fedd yr haf – heddiw
          Ar wŷdd a dail, hardded yw
          Ei liwiau fyrdd, olaf ef,
          Yn aeddfedrwydd lleddf Hydref.

          T. Gwynn Jones: 'Hydref', *op. cit.*

81   Gwynt yr hydref ruai neithiwr
              Crynai'r dref i'w sail
          Ac mae'r henwr wrthi'n fore'n
              'Sgubo'r dail.

          Yn ei blyg uwchben ei sgubell
              Cerdd yn grwm a blin,
          Megis deilen grin yn ymlid
              Deilen grin.

                   .. ..

Pentwr arall; yna gorffwys
    Ennyd ar yn ail;
Hydref eto, a bydd yntau
    Gyda'r dail.

Crwys: 'Dysgub y Dail', *Cerddi Newydd Crwys* (1924).

82   Amen yw'r Hydref mwynaf
       Ar ddiwedd aur ddyddiau haf.

Gwilym Cadle: Esgyll o'i Englyn i'r Hydref, *Cymru*, Cyfrol XLIX, Rhif 295, Hydref 1915.

83   Niwl o'r mynydd,
       Gwres ar gynnydd;
       Daw niwl o'r môr
       Â glaw yn stôr.

Evan Isaac: *op. cit.*

84   Taniwyd y grug a'r eithin
           Yng ngwyliadwriaeth nos;
       A'r fflam a gerddai'r moelydd
           Mewn gwisg o aur a rhos.

       Llosgwyd anheddau dinod
           Maestrefi'r morgrug mân;
       Ysgwyd eu da a'u tiroedd
           Gan fflamau'r gwibiog dân.

I. D. Hooson: 'Tanau', *op. cit.*

85   Mis di-raen, mis dirinwedd – llwyd ei wisg,
          Mwll di-haul yw Tachwedd;
        Mis gwynnu maes ac annedd,
        Mis caddug, barrug a bedd.

William Griffiths: 'Tachwedd', Alan Llwyd, *op. cit.*

86   Heddiw,
      mae'r Gaeaf ar dy war;
      does dim cuddiedig mwy.
      Wedi dy ddiddilladu
      fe wêl y llygad manwl
      dy golfenni a'th geinciau hagr,
      a thithau'n druan diymadferth
      yn gywilydd i gyd.

W. Rhys Nicholas: 'Y Goeden', *op. cit.*

87   Wedi'r chwarae daw'r gaeaf,
      Gwynfyd yr ynfyd yw'r haf.

R. Williams Parry: 'Yr Haf', *op. cit.*

88   Ddoe,
          roedd eira'n drwch dros y dre,
          erwau o eira'n rhynnu
          ar doeau a simneiau'r tai,
          rhaeadrau o eira'n rhewi
          ar waliau a ffenestri'r stryd
          ffrydiau o eira'n llifo
          ar wydr a choncrid a maen.

Ddoe,
    roedd eira'n drwch dros y dre.

Bryan Martin Davies: 'Eira yn Wrecsam', *op. cit.*

89   Blwyddyn o eira, blwyddyn o lawndra.

William Hay: *op. cit.*

90   Pe na bai oerni'r gaeaf
      Ni theimlem wres yr ha;

Ceiriog: 'Alun Mabon', XXI, *Oriau'r Bore* (1862).

91   Oerni heb law, o'r gogledd y daw.

Dihareb: *Llyfr Hwiangerddi y Dref Wen*, gol. John Gilbert Evans (1981).

92   Mis Rhagfyr, rhew ac eira oer,
      Cais am dy 'stafell glyd;
    Ni wna effeithiau haul na lloer
      Ond peswch mawr a'r crud:
    At ddiwedd hwn, na fyddwn drist,
    Nesáu mae dydd Nadolig Crist.

Aelhaearn Hir: 'Y Misoedd', *Cylchgrawn Cymdeithas Alawon Gwerin Cymru*, Cyf. IV, Rhan I (1948).

93   Glaw Gŵyl Ifan andwyo'r cyfan.

[Rhagfyr 27ain].
William Hay: *op. cit.*

94   Llithrodd y flwyddyn drwy'i Thachwedd a'i Rhagfyr
tua'i therfyn. Diosgodd ei dail a gwisgo'i chaddug,
tynnodd ei thyfiant ati, symudodd ei sêr i'w
lleoedd arfaethedig. Fesul storm a chywod cerddodd
drwy ddyddiau'r wythnosau, a gorffwys dro ar
bnawn o haul neu ar noson o leuad. Lladdodd
liwiau'i choedlannau'n ddiedifar, gollyngodd rew
i'w llynnoedd, afradodd ychydig eira ar ei bryniau
uchaf yn ddiedifar gan na fyddent yn eiddo iddi hi
lawer yn hwy. Deuai blwyddyn arall, a chyda honno
dechneg arall: gaeaf byrrach neu hwy; heulwen
gryfach neu wannach; mwy o wlybaniaeth, neu
lai. Yn araf yn nhyb y rhai di-swydd, yn gyflym yn
nhyb y rhai prysur, llithrodd, treiglodd, pydrodd y
flwyddyn i'w therfyn.

Islwyn Ffowc Elis: 'Yr Unfed Bennod ar Bymtheg', *op. cit.*

95   Nos yw y dydd sy'n cadw'r sêr o'r golwg
A dydd yw'r nos sy'n dwyn y nef i'r amlwg.

Islwyn: 'Y Nos', *Gwaith Barddonol Islwyn*, gol. O. M. Edwards
(1897).

96   Niwl y gaea' gwaeth nag eira.

William Hay: *op. cit.*

97   Gaeaf glas, mynwent fras.

ibid.

98   Gaeaf gwyn, ysgubor dynn.

ibid.

99   Meiriol roedd y rhwysg am oriau
       ar y toeon yn y dre a'r stryd a'r teiau.

Euros Bowen: 'Eira Nos', *Lleidr Tân* (1989).

100   Doed a ddêl.
       Bydd yr amser a'r awr yn rhedeg ar hyd y dydd
       garwaf.

Shakespeare: *Macbeth*, Act 1, Gol. 3. Cyfieithiad T. Gwynn
Jones (1942).

❖

101   Am y tywydd gorau tewi.

William Hay: *op. cit*.

❖

102   Nid yw'r gaea'n dragywydd – daw yr haf
               Wedi'r holl ystormydd;
           Nac ofnwn, rhodiwn yn rhydd,
           Yn llaw Duw mae'n holl dywydd.

J. R. Tryfanwy: 'Gwynebu'r Gaeaf', *Cymru*, Cyf. XIII, Rhif 75,
Hydref 1897.

Cynghorion a
Sylwadau

103   A dangosaf i ti rywbeth annhebyg i naill ai
Dy gysgod yn y bore yn brasgamu y tu ôl i ti,
Neu dy gysgod yn yr hwyr yn codi i gwrdd â thi
Dangosaf i ti ofn mewn dyrnaid o lwch.★

> ★*And I will show you something different from either*
> *Your shadow at morning striding behind you,*
> *Or your shadow at evening rising to meet you*
> *I will show you fear in a handful of dust.*
> T. S. Eliot: The Burial of the Dead, 'The Waste Land', *Collected Poems and Plays* (1969).

104   A ddarlleno, ystyried;
A ystyrio, cofied;
A gofio, gwnaed;
A wnêl, parhaed.

> Ellis Wynne: 'At y darllenydd', *Gweledigaethau y Bardd Cwsg* (1703).

105   A gyd-drig â ni a'n hadnebydd.

> Emlyn G. Jenkins: *Cofiant Elfed* (1957).

106   A heuo gas a fed gur
A dialedd a dolur;
Ni ddaw mawl lle bydd malais
Na hyder hardd lle bo'i drais.

> W. Rhys Nicholas: 'Ichabod', *Cerdd a Charol* (1969).

107   'ac a wnaiff y gwragedd aros ar ôl?'

Menna Elfyn: 'Wnaiff y gwragedd aros ar ôl?', *Eucalyptus* (1995).

108   Amser dyn yw ei gynhysgaeth, a gwae a'i gwario yn ofer.

Morgan Llwyd: *Llyfr y Tri Aderyn* (1653).

109   Ar y ddôl las beth sy' gasach – (drwy'r byd,
        A ruir bas oerach?) –
      Yn hagr rygnu a grwgnach? –
      Llew o beth yw tad llo bach.

Dewi Havhesp: 'Y Tarw', *Oriau'r Awen*, gol. T. Gwynn Jones (1927).

110   Aros
    nes profi,
    aros nes profi'r haul
    ei brofi'n
    lliwio llond cae o wair
    crychu ymchwydd afon
    perarogli'r gwyddfid
    cnawdio afal
    a chartrefu ym mlas y mwyar.

Euros Bowen: 'Berfenwau', *Elfennau* (1972).

111   [Atebodd Bendigeidfran], 'a fo ben, bid bont.'

II 'Branwen Ferch Lŷr', *Pedair Cainc y Mabinogi* (c. 1050 O.C.), diweddarwyd gan T. H. Parry-Williams (1937).

112 Beth ydwyt ti a minnau, frawd,
Ond swp o esgyrn mewn gwisg o gnawd?

T. H. Parry Williams: 'Yr Esgyrn Hyn', *Cerddi* (1931).

113 Beth ydy sinig? Un a ŵyr bris pob peth heb wybod gwerth dim.★

★*What is a cynic? A man who knows the price of everything and the value of nothing.*
Wilde: *Lady Windermere's Fan*, Act 1 (1892).

114 Beth yw ein tasg? Gwneud Prydain yn wlad deilwng i arwyr fyw ynddi.★

★*What is our task? To make Britain a fit country for heroes to live in.*
Lloyd George: Araith yn Wolverhampton (1918).

115 Caredigrwydd yw'r iaith y gall y byddar ei chlywed, a'r dall ei darllen.★

★*Kindness is the language that the deaf can hear and the blind can read.*
Priodlwyd i Mark Twain.

116 Ceisiwn gyngor ond yr hyn yr ydym ei eisiau yw cymeradwyaeth.★

★*We ask advice, but we mean approbation.*
Charles Caleb Colton: Rhif 190, Cyfrol 1, *Lacon* (1820).

117   Celfyddyd o hyd mewn hedd – aed yn uwch
           O dan nawdd tangnefedd;
        Segurdod yw clod y cledd,
        A rhwd yw ei anrhydedd.

Emrys: 'Heddwch', *Blodeuglwm o Englynion*, gol. W. J. Gruffydd (1920).

118   Croen ac esgyrn a gwasgod – a llodrau,
           Lledrith ar ddisberod;
        A'r lle'r oedd efe i fod
        Y mae gwisg am ei gysgod.

Mafonwy: 'Dyn Tenau', *Caniadau Mafonwy* (1924).

119   Cuddied yr wyneb ffals beth a ŵyr y ffals ei galon.★

★ *False face must hide what the false heart doth know.*
Shakespeare: *Macbeth*, Act 1, (Cyf. T. Gwynn Jones, 1942).

120   Cwsg ni ddaw i'm hamrant heno,
           Dagrau ddaw ynghynt,
        Wrth fy ffenestr yn gwynfannus
           Yr ochneidia'r gwynt.

John Morris-Jones: 'Cwyn y Gwynt', *Y Flodeugerdd Gymraeg*, gol. W. J. Gruffydd (1931).

121   Cyfoeth? Ai cyfoeth yw arian a thai a thir?
        Na – swm y pethau y gelli fyw hebddynt yw'r cyfoeth gwir.

Sarnicol: *Blodau Drain Duon* (1935).

122   Cyrhaeddais, gwelais, gorchfygais.★

★*Veni, vidi, vici.*
Iŵl Cesar: *Divus Julius*, xxxvii, 2. Suetonius. (Arysgrif yn datgan un o fuddugoliaethau Cesar yn Asia, 46 C.C.)

123   Dacw'r Aran fawreddog, – pe bawn bagan, hi fuaswn yn addoli, – a dacw'r Gader Idris yn edrych dros ei hysgwydd.

O. M. Edwards: 'Y Bala', *Clych Atgof* (1906).

124   Dante – dos i'w ddilyn;
        Shakespeare – tro i'w fyd;
Cofia Bantycelyn
        Yr un pryd.

Elfed: 'Sub Rosa', *Caniadau Elfed* (1910).

125   Darllen a wna ddyn llawn, ymddiddan ddyn parod ac ysgrifennu ddyn manwl.★

★*Reading maketh a full man; conference a ready man; and writing an exact man.*
Francis Bacon: 'Of Studies', *Essays* (1625), (Cyfieithiad J. Puleston Jones, *Y Winllan* (1921).

126   Deial aur rhwng dail arian – gedwi, deg
        Lygad y dydd bychan,
     O'r wawr glos hyd yr hwyr glân
     Yn tawel droi at huan.

Ben Bowen: 'Llygad y Dydd', W. J. Gruffydd, *op. cit.*

127   Democratiaeth, hynny yw, llywodraeth ar yr holl
        bobl, gan yr holl bobl, ar ran yr holl bobl . . .★

        ★*A democracy, that is, a goverment of all the people, by all the people,
        for all the people . . .*
        Theodore Parker: Araith, 'Anti-Slavery Convention', Boston,
        Mai 29, 1850, *Discourses of Slavery* (1863).

128   Diben bywyd a rydd ystyr i ryddid.

        Alwyn D. Rees: *Sylfeini Gweriniaeth* (1945).

129   Diddanwr, digrifwr yw – mae'n ddawnus,
            Mae'n ddoniol diledryw;
        Dyna od mai dyn ydyw
        A ŵyr boen a gwewyr byw.

        Dyfnallt Morgan: 'Y Clown', *Rhywbeth i'w Ddweud − Detholiad
        o waith Dyfnallt Morgan*, gol. Tomos Morgan (2003).

130   Distylliad o sïon yw hanes.★

        ★*History is a distillation of rumour.*
        Thomas Carlyle: *History of the French Revolution* (1831), Cyfrol
        1, Llyfr 7.

131   Doethineb gorau yn y byd
        Yw cymryd cyngor da mewn pryd.

        Yr Hen Ficer: *Canwyll y Cymry*, gol. Stephen Hughes (1672).

132   'Dwyt ti ddim yn cofio Macsen,
'Does neb yn ei nabod o:
Mae mil a chwe chant o flynyddoedd
Yn amser rhy hir i'r co'.
Ond aeth Magnus Maximus o Gymru
A'n gadael yn genedl gyfan
A heddiw – wele ni!

> *Cytgan*:
> Ry'n ni yma o hyd,
> Ry'n ni yma o hyd,
> Er gwaetha pawb a phopeth,
> Er gwaetha pawb a phopeth,
> Er gwaetha pawb a phopeth
> Ry'n ni yma o hyd!

Dafydd Iwan: 'Yma o Hyd', *Cadw'n y Mur*, Blodeugerdd
Barddas o Ganu Gwladgarol, gol. Elwyn Edwards (1990).

133   Dydy henaint ddim cynddrwg o ystyried y dewis arall.★

★*Old age isn't so bad when you consider the alternative.*
Maurice Chevalier: *The New York Times*, Hydref 9, 1960.

134   Dyma'r modd y diwedda'r byd
Nid ag ergyd ond â griddfan.★

★*This is the way the world ends*
Not with a bang but a whimper.
T.S. Eliot: 'The Hollow Men', *Poems 1900–1925*.

135 Dyn ni wna ddaioni i neb
Ydyw un â dau wyneb.

Owain Gwynedd: 'Cynghorion i Ŵr Bonheddig Ieuanc',
Cywyddau Cymru, gol. Arthur Hughes (1908).

136 Ein dyddiau sy'n diweddu – yn y byd,
A phob un a'n gedy;
Ddoe a ffodd, heddiw a ffy,
Un awr fer yw yfory.

John Emyr: 'Amser', *Blodeugerdd Barddas o Ganu Newydd*, gol.
Frank Olding (1989).

137 Ei sgrech oer fel merch loerig – a'i hiasau
Ar ryw noson unig,
Yn dal i gynhyrfu dig
Gwydion ar gwr y goedwig.

Vernon Jones: 'Tylluan', *Blodeugerdd Barddas o Englynion Cyfoes*,
gol. Tudur Dylan Jones (1993).

138 Ewyllys a bair allu.

William Hay, *op. cit.*

139 Fe wnaeth Duw bob peth yn drefnus,
Rhoes gorn byr i'r eidion barus,
A byr allu i'r byr ei wyllys.

Llyfrau Ysgrifennu Cymraeg, Llyfr VI, D. J. Williams (1933).

140   Ffop: Ni phaid dy wedd â datgan y gyfrinach
                Fod clamp o epa rywle yn dy linach.
        Clop: Mae'n bosibl, er nas tybiem wrth dy lun,
                Fod un o'th hen gyndeidiau dithau'n ddyn.

Sarnicol: 'Hysbys y Dengys y Dyn', *op. cit.*

141   Ffordd nesaf at olud, talu dyled.

H. Meurig Evans: *Y Geiriadur Cyfoes* (1992).

142   Gall un hwyaden drwblu dŵr y ffynnon.

Huw Evans *et al*.

143   Gall y diafol ddyfynnu'r Ysgrythurau at ei bwrpas.★

★*The devil can cite Scripture for his purpose.*
Shakespeare: *Merchant of Venice*, Act I, iii (1596–98).

144   Ganed dyn yn rhydd, ac ym mhob man y mae
        mewn cadwynau.★

★*L'homme est ne libre, et partout il est dans les fers.*
Rousseau: *Du Contrat Social*, pennod 1 (1762).

145   Gellir dosrannu'n fras ymdrechion gwareiddiad y
        Gorllewin i gyfieithu rhinweddau personol yn
        werthoedd cymdeithasol wrth sôn am y triawd

adnabyddus – Rhyddid, Cydraddoldeb a Brawdoliaeth.

Oswald R. Davies: *Crefydd a'r Gymdeithas Newydd* (1947).

146   Gwael wy'n awr. Os geilw neb – fi adref
          Ni fedraf ei ateb;
       Mae du oer lom, daear wleb
       Trawsfynydd tros fy wyneb.

Dewi Fwnwr: *Cell Meudwy*, Ellis Owen, gol. Robert Isaac Jones (Alltud Eifion) (1877) ar fedd merch 16 oed ym mynwent Eglwys Trawsfynydd.

147   Gwell gan yr Arglwydd y rhai cyffredin eu golwg. Dyna paham y mae'n creu cymaint ohonynt.*

The Lord prefers common-looking people. That is why he makes so many of them.
Priodolwyd i Abraham Lincoln: *Our President*, James Morgan (1928).

148   Gwell yw bod wedi caru a cholli
       Na bod heb garu o gwbl.*

'Tis better to have loved and lost
Than never to have loved at all.
Tennyson: I*n Memorium, A.H.H.* xxvii (1850).

149   Gwell yw bod yn brydferth na bod yn dda. Ond ar y llaw arall . . . gwell yw bod yn dda na bod yn hyll.*

*★It is better to be beautiful than to be good. But on the other hand . . .
it is better to be good than ugly.*
Wilde: *The Picture of Dorian Gray* (1891).

150   Gwisged bob gwych ddilledyn,
       Epa fydd epa er hyn.

Sarnicol: 'Nid y Wisg', *Catiau Cwta* (1940).

151   Gwna amser ddyn yn hen, ond gwna tragwyddoldeb
       ef yn ieuanc.

Emrys ap Iwan: 'Y Wobr Driphlyg', *Pregethau*, gol. John Owen
ac O. Madoc Roberts (1926).

152   Gwna iddynt chwerthin; gwna iddynt wylo; gwna
       iddynt ddisgwyl.★

★*Make 'em laugh; make 'em cry; make 'em wait.*
Charles Reade: Gair o gyngor i awdwr ifanc ynglŷn â'r grefft
o lunio nofel.

153   Gwnewch i chwi gyfeillion o lyfrau, fel pan eloch
       yn hen y bo gennych rywrai i'ch derbyn pan fo
       llawer yn eich gwrthod.

Emrys ap Iwan: 'Y Cochl', *Homiliau*, gol. Ezra Roberts (1906).

154   Gŵyr y gwir gadwriaethwr na roddir y byd i ni
       gan ein tadau, ond yn hytrach, fe'i benthycir oddi
       wrth ein plant.★

★*The true conservationist is a person who knows that the world is not given by our fathers, but it is borrowed from our children.*
John James Audubon: *Audubon and his Journals*, M. Audubon (1897).

❖

155   Hanes yw hanfod cofiannau di-rif.★

★*History is the essence of innumerable biographies.*
Thomas Carlyle: 'On History', *Critical and Miscellaneous Essays* (1838).

❖

156   'Henaint ni ddaw ei hunan' – daw ag och
            Gydag ef, a chwynfan,
         Ac anhunedd maith weithian,
         A huno maith yn y man.

John Morris-Jones: 'Henaint', W. J. Gruffydd, *op. cit.*

❖

157   Hen, hen yw amser, hen cyn bod y byd,
       Cyn bod ymwybod yn fy nghalon i,
       A newydd, fel yr eiliad newydd sbon
       Sydd newydd fynd, – â'm heinioes gyda hi
       Fesul diferyn.

W. Leslie Richards: 'Amser', *Dail yr Hydref* (1968).

❖

158   Hen hosan a'i choes yn eisie – ei brig
              Heb erioed ei dechre,
           A'i throed heb bwyth o'r ede.
           Hynny yw dim, onid e?

Gwydderig: 'Dim', *Beirdd Ein Canrif*, Llyfr 2 (1934).

159   Hir yr erys Duw heb daro,
       Llwyr y dial pryd y delo.

Yr Hen Ficer: Stephen Hughes, *op. cit.*

160   I'r hafan daw, a rhyfedd – ei gweled
         Ag olion dialedd
        Tonnau a gwynt yn ei gwedd
        Yn nofio i dangnefedd.

Clan Llyfnwy; 'Y Llong', W. J. Gruffydd, *op. cit.*

161   I'r llofft lle nad oes diodde'
       Yn gyflym y daw'r bore,
       Ond i'r ystafell lle bo claf
       Yn araf y daw'n ole.

Arwyn Evans: 'Triban', Frank Olding. *op. cit.*

162   I'r neb fo brin ei obaith,
       Hir a dwys fydd pob rhyw daith.

T. Gwynn Jones: 'Ymadawiad Arthur', *Caniadau* (1934).

163   I'r un a fynnai fod yn ddyn, rhaid iddo fod yn
       anghydffurfiwr.★

★ *Whoso would be a man must be a nonconformist.*
Emerson: 'Self Reliance', *Essays* (1841).

164   Lle bo deall yn pallu – hyfrydwch
        Chwilfrydedd yw mynnu
      Rhoi mewn dot a chryman du
      Y broblem i barablu.

Dic Jones: 'Cwestiwn', Tudur Dylan Jones, *op. cit.*

165   Llysenw yw'r garreg drymaf y gall y diafol daflu at
ddyn.★

★*A nickname is the heaviest stone that the devil can throw at a man.*
Hazlitt: 'Nicknames', *Sketches and Essays* (1839).

166   Mae amser yn
rhy araf i'r rhai sy'n disgwyl,
rhy gyflym i'r rhai sy'n ofni,
rhy hir i'r rhai sy'n galaru,
rhy fyr i'r rhai sy'n llawenhau,
ond i'r rhai sy'n caru, mae amser yn dragwyddoldeb.★

★*Time
is
Too slow for those who wait,
Too swift for those who fear,
Too long for those who grieve,
Too short for those who rejoice,
But for those who love Time is
Eternity.*
Henry Jackson Van Dyke: Arysgrif ar ddeial haul Katrina
Trask, gwraig i gyfaill Van Dyke, yng Ngerddi Yaddo, Saratoga
Springs, Efrog Newydd, U.D.A.

❖

167 Mae digon ar gyfer anghenion pob dyn; ond prin
digon i ddiwallu trachwant pob un.

> *There is enough for everyone's need; but not enough for everyone's greed.*
> Mahatma Gandhi: *Non-Violence in Peace and War*, Cyfrol 2 (1942).

❖

168 Mae geiriau, megis arian bath, yn mynd yn
anelwig iawn wrth newid dwylo'n aml.

> Alwyn D. Rees: *Sylfeini Gweriniaeth* (1945).

❖

169 Mae gwallau treigladau
  Yn boen a phla,
Ond mae'r gwall yn gywir
  Yn 'ladi da'.

> D. Jacob Davies: 'Treigladau', *Yr Awen Lawen*, gol. Elwyn
> Edwards (1989).

❖

170 Mae mwy o luniau prydferth o ferched na sydd o
luniau o ferched prydferth.

> *There are more pretty photographs of women than there are*
> *photographs of pretty women.*
> *Reflections of a Bachelor* (1903).

❖

171 Mae'n nodi ein munudau, – a'i fysedd
  A fesur ein dyddiau;
  Oriau hwn sydd yn byrhau
  Rhediad ein cyflym rawdau.

> W. Leslie Richards: 'Y Cloc', *op. cit.*

172   Mae'n wir y gwelir argoelion – difai
            Wrth dyfiad y brigyn;
        Hysbys y dengys y dyn
        O ba radd y bo'i wreiddyn.

Tudur Aled: 'Natur y Gwreiddyn yn y Brigau', W. J. Gruffydd,
op. cit.

173   Mae pumed rhan o'r bobl yn gwrthwynebu
        popeth o'r cychwyn cyntaf.★

★*One fifth of the people are against everything all the time.*
Robert Kennedy: Araith, Prifysgol Pennsylvania, Mai 6, 1964.

174   Mae'r dydd yn fyr, a buan fydd y nos.

Saunders Lewis: *Blodeuwedd* (1948).

175   Mae'r gwe corryn yn broblem fathemategol odidog.★

★*La toile d'araignée est un problème mathematiqué merveilleux.*
Jean Henri Fabre: *Souvenirs Entomologiques* (1879–1907).

176   Mae'r hwyrgloch yn lleddf-ganu cnul y dydd,
            A'r ychen gwâr yn araf droi drwy'r ddôl:
        Yr arddwr blin a gaiff ei ben yn rhydd,
            A gedy'r byd i mi, a'r gwyll ar ôl.★

'Mawrnad a wnaed mewn Mynwent Wledig', Cyfieithiad gan
W. Eilir Evans, *Rhyddiaith a Chân* (1909), o waith Thomas Gray.
★*The curfew tolls the knell of parting day,*
    The lowing herd wind slowly o'er the lea,

The ploughman homeward plods his weary way,
And leaves the world to darkness, and to me.
The Golden Treasury of the best songs and lyrical poems in the
English Language (1861).

177 Mae tri math o gelwyddau: celwyddau, celwyddau
melltigedig ac ystadegau.⋆

⋆*There are three kinds of lies: lies, damned lies and statistics.*
Priodolir i Benjamin Disraeli: Mark Twain, Cyfrol 1,
Autobiography (1924).

178 Mewn unrhyw driongl sgwâr, mae arwynebedd y
sgwâr ar yr hypotenws yn hafal i gyfanswm
arwynebeddau'r sgwariau ar y ddwy ochr arall.

Theorem Pythagoras: *Allwedd Mathemateg TGAU*, gol. Paul
Hogan (2005).

179 Nawr nid hwn yw'r diwedd. Nid yw hyd yn oed,
yn ddechrau'r diwedd. Ond y mae, efallai, yn
ddiwedd y dechreuad.⋆

⋆*Now this is not the end. It is not even the beginning of the end.*
But it is, perhaps, the end of the beginning.
Churchill: Araith yn ystod cinio i ddathlu Dydd Arglwydd
Faer Llundain, Tachwedd 10ed, 1942.

180   Neb ond y dewr a haedda'r teg.★

> ★*None but the brave deserves the fair.*
> John Dryden: *Alexander's Feast* or *The Power of Music* – A song
> in honour of Celia's Day 1697. *English Verse*, gol. W. Peacock,
> Cyfrol 3 (1930).

181   Ni chânt hwy heneiddio, fel yr heneiddiwn ni
          sydd ar ôl:
       Ni chaiff henaint eu blino, na'r blynyddoedd eu
          condemnio.
       Pan fachluda'r haul a phan dyr y wawr
       Fe gofiwn ni amdanynt.★

> ★*They shall grow not old, as we that are left grow old:*
> *Age shall not weary them, nor the years condemn.*
> *At the going down of the sun and in the morning*
> *We will remember them.*
> Laurence Binyon: 'For the Fallen', *Collected Poems* (1931).

182   Ni chyflawnwyd dim byd mawr erioed heb
       frwdfrydedd.★

> ★*Nothing great was ever achieved without enthusiasm.*
> Emerson: 'xii Art', *Essays* (1841).

183   Ni ddaw'r un gerdd eto i'r iaith heb ddyled iddo
       ef, waeth gan bwy;
       A'i ran fydd unig wobr y bardd – ni ellir ei
       anghofio mwy.

> Rhydwen Williams: 'T. S. Eliot', *Y Faner*, Hydref 27, 1960.

184 Ni ddylai gŵr ganmol ei weithredoedd, ond gweithredoedd gŵr a ddylai ei ganmol ef.

Rhys Prydderch: *Gemmeu Doethineb* (1714).

185 Ni ddylid byth godi tŷ *ar* fryn neu *ar* unpeth. Dylai darddu *o'r* bryn, gan berthyn iddo. Dylai bryn a thŷ gyd-fyw, pob un yn hapusach oherwydd y llall.★

★*No house should ever be built* **on** *a hill or* **on** *anything. It should be* **of** *the hill. Belonging to it. Hill and house should live together each the happier for the other.*
Frank Lloyd Wright: *An Autobiography* (1932).

186 Nid bywyd mo fywyd heb ei ddirgelion.

Pennar Davies: 'Ychydig o Frasgamu Beirniadol', *Cyfrol Deyrnged Pennar Davies*, gol. Dewi Eirug Davies (1981).

187 Nid dadlau â chwi ydwyf – rwy'n dweud wrthych.★

★*I am not arguing with you – I'm telling you.*
James Abbot McNeill Whistler: 'A Proposal', *The Gentle Art of Making Enemies* (1890).

188 Nid gwir yw bod pob arlunydd yn ddyn go ryfedd, ond bod pob dyn yn arlunydd go ryfedd.★

★*It is not that every artist is a peculiar kind of man, but that every man is a peculiar kind of artist.*
Eric Gill: *Autobiography* (1937).

189   Nid hawdd gwybod y cyfan;
        Nid hawdd amau gwirionedd;
        Nid hawdd cadarnhau celwydd . . .

> Catwg Ddoeth: *The Myvyrian Archaiology of Wales*, Owain
> Myfyr *et al.* (1870).

190   Nid oes cân ddoniol ganddo – na thŷ gwych,
            Na theg wisg amdano:
        Ei orfawr fychandra fo
        Wnaiff un yn hoff ohono.

> W. Eilir Evans: 'Y Dryw', *Y Flodeugerdd Englynion*, gol. Alan
> Llwyd (1978).

191   Nid oes dim yn fwy anodd i ddyn nag wynebu'r
        hyn ydyw.

> Islwyn Ffowc Elis: 'Y Nofelydd a'i Gymdeithas', *Taliesin*,
> Cyfrol 1 (1961).

192   Nid opiniwn dyn amdano ei hun a all ei achub,
        heb weithredoedd da.

> Morgan Llwyd: *Llyfr y Tri Aderyn* (1653).

❖

193   Nid paratoad ar gyfer bywyd yw addysg; bywyd ei
        hun yw addysg.★

> ★*Education is not preparation for life: education is life itself.*
> Priodolwyd i John Dewey.

194 Nid pob dyn a dyf yn dalach o'i adnabod yn well . . .

T. Ellis Jones: *Gwili – Cofiant a Phregethau*, E. Cefni Jones (1937).

195 Nid wal sy'n rhannu dwywlad – na dwrn dur
     Rhyw hen deyrn anynad,
     Nid rhith o glawdd trothwy gwlad,
     Nid tyweirch ond dyhead.

Dic Jones: 'Clawdd Offa', *Cadwn y Mur*, Blodeugerdd Barddas o Ganu Gwladgarol, gol. Elwyn Edwards (1990).

196 Nid wyf yn dal y dylai bardd egluro popeth fel arwerthwr; ni ddylai ychwaith ei gelu, fel gwleidydd.

T. Gwynn Jones: Beirniadaeth ar gystadleuaeth y Gadair: *Cofnodion a Chyfansoddiadau Eisteddfod Genedlaethol Birkenhead*, gol. E. Vincent Evans (1917).

197 Nid yw bod yn ddibechod yn rhinwedd yn y byd; bod yn llawn daioni sy'n rhinwedd.

Tegla: 'Pan Wyf yn Wan', *Y Foel Faen* (1951).

198 Nid yw o unrhyw bwys; y cyfan y gellir ei ddweud yw, i ddau berson ddigwydd cyd-daro ar yr un syniad – a Shakespeare a'i defnyddiodd gyntaf, dyna i gyd.★

★*That's of no consequence; all that can be said is, that two people*

happened to hit on the same thought – and Shakespeare made use of it first, that's all.
Richard Brinsley Sheridan: Act III, Golygfa 1, *The Critic* (1779).

199   Nid yw oes o haul a chawod bob yn ail mor felys
        â hanner blwyddyn o heulwen. Ofer yw dweud
        bod y gawod yn melysu'r haul, bod hindda'n
        ddeuwell wedi drycin. Pe na bai drycin ni byddai
        llinyn i fesur heulwen, a byddai fodlon pawb.

        Islwyn Ffowc Elis: 'Pe bawn i'n wybedyn', *Cyn Oeri'r Gwaed*
        (1952).

200   Nid yw popeth sy'n digoni yn bodloni.

        Tegla: 'Yr Atgyfodiad a'r Efengyl', *Y Ffordd* (1959).

201   Nid yw rhyddid byth i'w gymryd yn ganiataol, a'i
        bris yw gwyliadwriaeth barhaus.

        Trebor Lloyd Evans: *Pris Ein Rhyddid*, Pennod VII (1962).
        Adlais o eiriau John Philpot Curran (1750–1817): *The*
        condition upon which God hath given liberty is eternal vigilance . . .

202   Ofnaf fod gwreiddioldeb lawer tro yn llên-ladrad
        nas canfuwyd a digwydd yn aml yn ddiarwybod.*

        Originality, I fear, is too often only undetected and frequently
        unconscious plagiarism.
        Deon W. R. Inge: 'Preface', *Wit and Wisdom of Dean Inge*, gol.
        James Marchant (1927).

203 Onid yw'n werth gwneud yn awr,
Diwerth yw gwneud mewn dwyawr.

Dic Jones: 'Deg o Epigramau', *Storom Awst* (1978).

204 Os oes cosb waeth na'i gilydd y gellir ei rhoi ar
ferch, bod yn wraig i weinidog ydi'r gosb honno.

Islwyn Ffowc Elis: *Yn Ôl i Leifior*, Pennod 21 (1956).

205 Os taw ychydig o wybodaeth sydd beryglus, ble
mae'r hwn sydd â chymaint fel y bo allan o berygl?*

*If a little knowledge is dangerous, where is the man who has so
much as to be out of danger?*
T. H. Huxley: *On Elementary Instruction in Physiology* (1877).

206 Os ydych yn dechrau taflu draenogod danaf fi,
gwnaf innau daflu un neu ddau o fallasgod danoch
chi.*

*If you start throwing hedgehogs under me, I shall throw a couple of
porcupines under you.*
Nikita Khrushchev: *The New York Times*, Tachwedd 7, 1963.

207 Paham y cosbir neb, wy'n gofyn,
Am ddwyn yr ŵydd oddi ar y comin?
Tra lleidr mwy yn fawr ei lwydd
Yn dwyn y comin oddi ar yr ŵydd.

Y Darian, Ionawr 1926.
Sylwer ar yr hen bennill Saesneg:

The law doth punish the man or woman
Who steals the goose from off the common;
But lets the bigger villain loose
Who steals the common off the goose.

208   Paid byth ag ymgodymu â glanhäwr simneiau.★

★*Never wrestle with a chimney sweep.*
William Wedgwood Benn: *Dare to be a Daniel: Then and Now*,
Tony Benn (2004).

209   Paid cwyno a phaid egluro.★

★*Never complain and never explain.*
Benjamin Disraeli: *The Life of William Ewart Gladstone*, John
Morley (1903).

210   Pan fo dyn yn 'dwyn' o un llyfr, fe elwir hynny'n
llên-ladrad, ond pan fo'n dwyn o lawer o lyfrau, fe
elwir hynny'n ymchwil.

T. H. Parry-Williams: 'Croes Naid', *Casgliad o Ysgrifau T. H.
Parry-Williams* (1984).

211   Pan fo gŵr yn dathlu pen-blwydd fe gymer
ddiwrnod i ffwrdd, ond pan fo gwraig yn dathlu
pen-blwydd fe gymer hi flwyddyn i ffwrdd.★

★*When a man has a birthday he takes a day off, but when a woman*
has a birthday she takes a year off.
Toaster's Handbook, gol. Peggy Edmund a Harold Workman
Williams (1919).

212 Perthyn i brofiad y mae eiliad yn hytrach nag i amser . . . Dyna pam y mae eiliad y peth agosaf i dragwyddoldeb y gwn i amdano.

Islwyn Ffowc Elis: 'Eiliadau Tragwyddol', *op. cit.*

213 Peth peryglus yw ychydig ddysg.

A little learning is a dang'rous thing.
Alexander Pope: *An Essay on Criticism* (1711).

214 Po fwyaf yr ehangwn gylch ein gwybodaeth, cryfaf yw ein hymwybyddiaeth o gylch ehangach ein hanwybyddiaeth.

Non Con Quill: *Cysondeb y Ffydd*, Cyfrol 1 (1905).

215 Roedd yma genedl cyn i genhedloedd
Wthio rhifedi ar ddieithr fydoedd;
Roedd yma nodded y myrdd mynyddoedd,
Galar hen hil yn y glaw a'r niwloedd;
Hen iaith cyn geni ieithoedd i ddynion,
Deuai'r acenion gyda'r drycinoedd.

Bydd yma genedl pan fydd cenhedloedd
Yn anghofiedig a'u heang fydoedd;
Bydd yma nodded tra bydd mynyddoedd,
Bydd eco'r glewion tra bydd creigleoedd,
A bydd iaith tra bydd ieithoedd, a'i geiriau
Yn rhoi oeriasau i lawr yr oesoedd.

Gerallt Lloyd Owen: 'Daw dydd y bydd mawr y rhai bychain', Elwyn Edwards, *op. cit.*

216   Rwyf wedi chwilio am orffwys ym mhobman,
        ond rwyf wedi methu â'i gael yn unman heblaw
        mewn cornel â llyfr.*

> *I have sought for rest everywhere, but I have found it nowhere
> except in a corner with a book.*
>
> Thomas à Kempis: Brawddeg hunangofiannol gan Thomas à
> Kempis wedi'i dyfynnu yn *Taken on Trust*, Terry Waite (1993).

217   Rwyf yn Ferliniad.*

> *Ich bin ein Berliner.*
>
> John Fitzgerald Kennedy: Araith yng Ngorllewin Berlin,
> Mehefin 26, 1963.

218   Rwy'n gwybod beth yw rhyddid,
        Rwy'n gwybod beth yw'r gwir,
        Rwy'n gwybod beth yw cariad
        At bobol ac at dir;
        Felly peidiwch â gofyn eich cwestiynau dwl,
        Peidiwch edrych arna'i mor syn;
        Dim ond ffŵl sydd yn gofyn
        Pam fod eira'n wyn?

> Dafydd Iwan: 'Pam Fod Eira'n Wyn?'

219   Rhaid i bob aderyn arfer ei lais.

> Morgan Llwyd: *Llyfr y Tri Aderyn*, gol. M. Wyn Thomas (1988).

220 Rhaid i'r gwan ddal y gannwyll,
   I'r dewr i wneuthur oer dwyll.

> Edmwnd Prys: Llawysgrif yng nghasgliad Peniarth, Llyfrgell Genedlaethol Cymru.

221 Rhaid i ti fod yn feistr ac ennill,
   Neu wasanaethu a cholli,
   Gofidio neu orchfygu
   Bydd di yr eingion neu'r morthwyl.★

> ★*Du musst herrschen und gewinnen,*
> *Oder dienen und verlieren,*
> *Leider oder triumphieren*
> *Amboss oder Hammer sein.*
> Goethe: *Der Gross-Cophta*, Act 2 (1791).

222 Rhof fy mhwys a gorffwysaf – ar ei sedd
    Dyna'r saib felysaf;
    Rhydd hithau ei breichiau braf
    Yn dyner iawn amdanaf.

> Anhysbys: 'Yr Hen Gadair Freichiau', *Darllen, Deall a Dysgu*, Edwin C. Lewis (1960).

223 Rhowch inni'r offer, ac fe orffennwn ni'r gwaith.★

> ★*Here is the answer which I will give to President Roosevelt . . .*
> *Give us the tools, and we will finish the job.*
> Churchill: Darllediad Radio, Chwefror 9, 1941.

224 Rhyddid meddwl yw bywyd yr enaid.★

> ★*Liberty of thought is the life of the soul.*

> Voltaire: *Essay on Epic Poetry* (1728) (Ysgrif a luniodd Voltaire yn Saesneg.)

225 Seren wir deg, llusern ar dŵr – y nen
    Siriola nos gwyliwr;
    Mynegfys, ar ddyrys ddŵr,
    O law angel, i longwr.

> Morwyllt: 'Seren y Gogledd', W. J. Gruffydd, *op. cit.*

226 Taenais fy mreuddwydion dan dy draed;
    Troedia'n ysgafn oherwydd rwyt yn sangu arnynt.★

> ★*I have spread my dreams under your feet;*
> *Tread softly because you tread on my dreams.*
> W. B. Yeats: 'He wishes for the Cloths of Heaven', *The Collected Poems of W. B. Yeats* (1950).

227 Talwn unrhyw bris, dioddefwn unrhyw faich, wynebwn unrhyw galedi, cynhaliwn unrhyw gyfaill, gwrthwynebwn unrhyw elyn er mwyn sicrhau parhad a llwyddiant rhyddid.★

> ★*We shall pay any price, bear any burden, meet any hardship, support any friend, oppose any foe to assure the survival and the success of liberty.*
> John F. Kennedy: Araith agoriadol, Ionawr 20, 1961.

228   Teithio a gyfoethoga'r meddwl ond unigedd a'i pura.★

> ★ *Travel broadens the mind but solitude purifies it.*
> Siegfried Sassoon: (Y llinell agoriadol yn ei ddyddiadur am 1926). *Siegfried Sassoon*, John Stuart Roberts (1999).

229   Trech gobaith na phrofiad.★

> ★ *The triumph of hope over experience.*
> Samuel Johnson: Boswell, *Life of Johnson* (fersiwn diwygiedig L. F. Powell o olygiad G. B. Hill), Cyfrol 2, 1770.
> (Y mateb Johnson o glywed am ddyn yn ail-briodi yn union ar ôl marwolaeth ei wraig anodd.)

230   Treulir y rhan fwyaf o amser awdur yn darllen, er mwyn ysgrifennu: bydd dyn yn pori dros hanner y llyfrau mewn llyfrgell er mwyn gwneud un llyfr.★

> ★ *The greatest part of a writer's time is spent in reading, in order to write: a man will turn over half a library to make one book.*
> Samuel Johnson: *Boswell, Life of Johnson*.

231   Trumau cribog, miniog, mawrion,
A'u hesgeiriau yn ysgyrion,
Yma wyliant uwch y moelydd
Yn y mawn ar ben y mynydd.

Metha'r haf a'i fwynaf wenau
Wyrddu llen i ben y bannau;
Oeda'r gaeaf yn dragywydd
Yn y mawn ar ben y mynydd.

> Gwydderig: 'Y Mynydd Du', *Cerddi'r Mynydd Du*, gol. William Griffiths (1913).

232   Un a edrydd ein hoedran, – â'i dyfiant
        Fel edefydd sidan;
      Oriog ei liw, hir a glân,
      Ddoe yn aur, heddiw'n arian.

J. Rhys Daniels: 'Blewyn', *Odl a Chynghanedd*, D. Emrys James
(Dewi Emrys), 1938.

233   Un a faidd ddweud ei feddwl
    Yw dyn dewr neu adyn dwl.

Idwal Lloyd: 'Diarhebion Newydd', *Cerddi'r Glannau* (1985).

234   Un hagr at fod yn ddigri – ond rhedwr
        Fel trydan o handi,
      Amalgam ydyw milgi
      O fellten, chwannen a chi!

Ronald Griffiths: 'Milgi' (trwy lygad 'sgyfarnog), Elwyn Edwards,
op. cit.

235   Y cryfaf yn y byd yw'r un a saif ar ei ben ei hun.★

★ *The strongest man in the world is the man who stands alone.*
Ibsen: *An Enemy of the People*, Act 5 (1882).

236   Y drwg wna dynion a'u goroesa hwy,
    Y da yn aml a gleddir gyda'r esgyrn.★

★ *The evil that men do lives after them,*
The good is oft interred with their bones.

Shakespeare: Cyfieithiad Elfed a geir yn *Ffenestri'r Gair*, D. J. Roberts (1968).

237   Y dydd sy bob dydd yn dod,
       Bydd ef am byth heb ddyfod.

Mafonwy: 'Yfory', *Caniadau Mafonwy* (1924).

238   Y dyn a gaffo enw da
       A gaiff gan bawb ei goffa.

Lewys Glyn Cothi: 'I Davydd ab Maredydd ab Hywel Gethin . . .' o gasgliad John Davies, Mallwyd (1710).

239   Y dyn doeth ydyw'r dyn sy'n gweld ei gamsyniad cyn ei wneud.

Kate Roberts: 'Cyfeillgarwch', *Gobaith a Storïau Eraill* (1972).

240   Y dyn mwyaf diwylliedig yw hwnnw sy'n cyffwrdd â bywyd yn y mwyaf o rannau.

W. J. Gruffydd: 'Diwylliant', *Y Beirniad*, Cyfrol II, Rhif 2, Haf, Mehefin (1912).

241   Y gwaethaf peth ynglŷn â llyfrau newydd yw eu bod yn ein cadw ni rhag darllen yr hen rai.*

Le grand inconvénient des livres nouveaux est de nous empêcher de lire les anciens.
Joseph Joubert: *Pensées* (1842).

242   Y lle y bo llaw heb waith
       Yno dilyn fandalwaith.

R. E. Jones: 'Casgliad Gwreiddiol o 12 Epigram Cynganeddol',
Eisteddfod Talaith a Chadair Powys, Llanfyllin a'r Cylch (1979).

243   Y wir Brifysgol y dyddiau hyn yw casgliad o
       lyfrau.*

The true University of these days is a collection of books.
Thomas Carlyle: 'The Hero as Man of Letters', *On Heroes,
Hero-Worship, and the Heroic in History* (1841).

244   Y mae dyn a anwybyddo hanes yn ei ddiarddel ei
       hun o gymdeithas feddyliol dynolryw.

R. T. Jenkins: 'Y Sgolor Mawr', *Yr Apêl at Hanes* (1930).

245   . . . y mae pawb ym mhobman yn od i rywun yn
       rhywle.

T. H. Parry-Williams: xv, 'Y Naill a'r Llall', *Ysgrifau* (1932).

246   Y mae rhai'n gyfoethogion heb ddim, a rhai yn
       dlodion ac yn meddiannu pob peth.

Rhys Prydderch: *op. cit.*

247   Ychydig wridog win a llyfr o gân,
           A thorth wrth raid, a thithau, eneth lân,

Yn eistedd yn yr anial gyda mi –
Gwell yw na holl frenhiniaeth y Swltân.

Omar Kayyâm: 'Rubaiyat'. Cyfieithiad o'r Berseg gan John
Morris-Jones, *Caniadau* (1907).

248   . . . yn gynnil â'r gwirionedd.★

★*. . . frugi cum veritate*.
★*. . . economical with the truth*.
Erys adlais o Ladin y Canol Oesoedd ar y cymal hwn, eto deil
i gael ei ddefnyddio gan nifer, e.e. yn *Two Letters on Proposals
for Peace* (1796) dywed Edmund Burke '. . . *there is an economy
of truth*.' Ar ddiwedd y ganrif ddiwethaf cysylltiwyd yr
Americanwr Oliver North â'r geiriau. A hefyd yn yr Uchel
Lys yn ne ddwyrain Awstralia bu'r Barwn Armstrong,
Pennaeth Gwasanaeth Sifil Prydain, yn achos 'Spycatcher', yn
trin '. . . *being economical with the truth*.'

249   Yn nheyrnas diniweidrwydd
Mae'r sêr yn fythol syn;
Mae miwsig yn yr awel,
A bro tu hwnt i'r bryn.
Yn nheyrnas diniweidrwydd
Mae'r nef yn un â'r rhos . . .

Rhydwen Williams: 'Yn Nheyrnas Diniweidrwydd', *Y
Ffynhonnau a Cherddi Eraill* (1970).

250   Yn niwedd dyn y mae ei ddechreuad.★

★*In one's end is one's beginning*.
Anicius Manlius Severinus Boethius: *De Consolatione Philosophiae*
(523/524 O.C.) Dyfyniad o'r gwaith gan Susan Howatch,
Mystical Paths (1992).

Cymharer: Yn fy nechreuad y mae fy niwedd.★
★*In my beginning is my end.*
T. S. Eliot: 'East Coker', *Four Quartets* (1940).

251 Yr unig beth sydd ei angen i'r drwg orchfygu yw i ddynion da wneud dim.★

★*The only thing necessary for the triumph of evil is for good men to do nothing.*
Priodolwyd i Edmund Burke.

252 Yr wyf wedi credu bob amser mai'r disgwyl mwyaf sy'n siomi fwyaf.

Islwyn Ffowc Elis: 'Eiliadau Tragwyddol', *op. cit.*

Cymru
a'i Phethau

253   A llonydd gorffenedig
       Yw llonydd y Lôn Goed,
    O fwa'i tho plethedig
       I'w glaslawr dan fy nhroed,
    I lan na thref nid arwain ddim
    Ond hynny nid yw ofid im.

R. Williams Parry: 'Eifionydd', *Cerddi'r Gaeaf* (1952).

254   A yw'r cerddi hwian yn llenyddiaeth? Ydynt . . . Y mae iddynt le mor bwysig mewn llenyddiaeth ag sydd i'r plentyn yn hanes dyn.

Owen M. Edwards: 'Rhagymadrodd', *Yr Hwiangerddi* (1911).

255   Ac am wn i, y dychwelyd sy'n melysu pob mynd. Daeth Pwyll yn ôl, daw'r cwch yn ôl i'r bannau, a'r carafán yntau o'r antur rhwng y cloddiau . . . O bob dianc, hyfryd yw dychwelyd.

Dafydd Rowlands: 'Dianc', *Ysgrifau Hanner Bardd*, Cyfrol y Fedal Ryddiaith (1972).

256   Ac yna y goddiweddodd Gwydion hithau ac y dywedodd wrthi, 'Ni'th laddaf di. Fe wnaf iti rywbeth sy'n waeth. Dyma yw hynny,' meddai ef, 'dy ollwng di yn rhith aderyn. Ac oherwydd y cywilydd a wnaethost ti i Leu Llaw Gyffes, na feiddia dithau ddangos dy wyneb fyth liw dydd a hynny gan ofn yr holl adar. A bydd gelyniaeth rhyngot a'r holl adar a'i bod yn eu hanian iddynt

dy guro a'th amharchu ym mhob lle y'th gânt, ac
ni cholli di dy enw ond dy alw fyth yn Flodeuwedd.

'Math fab Mathonwy', *Y Mabinogi*. Diweddariad gan Dafydd
Ifans a Rhiannon Ifans (1980).

257   Adeiladwyd gan dlodi – nid cerrig
       Ond cariad yw'r meini;
      Cyd-ernes yw'r coed arni
      Cyd-ddyheu a'i cododd hi.

R. Williams Parry: 'Neuadd Mynytho', *op. cit.*

258   '. . . a'r nerth a'r gogoniant yn oes oesoedd. Amen.'

A chaeodd y distawrwydd megis llen
A'i godre'n siffrwd, siffrwd am bob un
Oedd wrth y Maen; pawb â'i feddyliau'i hun:
Dau funud distaw . . .

Cynan: 'Yn y Ddau Funud Distaw', *Cerddi Cynan* (1959).

259   Araf y tipia'r cloc yr oriau meithion,
    distaw yw'r dröell wedi nyddu'n awr,
    tawel yw'r baban dan ei gwrlid weithion,
    nid oes a blygo tros y Beibl mawr.

Iorwerth C. Peate: 'Y Gegin gynt yn yr Amgueddfa
Genedlaethol', *Canu Chwarter Canrif* (1957).

260   Arglwyddi, frodyr a chwiorydd, byddwch lawen a chedwch eich ffydd a'ch cred, a gwnewch y pethau bychain a glwysoch ac a welsoch gennyf fi.

Dewi Sant: *Buchedd Dewi a Lawysgrif Llansteffan 27*, gol. D. Simon Evans (1959).

261   Aros mae'r mynyddau mawr,
        Rhuo trostynt mae y gwynt;
Clywir eto gyda'r wawr
        Gân bugeiliaid megis cynt.
Eto tyfa'r llygad dydd
        O gylch traed y graig a'r bryn:
Ond bugeiliaid newydd sydd
        Ar yr hen fynyddoedd hyn.

Ceiriog: 'Alun Mabon', xxvi, *Oriau'r Bore* (1862).

262   Beth yw bod yn genedl? Dawn
Yn nwfn y galon.
Beth yw gwladgarwch? Cadw tŷ
Mewn cwmwl tystion.

Waldo: 'Pa Beth yw Dyn?' *Dail Pren* (1956).

263   Beth yw'r ots gennyf fi am Gymru? Damwain a hap
Yw fy mod yn ei libart yn byw. Nid yw hon ar fap
Yn ddim byd ond cilcyn o ddaear mewn cilfach gefn,
Ac yn dipyn o boendod i'r rhai sy'n credu mewn
        trefn.

T. H. Parry Williams: 'Hon', *Ugain o Gerddi* (1949).

264   Byd gwyn fydd byd a gano,
        Gwaraidd fydd ei gerddi fo.

T. Gwynn Jones: *Rhaglen Eisteddfod Gydwladol Llangollen* (1947).

265   Byddaf ffyddlon i Gymru, i'm Cyd-ddyn ac i Grist.

Ifan ab Owen Edwards: Arwyddair Urdd Gobaith Cymru a sefydlwyd yn 1922.

266   Byw yn hen lle ces fy ngeni – fy Iôr,
            Yw f'hiraeth a'm gweddi;
        Yn naear Môn, rho i mi
        Wely tawel 'rôl tewi.

Thomas Nicholson: 'Môn i Minnau', *Blodeuglwm o Englynion*, gol. W. J. Gruffydd (1920).

267   Camp bardd yw dywedyd y peth cyffredin yn rhyfeddol a'r anghyffredin yn wyrthiol.

Iorwerth C. Peate: 'Cysgod heb Liw', *Y Genhinen*, Cyfrol XIV, Rhif 3, Haf 1964.

❖

268   Cân di bennill mwyn i'th nain,
            Fe gân dy nain i tithe.
        Nid yw hynny ddim i'r un
            Ond talu'r echwyn adre.

Hen Benillion, T. H. Parry-Williams (1940).

269 Cawsom wlad i'w chadw,
darn o dir yn dyst
Ein bod wedi mynnu byw.

Cawsom genedl o genhedlaeth
i genhedlaeth, ac anadlu
ein hanes ni ein hunain.

A chawsom iaith, er na cheisiem hi,
oherwydd ei hias oedd yn y pridd eisoes
ai grym anniddig ar y mynyddoedd.

Troesom ein tir yn simneiau tân
a phlannu coed a pheilonau cadarn
lle nad oedd llyn.
Troesom ein cenedl i genhedlu
estroniaid heb ystyr i'w hanes;
gwymon o ddynion heb ddal
tro'r trai.
A throesom iaith yr oesau
yn iaith ein cywilydd ni.

Ystyriwch; a oes dihareb
a ddwed y gwirionedd hwn:
Gwerth cynnydd yw gwarth cenedl
a'i hedd yw ei hangau hi.

Gerallt Lloyd Owen: 'Etifeddiaeth', *Cerddi'r Cywilydd* (1972).

270 Cerrig ar gerrig geirwon – y deall
Rhwng duwiau a dynion;
Ias hen hil sy'n ei holion,
Hud hen fyd dan fwa hon.

Gerallt Lloyd Owen: 'Cromlech Pentre Ifan', *Y Flodeugerdd Englynion*, gol. Alan Llwyd (1978).

271   Cymdeithas o bobl sydd yn ceisio diogelu traddodiadau gorau Cymru, yn gwylio digwyddiadau a all ddylanwadu ar ei bywyd cenedlaethol ac yn gweithio dros ei buddiannau hi.

Pwrpas Undeb Cymru Fydd (1941): Pennod III, Gwron yr Argyfyngau, *Bywyd a Gwaith D. R. Hughes*, E. H. Griffiths (1965).

272   Cymru fach i mi –
Bro y llus a'r llynnoedd,
Corlan y mynyddoedd,
Hawdd ei charu hi.

Cymru fach i mi –
Cartre crwth a thelyn,
Cysegr salm ac emyn,
Porth y nef yw hi.

Eifion Wyn: 'Paradwys y Bardd', *op. cit.*

273   Cymru lân, Cymru lonydd – Cymru wen,
        Cymru annwyl beunydd;
      Cymru deg, cymer y dydd
      Gwlad y gân, gwêl dy gynnydd.

Taliesin o Eifion: 'Cymru', Alan Llwyd: *op. cit.*

274   Cyn ail hanner y ganrif ddiwethaf nid ystyrid Cymru yn genedl o unrhyw fath. Roedd Deddf Uno 1536 wedi ei hymgorffori yn rhan o Loegr. Fel y dywedid gynt yn *Encyclopaedia Britannica*: 'For Wales, see England'.

Gan ein bod 'yn rhan o Loegr' nid oedd angen lle penodol i Gymru ar yr *Union Jack*. Yr hyn a geir yno yw cyfuniad o Siôr o Loegr, Andreas o'r Alban a Phadrig o Iwerddon. Does dim sôn am Dewi druan. Felly hefyd ar faner frenhinol y deyrnas: Lloegr, yr Alban ac Iwerddon yn unig a welir arni, am yr un rheswm.

Dafydd Wigley: *O ddifri*, Cyfres y Cewri 10, Cyfrol 1 (1992).

275   Cynhwysir yma hefyd ragymadrodd O. M. Edwards i'i gyfrol *Yr Hwiangerddi* – datganiad treiddgar a chroyw o'i argyhoeddiad fod i'r hwiangerddi le hanfodol bwysig yn addysg plentyn ac yn niwylliant cenedl.

Hazel Walford Davies: 'Rhagymadrodd', *Hwiangerddi O. M. Edwards*, detholwyd gan Hazel Walford Davies (1995).

276   Daeth cysgod sydyn dros y waun,
           A chri a chyffro lle roedd cerdd
A chwiban gwyllt aderyn du
           A thrydar ofnus llinos werdd,
Ac uwch fy mhen ddwy adain hir
Yn hongian yn yr awyr glir.

I. D. Hooson: 'Y Cudyll Coch', *op. cit.*

277   Daeth llanciau o Gymru i'r bröydd hyn
A llunio cartref rhwng y creigiau gwyn.

Croesi'r paith a'i feithderau llwm
Nes canfod o'r Graig hyfrydwch y Cwm.

Dros flin filltiroedd diffeithwch a môr
Cludasant i'w canlyn grefydd eu Hiôr.

Ac er i'r Andes eu cysgodi hwy
Codasant di, Bethel, yn gysgod mwy.

Aros Bethel, yn gysgod clyd
I blant yr arloeswyr ym mhen-draw'r byd.

R. Bryn Williams: 'Bethel Cwm Hyfryd', *Cerddi'r Byd*, Cyfres
Cerddi Fan Hyn, gol. Bethan Mair a R. Arwel Jones (2005).

❖

278   Daw cenhedloedd eto i'r mynyddoedd hyfryd, a
       gwnant eu cartref ynddynt, fel yn yr oesoedd o'r
       blaen. Ac y mae popeth ar y mynyddoedd yn
       ymburo ac yn ymberffeithio – bywyd dyn ac
       anifail a llysieuyn – oherwydd yn ysbryd bywyd a
       rhyddid y maent yn byw, yn symud, ac yn bod.

       Owen M. Edwards: 'Y Mynyddoedd Hyfryd', *Er Mwyn Cymru*
       (1922).

279   Diau mai meistr bychan yw Ceiriog. Meistr, er
       hynny.

       Saunders Lewis: 'Y Bardd a'r Cerddor',
       Yr Artist yn Philistia. – *1. Ceiriog* (1929).

280   Dihareb, adnod y werin – ei swyn
          Yw synnwyr cyffredin;
       Mewn gwlad a thref cynefin
       Ei gwir praff a'i geiriau prin.

Mordaf: 'Dihareb', W. J. Gruffydd, *op. cit.*

281   Dim ond lleuad borffor
        Ar fin y mynydd llwm,
    A sŵn hen afon Prysor
        Yn canu yn y cwm.

Hedd Wyn: 'Atgo', *Cerddi'r Bugail*, gol. J. J. Williams (1918).

282   Draw dros y don mae bro dirion nad ery
    Cŵyn yn ei thir, ac yno ni thery
    Na haint na henaint fyth mo'r rhai hynny
    A ddêl i'w phur, rydd awel, a phery
       Pob calon yn hon yn heiny a llon,
    Ynys Afallon ei hun sy' felly.

T. Gwynn Jones: 'Ymadawiad Arthur', *Caniadau* (1934).

283   Drwy anawsterau i'r sêr.⋆

⋆*Per ardua ad astra.*
Arwyddair Lladin yr Awyrlu Brenhinol.

284   Dydy dyn byth yn peidio cymyd diddordeb mewn
    merched ifanc tlws.

Islwyn Ffowc Elis: Pennod 5, *Eira Mawr* (1971).

285   Dylai cenedl fod yn ddigon mawr i ennyn parch
       trwy ei gafael ar hanes ac yn ddigon bychan i
       ennyn serch trwy ei gafael ar ddyn ei hun. Dyna
       yw Cymru . . .

       Gwynfor Evans: Pennod 7, Melltith Mawrdra, *Diwedd Prydeindod*
       (1981).

286   Dywedwyd droeon . . . mai amcan ystori-fer ydyw
       adrodd ystori, heb geisio profi nac egluro nac
       esbonio dim. Ond beth sy'n gwneud ystori? Ai'r
       deunydd a ddewisir ynteu'r dull y cyfleir ef – y
       mater neu'r modd? Y ddau gyda'i gilydd, yn ddiau,
       o safbwynt celfyddyd ymwybodol heddiw, oherwydd
       cyfansoddiad ydyw.

       T. H. Parry-Williams: 'Rhagymadrodd', *Ystorïau Heddiw* (1938).

287   Ei hanes yw cof cenedl. Tebyg yw cenedl heb
       hanes i ddyn heb gof. Heb gof, heb orffennol, ac y
       mae cenedl heb orffennol yn genedl heb ddyfodol
       hefyd. Hynny yw, heb hanes heb genedl. Ac mae'r
       person sydd heb ymwybod â hanes ei wlad wedi
       ei wahanu oddi wrthi hi ar llif cenedlaethau a fu
       o'i flaen ef. Nid cenedl, ond rhan o 'genedl'
       Brydeinig, yw Cymru iddo ef.

       Gwynfor Evans: 'J. E. Lloyd 1861–1947', *Seiri Cenedl y Cymry*
       (1986).

288   Eisteddant yn rhes
           Ar wifren y telegraff,
       Mae rhywbeth yn galw –
           Crynant, edrychant yn graff.

       Dechreuant drydar, –
           Mae rhywbeth yn galw draw . . .

T. Gwynn Jones: 'Gwenoliaid', *Caniadau* (1934).

289   Er bod [y Cymry] yn ei farn ef yn fwy dawnus
       na'r un genedl yng ngogledd Ewrop . . . fe'u
       hataliwyd gan eu diffyg hyder rhag dyfeisio dim,
       rhag cychwyn dim, rhag barnu dim drostynt eu
       hunain a rhag rheoli eu hunain. Hyn a esboniai eu
       parodrwydd i dderbyn cyfundrefn addysg a daflodd
       y Gymraeg o'u hysgolion fel yr esgymunasid hi o'r
       llysoedd barn. Galwai Emrys am wneud yr iaith yn
       gyfrwng addysg o'r ysgolion cynradd hyd at y
       brifysgol, ac am adfer iddi statws swyddogol.
           Gwnaeth safiad gwrol dros y Gymraeg yn llys
       barn Rhuthun, y dref y cartrefai ynddi. Gwrthododd
       roi ei dystiolaeth yn Saesneg. Pan geisiodd clerc y
       llys fynnu iddo wneud hynny atebodd yn
       herfeiddiol, 'Cymraeg yng Nghymru, os gwelwch
       yn dda.' Ni ddigwyddasai dim tebyg erioed o'r
       blaen. Gohiriwyd yr achos, a ddaeth yn *cause
       célèbre*, ond enillodd Emrys y dydd.
           Bu'n rhaid aros cenhedlaeth ar ôl dydd Emrys
       ap Iwan i weld ei ddylanwad yn dwyn ffrwyth, yn
       arbennig mewn brwydr dros yr iaith ac yn nhwf
       cenedlaetholdeb Cymreig fel grym gwleidyddol.

Gwynfor Evans: 'Emrys ap Iwan 1851–1906', *op. cit.*

290   Erbyn y flwyddyn 75 O.C. gorchfygasai llengoedd
y Rhufeiniaid holl lwythau'r wlad a alwn ni'n
Gymru a lledaenu drosti awdurdod yr ymerodraeth
a'r diwylliant grymusaf yn y byd. Am dair canrif a
mwy bu'r ymerodraeth honno yn dal ei gafael ar y
wlad. Ond prin oedd argraff y diwylliant Rhufeinig
ar arferion y brodorion . . .

Glanmor Williams: 'Addysg yng Nghymru cyn 1536', *Addysg i
Gymru*, Ysgrifau ar Addysg, Cyf. 4, gol. Jac L. Williams (1966).

291   Fydd neb yma'n camddeall. Fûm i ddim gyda Syr
Thomas yn lladd mochyn, nac yn prynu caneri,
nac yn boddi cath – y tair antur a fydd yn seilio
cyfeillgarwch, fel y gwyddoch.

Brinley Rees: 'Atgofion Myfyriwr IV', *Y Traethodydd*, 1975.
Rhan o'r Anerchiad a draddodwyd yng Nghyfarfod Teyrnged
Myfyrwyr Coleg Prifysgol Cymru, Aberystwyth.

292   Ganllath o gopa'r mynydd, pan oedd clych
      Eglwysi'r llethrau'n gwahodd tua'r llan,
Ac anhreuliedig haul Gorffennaf gwych
      Yn gwahodd tua'r mynydd – yn y fan,
Ar ddiarwybod droed a distaw duth,
      Llwybreiddiodd ei ryfeddod prin o'n blaen . . .

R. Williams Parry: 'Y Llwynog', *op. cit.*

293   Genir pawb yn rhydd ac yn gydradd â'i gilydd
mewn urddas a hawliau . . . Y mae gan bawb hawl i
fywyd, rhyddid a diogelwch.

Hawliau Dynol: Datganiad Cyffredinol o Hawliau Dynol
Cymdeithas y Cenhedloedd Unedig Cymru (1948), Erthyglau
1 a 3.

294   Glangors-fach!
Glangors-fach! Fi gododd y tŷ a'r tai-maes,
fi gloddiodd, fi blannodd y perthi,
fi sychodd y gors â chwteri a ffosydd;
fi a'i dofodd hi a'i chyfrwyo a'i marchogaeth yn
      hywedd.
. . . dy dadcu, dy hen-hen-dadcu, dy deidiau o'r bôn
– cenedlaethau fy ngwaed i a'm gïau –
a droes Glangors-fach yn ardd trwy'r canrifoedd.
Nhw yw Glangors-fach, nhw ynof fi.
Ynof fi – a'm lwynau'n cenhedlu marwolaeth!

Kitchener Davies: *Meini Gwagedd* (1944).

295   Gwelais ei fen liw dydd
Ar ffordd yr ucheldir iach,
A'i ferlod yn pori'r ffrith
Yng ngofal ei epil bach;
Ac yntau yn chwilio'r nant
Fel garan, o dro i dro,
Gan annos ei filgi brych rhwng y brwyn
A'i chwiban yn deffro'r fro.

Eifion Wyn: 'Y Sipsiwn', *Caniadau'r Allt*, gol. Harri Edwards
(1927).

296   Gwinllan a roddwyd i'm gofal yw Cymru fy
         ngwlad . . .
         Minnau yn awr, galwaf ar fy nghyfeillion . . .
         Dewch ataf i'r adwy.
         Sefwch gyda mi yn y bwlch.
         Fel y cadwer i'r oesoedd a ddêl y glendid a fu.

Saunders Lewis: Rhan 3, *Buchedd Garmon* (1937).

297   Gwlad amatur yw Cymru. Does dim angen
         gwastraffu inc, yn wir, i ddweud peth mor amlwg.
         Ar wahân i ychydig chwaraewyr pêl droed y mae
         bron bob artist yma'n amatur. Mae'n rhaid i
         gerddor ac arlunydd hyfforddi eraill er mwyn
         ennill ei damaid, ac mae'n rhaid i fardd a llenor
         wneud hynny neu bregethu neu gadw post offis.
         (Dyna syniad go lew, erbyn meddwl.)

Islwyn Ffowc Elis: 'Beirniadu', *Barn*, Ebrill 1963.

298   *Hob y deri dando* yw cytgan chwareus yr alaw werin
         sydd yn cyfeirio at yr *hob* (mochyn) yn y *deri*. Fe
         gawsai ei ladd, ei halltu, ac yna ei grogi ar fachyn
         dan do, ymborth i deulu ar gyfer hirlwm y gaeaf.

Cymdeithas Edward Llwyd: 'Hob y deri dando', *op. cit.*

299   Hei ho, hei-di-ho,
         Fi yw sipsi fach y fro,
             Carafán mewn cwr o fynydd,
             Newid aelwyd bob yn eilddydd,

Rhwng y llenni ger y lli,
Haf neu aeaf, waeth gen i,
   Hei ho, hei-di-ho.

Crwys: 'Y Sipsi', *Cerddi Newydd Crwys* (1924).

300   Honiad Solzhenitsyn yn ei nofelau, ac yn *Un Diwrnod Ifan Denisofitsh*, yw bod dyn yn rhydd ar ôl iddo golli popeth; pan saif yn noeth mewn gwersyll llafur, mewn carchar, mewn ysbyty. Hen syniad, wrth gwrs: rhaid i ddyn golli'i holl fyd, cyn ennill ei enaid ei hun.

A. S. Solzhenitsyn: *Un Diwrnod Ifan Denisofitsh*, 'Rhagymadrodd' W. Gareth Jones (1977).

301   Iaith yw meddiant pwysicaf dyn.

Aneirin ap Talfan: 'Canu â'r Ysbryd a'r Deall', *Astudio Byd* (1967).

302   I berthyn i genedl, rhaid bod yn rhan o gymundod o bobl – cymundod iaith, tiriogaeth a thraddodiad diwylliannol.

J. R. Jones: 'Cymru a Phrydain Eto', *Y Faner*, Gorffennaf 26, 1962.

303　　Llwm yw Ionawr yn y caeau,
　　　　Llwm yw'r borfa ar y creigiau,
　　　　Llwm yw cadlas wedi'r hirlwm,
　　　　Llymach gwlad pan fo dan orthrwm.

William Jones (Dolgellau): 'Penillion', (yn null yr Hen Benillion), *Barn*, Mawrth 1963.

304　　Llys Ifor Hael, gwael yw'r gwedd – yn garnau
　　　　　　Mewn gwerni mae'n gorwedd;
　　　　　Drain ac ysgall mall a'i medd,
　　　　　Mieri lle bu mawredd.

Ieuan Brydydd Hir: 'Llys Ifor Hael', W. J. Gruffydd, *op. cit.*

305　　Mab llwyn a pherth oedd Enoc Huws, ond nid yn Sir Fôn y ganwyd ef. Yr oedd man ei enedigaeth yn nes i Loegr, a'r trigolion yn siarad meinach Cymraeg, yn fwy diwylliedig, a chaboledig yn eu tyb eu hunain, er nad yn fwy crefyddol. Ni chanwyd y clychau ar ei enedigaeth, ac ni welid ac ni chlywid dim arwyddion o lawenydd o unrhyw natur. Ni chododd y ffaith mai bachgen ac nid geneth ydoedd gymaint â gwên ar wyneb un o'r perthnasau pan glywsant am ei ddyfodiad . . .

Daniel Owen: Pennod 1 'Cymru Lân', *Profedigaethau Enoc Huws* (1891).

306　　Mae dail y coed yn Ystrad Fflur
　　　　　　Yn murmur yn yr awel,
　　　　A deuddeng Abad yn y gro
　　　　　　Yn huno yno'n dawel.

Ac yno dan yr ywen brudd
  Mae Dafydd bêr ei gywydd,
A llawer pennaeth llym ei gledd
  Yn ango'r bedd tragywydd.

T. Gwynn Jones: 'Ystrad Fflur', *Caniadau* (1934).

307 Mae'r cyfrifiadur yn was buddiol, yn arbed amser a
thorri drwy ddryswch; ond mae'n feistr peryglus pan
yw dyn yn dibynnu arno i wneud penderfyniadau.
Mae digon o wybodaeth ffeithiol gennym heddiw,
diolch i'n cyfundrefnau addysg – ond ni wyddom
yn iawn beth i'w wneud â'r wybodaeth sy gennym.
Nid yw gwybod ffeithiau'n addysg ac nid yw'n
gwneud bywyd yn ddiogelach nac yn hapusach.

D. R. Thomas: 'Addysg a'i Phwrpas', *Y Traethodydd*, Gorffennaf
1990.

308 Mae'r Saeson yn dechrau sylweddoli na allant
nawddogi'r Cymry yn y modd y gwnaethant un
tro.★

★*The English are beginning to realise that they can't patronise the
Welsh the way they once did.*
John Humphreys: *Western Mail*, Dydd Llun, Chwefror 9, 2004.

309 Meddyliau dyn yw ei drysorau, a'i gymdeithion
tragwyddol.

Morgan Llwyd: *Gwaedd ynghymru yn wyneb pob cydwybod* (1653).

310 Mewn cenedl sy'n hoff o siarad, ac sy'n ofni gweithredu y tu allan i rigolau caeth confensiwn, yr oedd yn antur ddewr, fythgofiadwy, ac yn antur na welwn mo'i thebyg eto, mae'n sicr, ond yr oedd hefyd yn nodweddiadol o'r gŵr neu'r genedl sy'n meddwl, yn trafod ac yn breuddwydio am gyfnod hir, ac yna, ar amrantiad, heb feddwl na chynllunio na threfnu, yn gweithredu'n eithafol ac yn gwbl aneffeithiol.

R. Gerallt Jones: 'Cymry Patagonia, R. Bryn Williams', *Yn Frawd i'r Eos Druan ac Ysgrifau Eraill* (1961).

311 Mewn un ystyr, gwaith mwyaf Ceiriog oedd dangos i'w gydgenedl fod eu halawon gwerinaidd, eu harferion gwerinaidd, a'u dulliau gwerinaidd o feddwl a byw, yn curo wrth ddrws diwylliant Cymru ac yn hawlio cael eu gollwng i mewn; iddo ef yn anad neb arall y mae inni ddiolch am baratoi lle iddynt yn adeilad y bywyd newydd yng Nghymru. Ac yn yr ystyr hon, ni ellir meddwl am ddim sy'n rhoi mwy o anrhydedd ar goffa Ceiriog na'i alw'n fardd gwerin Cymru . . . Ni wn fod neb o'r blaen wedi cymharu Ceiriog ag Owen Edwards, ond cafodd y bachgen o Lanarmon ym Manceinion yr un weledigaeth hanfodol ag a gafodd y bachgen o Lanuwchlyn yn Rhydychen.

W. J. Gruffydd: *Ceiriog*, Y Ddarlith Genedlaethol Gymraeg a draddodwyd ar yr 28 o Chwefror 1939. Y Gorfforaeth Ddarlledu Brydeinig.

312 Mi gefais goleg gan fy nhad,
  A rhodio'r byd i wella'm stad;
  Ond cefais gan yr hon a'm dug
  Fy ngeni'n frawd i flodau'r grug.

  R. Williams Parry: 'Gwragedd', *op. cit.*

313 Mi genais gân i las y llwyn,
   A chân i lili'r dŵr,
  A chân, yn wir, i rug y gors,
   A'r llygad dydd, 'rwy'n siŵr:
  Ond ni wn, fioled lân,
  Paham na chefaist dithau gân.

  Mi genais gân i was y dryw,
   A chân i lwyd y to,
  A chân, yn wir, i'r asgell fraith,
   A glas y dorlan, do . . .

  D. Lloyd Jenkins: 'Canu', *Beirdd ein Canrif* (1950).

314 Mi welais innau un prynhawn
   Dy hela yn y dyffryn bras,
  Gan wŷr a merched, cŵn a meirch,
   Y lledach dlawd a'r uchel dras;
  Gwibiaist o'm gŵydd fel mellten goch
  Â'th dafod crasboeth ar dy foch.

  I. D. Hooson: 'Y Llwynog', *op. cit.*

315 Mynegiant o fywyd cenedl yw ei llenyddiaeth.

  Crwys: 'Y Llenor yng Nghymru', *Y Geninen*, Cyfrol xxxi,
  Rhif 4, Hydref 1913.

316   Nant y mynydd groyw loyw,
    Ym ymdroelli tua'r pant,
Rhwng y brwyn yn sisial ganu:
    O na bawn i fel y nant!

Ceiriog:'Nant y Mynydd', *Oriau'r Hwyr* (1860).

317   Ni all neb ond cenedlaetholwr ddehongli hanes cenedl.

Saunders Lewis: 'Cyfnod y Tuduriaid', *Ysgrifau Dydd Mercher* (1945).

318   Ni fu saer na'i fesuriad – yn rhoi graen
    Ar ei grefft a'i drwsiad;
    Dim ond adar mewn cariad
    Yn gwneud tŷ, heb ganiatâd.

Roger Jones: 'Y Nyth', *Y Flodeugerdd Englynion*, gol. Alan Llwyd (1978).

319   Nid hawdd yw myned iddo – ar nos oer
    Er cael cryn swm arno;
    Wir, mae hi'n dasg drom, ond, O!
    Hanes y dod ohono.

Alafon: 'Y Gwely', *Pigion Englynion Fy Ngwlad*, gol. John Thomas (Eifionydd), (1881).

320   Nid i'r doeth a'r deallus yr ysgrifennais, ond i'r dyn
      cyffredin.

      Daniel Owen: 'Rhagymadrodd', *Hunangofiant Rhys Lewis,
      Gweinidog Bethel* (1885).

321   Nid oes dim, mewn byd nac eglwys, yn peri
      llwyddo fel llwyddiant.

      Daniel Owen: 'Llwyddiant', Pennod III, *Profedigaethau Enoc
      Huws* (1891).

322   Nid oes dim profiad gan yr hen,
      Dim ond cof am brofiad, dim ond cof . . .

      Wel geilw amser. Cer', a phob hwyl, Lencyndod,
      Ni fuost yma'n hir; 'flinais i ddim arnat.

      Bobi Jones: 'Llencyndod', *Rhwng Taf a Thaf* (1960).

323   Nid yw'r felin heno'n malu
            Yn Nhrefin ym min y môr,
      Trodd y merlyn olaf adre
            Dan ei bwn o drothwy'r ddôr,
      Ac mae'r rhod fu gynt yn rhygnu,
            Ac yn chwyrnu drwy y fro,
      Er pan farw'r hen felinydd
            Wedi rhoi ei holaf dro.

      Crwys: 'Melin Trefin', *Cerddi Crwys* (1920).

324   Nyni yw'r bobl gyffredin,
       Ni cherdda'n meddyliau ni mewn ystwythder
            geiriau
       Fel ymresymu'r athronwyr.
       Mewn llestri pridd a chelfi o goed,
       Mewn gêr ac offer ac arlwy o fwyd a diod,
       Mewn dofi march neu durnio olwyn drol,
       Yr ymrithia'n meddyliau ni . . .

       Saunders Lewis: *Buchedd Garmon* (1937).

325   O dan y môr a'i donnau
            Mae llawer dinas dlos,
       Fu'n gwrando ar y clychau
            Yn canu gyda'r nos;
       Trwy ofer esgeulustod
            Y gwyliwr ar y tŵr,
       Aeth clychau Cantre'r Gwaelod
            O'r golwg dan y dŵr.

       J. J. Williams: 'Clychau Cantre'r Gwaelod', *Y Lloer a Cherddi
       Eraill* (1936).

326   O Dduw, na foed i'r heniaith farw fyth
            Yn Libanus, Pant-teg a Bwlch-y-corn;
       Dy fannau cysegredig Di
            Na sathred unrhyw Sais dan draed ei sgorn.

       Yma bu'r tadau yn d'addoli Di
            Drwy law a hindda eu blynyddoedd ir;
       Daethant â'u gwên a'u gofid ger dy fron,
            A'u llwch sydd yma yn sancteiddio'r tir.

       W. Leslie Richards: 'Y Bröydd Hyn', *Cerddi Diweddar Cymru*,
       gol. H. Meurig Evans (1962).

327 O hiraethu ar wely hir waeledd
Am haul yr haf, am ei eli rhyfedd,
Try gweld un wennol yn wib orfoledd
Fod haf gerllaw, ac y daw o'r diwedd;
Nid ag un daw newid gwedd – maes a llwyn,
Un ni ry' wanwyn sy'n flin wirionedd.

Tomi Evans: 'Un Wennol ni wna Wanwyn', *Blodeugerdd Y Preselau*, gol. Eirwyn George (1995).

328 Ond fe'm ganwyd innau'n fab i fy rhieni,
    Ac mi glywais ddweud fod pawb yn blant i Dduw.
Rwy'n frawd i ti a thithau'n frawd i minnau,
    O pam na chaf i hefyd hawl i fyw?

Dafydd Iwan: 'Hawl i Fyw', *Gwinllan a Roddwyd*, Sain (Recordiau), (Hydref 1986).

329 Os mynnir deall hanes Cymru, ac os mynnir adnabod enaid y Cymro, rhaid dechrau gyda'r mynyddoedd. Hwy fedr esbonio datblygiad ei hanes.

Owen M. Edwards: 'Rhagymadrodd', *Cymru*, Cyfrol 1, Rhif 1, Awst 15, 1891.

330 Os hoffech wybod sut
    Mae dyn fel fi yn byw,
Mi ddysgais gan fy nhad
    Grefft gyntaf dynol ryw;
Mi ddysgais wneud y gors
    Yn weirglodd ffrwythlon ir,

I godi daear las
　Ar wyneb anial dir.
　　Rwy'n gorwedd efo'r hwyr,
　　Ac yn codi efo'r wawr,
　　I ddilyn yr ôg, ar ochr y Glôg,
　　A chanlyn yr arad goch
　　Ar ben y mynydd mawr.

Ceiriog: 'Alun Mabon III', *Oriau'r Hwyr* (1862).

331　Paham mae dicter, O Myfanwy
　　　Yn llenwi'th lygaid duon di
　　A'th ruddiau tirion, O Myfanwy,
　　　Heb wrido wrth fy ngweled i?
　　Pa le mae'r wên oedd ar dy wefus
　　　Fu'n cynnau cariad ffyddlon ffôl?
　　Pa le mae sain dy eiriau melys
　　　Fu'n denu 'nghalon ar dy ôl?

Mynyddog: 'Myfanwy', *Deuddeg o Ganeuon*, Joseph Parry (1876)

332　Pan fo eliffantod yn ymladd, y borfa sy'n dioddef.

Dihareb o Kenya.

333　Pan fwyf yn hen a pharchus,
　　　Ag arian yn fy nghod,
　　A phob beirniadaeth drosodd
　　　A phawb yn canu 'nghlod,
　　Mi brynaf fwthyn unig
　　　Heb ddim o flaen ei ddôr

Ond creigiau Aberdaron
A thonnau gwyllt y môr.

Cynan: 'Aberdaron', *Caniadau* (1927).

❖

334   Pan fyddai'r nos yn olau,
        A llwch y ffordd yn wyn,
  A'r bont yn wag sy'n croesi'r dŵr
        Difwstwr ym Mhen Llyn,
    Y tylluanod yn eu tro
    Glywid o Lwyncoed Cwm y Glo.

R. Williams Parry: 'Tylluanod', *Cerddi'r Gaeaf* (1952).

❖

335   Pe medrwn ado'r byd a'i bwys,
        Gofidiau dwys a blinion
  Ba le y cawn i noddfa dlos? –
        Yn Rhos y Pererinion.

Er bod trybini lond y byd,
    A'i flodau i gyd yn grinion,
Mae dysg a rhinwedd ddydd a nos
    Yn Rhos y Pererinion.

T. Gwynn Jones: 'Rhos y Pererinion', *op. cit.*

❖

336   Pwrpas geiriau mewn rhyddiaith yw datgan: eu
    pwrpas mewn barddoniaeth yw datgan ac awgrymu.

Iorwerth C. Peate: *Cyfansoddiadau a Beirniadaethau Eisteddfod Genedlaethol 1945: Rhosllannerchrugog*, gol. J. T. Jones, Beirniadaeth ar gystadleuaeth y Goron.

337   Roedd Duw hyd yn oed ag enw Cymraeg:
        Cawsom air ag Ef yn yr heniaith;
        Roedd E' fod i gymryd gofal arbennig
        Am y Cymry.★

        ★*Even God had a Welsh name:*
        We spoke to him in the old language;
        He was to have a peculiar care
        For the Welsh people.
        R. S. Thomas: 'A Welsh Testament', *Collected Poems 1945–1990*
        (1993).

338   Rhaid dioddef peth a maddau llawer i gadw cariad.

        Matthews Ewenni: *Cofiant Edward Matthews Ewenni*, J. J.
        Morgan (1922).

339   Rhaid yw cael Cymru Fydd yn Gymru Rydd.

        Ben Bowen: 'Williams Pantycelyn', *Cofiant a Barddoniaeth Ben
        Bowen*, gol. David Bowen (Myfyr Hefin), (1904).

340   Rhwydd gamwr hawdd ei gymell – o'r mynydd,
                A'r mannau anghysbell,
            Hel a didol diadell
            Yw camp hwn yn y cwm pell.

        Thomas Richards: 'Y Ci Defaid'.

341   Rhyddid, nid oes a'i rhoddo
        Inni, na braint yn ein bro;
        Bryd nos, rhyw ysbrydion ŷm,

Diddadwrdd, liw dydd ydym,
Heb ran, ond Gwlad y Bryniau
Inni yn borth o'n hen bau;
Rhag distryw y gad estron,
Nawdd hir fu mynyddau hon . . .

T. Gwynn Jones: 'Gwlad y Bryniau', *op. cit.*

342   Rhyfel rhwng dyn ac iaith yw barddoni, a hanes un frwydr yw cerdd. Bodlona cerdd wan ar gyhoeddi canlyniad y frwydr. Ond mewn cerdd dda dilynir cwrs yr ymdrech o'r dechrau i'r diwedd. Dyma paham y mae'n rhaid i'r bardd fod yn gwbl onest ag ef ei hun . . . Rhaid wrth onestrwydd i wynebu profiad a mentro'i fynegi, gonestrwydd a dycnwch a ffydd mewn bywyd.

R. Gerallt Jones: 'Waldo Williams', *op. cit.*

343   'Slawer dydd pan grwydrai merlyn,
         Wedi cymryd rhaff,
    Rhoid ef, hyd nes cael ei berchen,
         Yn y ffald yn saff.
    Neu pan gaffai'r ffermwr ddafad
         Ddieithr gyda'i stoc,
    Gyrrid hithau i Ffaldybrenin
         At y merlyn broc.

Wil Ifan: 'Hiraeth am Ffaldybrenin', *Dail Iorwg* (1919).

344 Tir hynaf Cymru y mae atgof ohono yn ein hiaith
heddiw yw Cantre'r Gwaelod, sef Maes Gwyddno
yr hen ysgrifau . . .

Cawsom ein cyflyru i dderbyn mai'r *dderwen* (dwy
rywogaeth o *Quercus*) rywfodd fu'n teyrnasu yn
ein coedwigoedd erioed ac mai coed israddol yw'r
lleill bron. Cysylltwyd y dderwen gyda phob math
o ddelweddau ac arferion arswydus a pharchus. Yn
Llydaw gosodwyd y meirw ar wely o ddail derw
mewn beddrodau Megalithig. Coeden i'w haddoli
oedd y dderwen i'r derwyddon fel yr awgryma ei
henw, a chymaint yn fwy rhinweddol yn eu tyb nhw,
oedd yr uchelwydd pan dyfai ar y goeden hon.

Cymdeithas Edward Llwyd: 'Hanes Cymru yw hanes ei
choedwig', *op. cit.*

345 Trwy ffydd yr achubir bywyd cenedl, gan gynnwys
yr iaith sy'n rhan o'i gwaddol ysbrydol: a gwaith
enbyd o anodd yw tanio pobl Cymru â ffydd yn ei
gwlad.

Gwynfor Evans: '"Barn" a Hunan-lywodraeth', *Barn*, Rhif 4,
Chwefror 1963.

346 Tyngaf i Dduw Hollalluog y bydd y dystiolaeth a
roddaf y gwir yr holl wir a'r gwir yn unig.

Y Llw.

Yn llysoedd Cymru cafwyd yr hawl i dyngu llw yn Gymraeg
heb gyfieithiad – *Welsh Courts Act 1942*.

Chwarter canrif yn ddiweddarach, i unrhyw un â hawl i siarad
o gwbl mewn llys barn yng Nghymru cafwyd yr hawl
ddilyffethair i wneud hynny yn Gymraeg – *Deddf yr Iaith
1967*.

347   Uchelgaer uwch y weilgi – gyrr y byd
        Ei gerbydau drosti;
    Chwithau, holl longau y lli,
    Ewch o dan ei chadwyni.

Dewi Wyn o Eifion: 'Pont Menai', *Blodau Arfon*, gol. Edward Parry (1842).

❖

348   Un funud fach cyn elo'r haul o'r wybren,
        Un funud fwyn cyn delo'r hwyr i'w hynt,
I gofio am y pethau anghofiedig
        Ar goll yn awr yn llwch yr amser gynt . . .

Waldo: 'Cofio', *Dail Pren* (1956).

❖

349   Uwch yr eira, wybren ros,
        Lle mae Abertawe'n fflam.
    Cerddaf adref yn y nos,
        Af dan gofio 'nhad a 'mam.
Gwyn eu byd tu hwnt i glyw,
    Tangnefeddwyr, plant i Dduw.

Waldo: 'Y Tangnefeddwyr', *op. cit.*

❖

350   Wel, dyma ni'n dwad
    Gyfeillion diniwad
    I 'mofyn am gennad – i ganu.

    Rhowch glywed, wŷr doethion,
    Pa faint ych o ddynion,
    A pheth yn wych union – yw'ch enwau?

William Roberts: 'Cân y Fari Lwyd', *Crefydd yr Oesoedd Tywyll*, 1852.

351   Wel, shw mae'r hen ffrind!
Mae'n dda cael dy weld di gartre fel hyn.
'Dan ni ddim wedi cwrdd
ers i ti hel dy bac a rhedeg i ffwrdd.
Ond rwy'n cofio nawr
ni'n meddwl bo ni'n fechgyn mawr,
cerdded gyda'n tadau
y llwybr hir i'r pyllau
O, la la la la.

Cytgan:
Craig yn sownd o dan ein traed
a chariad at y cwm yn berwi yn ein gwaed.

Huw Chiswell: 'Y Cwm', *Cerddi Abertawe a'r Cwm*, Cyfres Cerddi Fan Hyn, gol. Heini Gruffudd (2002).

352   Wele rith fel ymyl rhod – o'n cwmpas,
        Campwaith dewin hynod;
      Hen linell bell nad yw'n bod,
      Hen derfyn nad yw'n darfod.

Dewi Emrys: 'Y Gorwel', *Wedi Storom*, Cyfrol Goffa Dewi Emrys, gol. Y Parchg. W. J. Gruffydd (1965). Englyn buddugol Eisteddfod Genedlaethol Bae Colwyn, 1947.

353   Wrth deimlo'r boen y sylwir ar iechyd.

Bobi Jones: 'Mudo', *Man Gwyn* (1965).

354   Wrth ddychwel tuag adref,
        Mi glywais gwcw lon,
    Oedd newydd groesi'r moroedd
        I'r ynys fechan hon.

    A chwcw gynta'r tymor
        A ganai yn y coed
    'Run fath â'r gwcw gyntaf
        A ganodd gynta 'rioed.

Ceiriog: 'Wrth Ddychwel Tuag Adref', Alun Mabon XII, *Oriau'r Bore* (1862).

❖

355   Y bardd trwm dan bridd tramor – y dwylaw
        Na ddidolir rhagor;

        Y llygaid dwys dan ddwys ddôr,
        Y llygaid na all agor.

R. Williams Parry: 'Hedd Wyn', *Yr Haf a Cherddi Eraill* (1924).

❖

356   Y cynefino a'i gwnaethai'n fynydd.

Ond un hwyr o haf fe wrthododd fod yn fynydd. Aeth yn rhyfedd iawn. Aeth yn grugiau o gyneddfau porffor a gwyrdd, yn gruglwythi galluoedd glas a phinc, yn garneddau o rymusterau coch a du.

Euros Bowen: 'Arennig', *Cerddi Rhydd* (1961).

❖

357   Y dyddiau a'n gwna'n hapus a'n gwna'n ddoeth.★

★*The days that make us happy make us wise.*
John Masefield: 'Biography', *Poems* (1946).
Cyfieithiad Cynan, *Cerddi ac Ysgrifau S. B. Jones*, gol. Gerallt
Jones (1966).

358   Y ddraig goch ddyry cychwyn.

Gorchestion Beirdd Cymru o gasgliad Rhys Jones, 1773; ail
argraffiad 1864.

359   Y fedwen! Na frolia dy fod
           Yn uwch na'r wal:
       Byddwn innau, pe cawn i ddail,
           Yr un mor dal.

       Y fedwen! Mor wisgi wyt
           Ac ysgafn dy ben:
       Ni byddwn innau'n brudd
           Pe bawn yn bren.

Bobi Jones: 'Y Fedwen Fawr', *Rhwng Taf a Thaf* (1960).

360   Y felodi fwyaf gafaelgar a glywais i erioed.
       Dechreuodd yn ddistaw, ddistaw, a chyda'r dechrau
       distaw hwnnw rhoi taw ar fy meddyliau afradlon i,
       a'm llonyddu. Tyfodd yr alaw; cerddodd dros y
       seddau, dringodd drwy'r goleuon i'r nenfwd,
       ymsuddodd yn y llenni a ffiniai'r llwyfan mawr. Yr
       oedd ym mhobman, fel barn drist, a minnau'n
       unig yno, heb ymwybod â neb ond hi. Daeth

drachefn a thrachefn, a'i gosod ei hun yn llwybyr annileadwy, anhygoel dlws ar fy meddwl.

Islwyn Ffowc Elis: 'Melodi', *Cyn Oeri'r Gwaed* (1952).

361   Y Gymraeg yw'r unig arf a eill ddisodli llywodraeth y Sais yng Nghymru.

Saunders Lewis: 'Tynged Darlith', *Barn*, Mawrth 1963.

362   Y llong fach ollyngaf i – ar fynwes
                    Yr afonig Gwili:
            Mor llon y mae ar y lli,
            A dawns y don sy dani.

Gwili: 'Llongau Bach', *Blodeuglwm o Englynion*, W. J. Gruffydd (1920).

363   Y llynnau gwyrddion llonydd – a gysgant
                    Mewn gwasgod o fynydd,
            A thynn heulwen ysblennydd,
            Ar len y dŵr lun y dydd.

Gwilym Cowlyd: 'Llynnoedd Eryri', *Y Murmuron* (1868).

364   Y mae brain yn y llwyn rhwng y dŵr a'r nef
       Y tu draw i Lyn Cwellyn o'r ffordd i'r dref;

       Hen adar castiog, cableddus, croch,
       Wedi hel ar nos Sul at y Chwarel Goch;

Gan regi a rhwygo ym mrigau coed,
A thyngu mewn iaith na ddeallwyd erioed;

A thrystio fel cacwn mewn bysedd cŵn,
Heb neb ond hwynt-hwy'n cystrawennu'r sŵn.

T. H. Parry-Williams: 'Y Brain', *Synfyfyrion* (1937).

365   Y mae Cymru'n hŷn na'r Ymerodraeth Brydeinig,
a bydd byw'n hir ar ei hôl hefyd.

D. J. Williams: *A. E. a Chymru* (1929).

366   Y mae hwiangerddi a rhigymau, fel yr hen benillion
telyn, ymhlith ein trysorau llenyddol cyfoethocaf
ni fel cenedl . . . y mae yn y penillion hyn ddarlun
byw o hynt a helynt dyn, o febyd i fedd: ei
ddifyrion a'i ddireidi a'i hoff anifeiliaid pan oedd
yn blentyn; ei goelion, ei arferion, a'i holl droeon
trwstan doniol pan oedd yn hŷn.

Robin Gwyndaf: 'Gair i'r Plant', *Llyfr Hwiangerddi y Dref Wen*,
gol. John Gilbert Evans (1981).

367   Y mae i Gymru ei hiaith ei hun, ac ni fedr gadw
ei henaid hebddi.

Owen M. Edwards: 'Yn y Wlad ac Ysgrifau Eraill', gol.
Thomas Jones (1959).

368   Y mae llenyddiaeth cenedl yn dibynnu, i raddau mawr, ar ei hwiangerddi. Os mynnech ddeall nodweddion cenedl, y dull chwilio hawddaf a chyflymaf a sicraf yw hwn – darllenwch ei cherddi hwian. Os ydynt yn greulon ac anonest eu hysbryd, yn arw a chras, yn fawlyd a di-chwaeth, rhaid i chwi ddarllen hanes cenedl yn meddu yr un nodweddion. Os ydynt yn felodaidd a thyner, a'r llawenydd afieithus yn ddiniwed, cewch genedl a'r llenyddiaeth yn ddiwylliedig a'i hanes yn glir oddi wrth waed gwirion.

Owen M. Edwards, 'Rhagymadrodd', *Yr Hwiangerddi* (1911).

369   Y mae un pechod yn ddigon i'n cymhwyso i uffern; ond nid yw un rhinwedd ddim yn ddigon i'n cymhwyso i'r nef.

Emrys ap Iwan: 'Cymru Gelwyddog', *Homiliau*, gol. Ezra Roberts (1906).

370   Y nosau arteithiol cyn arholiadau'r haf, a'r ddinas yn sinistr ddistaw, ar wahân i fref ambell fyfyriwr gorffwyll yn gweiddi 'Rhy hwyr! Rhy hwyr!' Mynd o lyfr i lyfr fel gwyfyn, a methu cael mêl. Codi a cherdded rownd y bloc a dychwelyd, a chloc yr eglwys gadeiriol yn cyhoeddi treigl yr oriau gyda blas.

Islwyn Ffowc Elis: 'Adfyw', *op. cit.*

371   Y nos dywell yn distewi – caddug
              Yn cuddio Eryri –
          Yr haul yng ngwely'r heli,
          A'r lloer yn ariannu'r lli.

Gwallter Mechain: 'Y Nos', *Gwaith Gwallter Mechain*, Cyfrol 1, gol. D. Silvan Evans (1866–68).

372   Yng nghesail y moelydd unig,
              Cwm tecaf y cymoedd yw, –
          Cynefin y carlwm a'r cadno,
              A hendref yr hebog a'i ryw;
          Ni feddaf led troed ohono
              Na chymaint â dafad na chi
          Ond byddaf yn teimlo fin nos wrth fy nhân
              Mai arglwydd y cwm ydwyf fi.

              ..   ..
              ..   ..

          A byddaf yn gofyn bob gwawrddydd,
              A'm troed ar y talgrib lle tyr,
          Pam, Arglwydd, y gwnaethost Gwm Pennant mor
              dlws
              A bywyd hen fugail mor fyr?

Eifion Wyn: 'Cwm Pennant', *Caniadau'r Allt*, gol. Harri Edwards (1927).

373   Yng Nghymru, mae'r enw John Jones yn fythol
       ffugenw.*

The name of John Jones is in Wales a perpetual incognito.
Cofnodwyd yn Adroddiad y Cofrestrydd Cyffredinol (1853).

374 Yntau, Gwydion, oedd y chwedleuwr gorau yn y byd.

'Math fab Mathonwy', *Y Mabinogion*. Diweddariad gan Dafydd Ifans a Rhiannon Ifans (1980).

Ynteu Wydyon goreu kyuarwyd yn y byt oed.

'Math vab Mathonwy', *Pedeir Keinc Y Mabinogi*, Ifor Williams (1930).

375 Yr holl bwynt o gael plaid seneddol annibynnol i Gymru yw torri'n rhydd o afael y pleidiau mawr sy'n gwrthod rhoi blaenoriaeth i'n gwlad . . . mae'n rhaid cael ein Senedd ein hunain, ar dir Cymru, ac yn atebol i bobl Cymru. Senedd a'i holl deyrngarwch i Gymru, nid un sy'n ein trin fel rhyw dalaith ymylol ar ffiniau Lloegr.

Dafydd Wigley: *op. cit.*

376 Yr hyn a wnaeth Ceiriog oedd tanlinellu'r berthynas annatod rhwng llenyddiaeth boblogaidd a chymdeithas.

Nid dyna'i unig lwyddiant. Aeth un cam ymhellach; ail greodd y delyneg i fod yn addas i'r cyngerdd mawreddog. Dyfeisiodd fugeilgerddi cantawdol a llwyddodd i gysuro ei gyd-alltudion . . . Y mae corff helaeth ei waith yn ddyledus i ffrwd y telynegwyr cynnar . . . I'r ffrwd yma, yn ei dro, y daeth Ceiriog, gan addasu'r delyneg. Creodd eiriau cerddorol a oedd yn bodloni'r Cymry

Fictorianaidd a llwyddodd i'w deffro i broblemau'r dydd.

Medwin Hughes: 'Ceiriog a'r Traddodiad Telynegol', *Taliesin*, Mai 1987.

Diarhebion a
Dywediadau

377   A addawodd Duw, sicr yw.

Diarhebion Cymru, William Hay (1955).

378   A arddo diroedd a gaiff ddigonedd.

ibid.

379   A ddêl yn rhad a red yn rhwydd.

Anhysbys.

380   A ddioddefws a orfu.

Hay, *op. cit.*

381   A ddwg wy a ddwg fwy.

ibid.

382   A ddwg y bedol a ddwg yr ebol.

ibid.

383   A fo bell oddi wrth y da a fydd agos at y drwg.

ibid.

384   A fo nesaf i'r eglwys, fydd bellaf oddi wrth
       baradwys.

Dictionarium Duplex, John Davies (1632).

385   A fynno Duw a fydd.

Hay, *op. cit.*

386   A fynno iechyd, bid lawen.

ibid.

387   A geir yn rhodd a gerdd yn rhwydd.

The Myvyrian Archaiology of Wales, Owain Myfyr et al. (1870).

388   A gollir heddiw ni cheir yfory.

Hay, *op. cit.*

389   A'm caro i, cared fy nghi.

Davies, *op. cit.*

390   A gwnnws a gollodd ei le.

Hay, *op. cit.*

391   A wnêl dwyll a dwyllir.

Gwernyfed, *op. cit*.

392   A ŵyr leiaf a wed fwyaf.

Hay, *op. cit*.

393   A wnelo ddim a wna ddrwg.

ibid.

394   Aberth pob amynedd.

ibid.

395   Adar o'r unlliw a hedant i'r unlle.

ibid.

396   Adar nos, carant dywyllwch.

ibid.

❖

397   Adwaenir dyn wrth ei gyfeillion.

ibid.

❖

398   Afrwydd pob gorchwyl ar y cyntaf.

Gwernyfed, *op. cit.*

❖

399   Agosaf i'r asgwrn melysaf y cig.

ibid.

❖

400   Angel penffordd a diawl pentan.

Hay, *op. cit.*

❖

401   Angen yw mam dyfais.

ibid.

❖

402   Angen yw mam pob celfyddyd.

ibid.

❖

403   Allan o ddyled allan o berygl.

Gwernyfed, *op. cit.*

❖

404   Allan o olwg allan o feddwl.

Hay, *op. cit.*

❖

405 All neb fyw ar garu a chusanu.

Gwernyfed, *op. cit*.

406 Allwedd arian a egyr bob clo.

Owain Myfyr, *op. cit*.

407 Amau pob anwybod.

Davies, *op. cit*,

408 Amlaf ei gŵys, amlaf ei ysgub.

Hay, *op. cit*.

409 Amlwg llaid ar farch gwyn.

ibid.

410 Aml y bai lle ni charer.

ibid.

❖

411 Amser a ddaw â phob peth i ben.

ibid.

❖

412   Amser a ddengys.

ibid.

413   Amser yw'r esboniwr gorau.

Gwernyfed, *op. cit.*

414   Amynedd yw mam pob doethineb.

The Myvyrian Archaiology of Wales, Owain Myfyr *et al.* (1870).

415   Anodd chwibanu a bwyta yr un pryd.*

Is deacair a bheith ag feadaíl agus ag ithe mine.
O'r Wyddeleg: *Gwefan Daltai Ná Gaeilge* (2005).

416   Anodd dwyn dyn oddi ar ei dylwyth.

Saunders Lewis, *Blodeuwedd* (1948).

417   Anodd dysgu tric i hen gi.

'Fyl'na weden i' – *Blas ar dafodiaith canol Ceredigion*, Huw
Evans a Marian Davies (2000).

418   Ar ddiwedd y mae barnu.

Davies, *op. cit.*

❖

419   Arfer yw mam pob meistrolaeth.

Hay, *op. cit.*

420   Arglwydd gwan gwae ei was.

ibid.

421   Aur o dan y rhedyn;
arian o dan yr eithin;
newyn o dan y grug.

Hen ddoethineb amaethyddol am dyfiant ac ansawdd y tir o'n hamgylch.

422   Balch yw'r hwyaid ar y glaw.

Hay, *op. cit.*

423   Benthyg dros amser byr yw pob peth geir yn y byd hwn.

ibid.

424   Blasus pob peth a gerir.

Y Geiriadur Cyfoes, H. Meurig Evans (1982).

425   Bonheddig pob addfwyn.

H. Meurig Evans, *op. cit.*

426   Bore ar bawb pan godo.

ibid.

427   Brawd mogi yw tagu.

Huw Evans, *et al., op. cit.*

428   Bychan y cariad a ddiffydd ar un chwa o wynt.

Hay, *op. cit.*

429   Cadw heddiw fel bo gennyt yfory.

Gwernyfed, *op. cit.*

430   Calon ffŵl sydd yn ei dafod.

Edward Morris: 'Dyriau o Gynghor i Ochel Rhoi Tafod Drwg i Neb.' *Barddoniaeth Edward Morris, Perthi Llwydion*, gol. Hugh Hughes (1902).

431   Call pob un yn ei farn ei hun.

H. Meurig Evans, *op. cit.*

432 Canmol y diwrnod yn yr hwyr.*

*Mol an lá um thránóna.
O'r Wyddeleg: Gwefan Daltai, *op. cit.*

433 Canu cyn brecwast, llefen cyn nos.

Huw Evans, *et al., op. cit.*

434 Cariad yw mam pob dwyfoldeb.

Hay, *op. cit.*

435 Cas y gŵr na charo y wlad a'i maco.

Owain Myfyr, *op. cit.*

436 Cenedl heb iaith, cenedl heb galon.

Y Geiriadur Newydd, H. Meurig Evans a W. O. Thomas (1953).

437 Clecwn sy'n holi a ffyliaid sy'n gweud.

Gwernyfed, *op. cit.*

438 Cura'r haearn tra fo'n boeth.

Huw Evans, *et al., op. cit.*

439   Cyfarth 'da'r cŵn a rhedeg 'da'r cadno.

        ibid.

440   Cymydog agos sy'n well na brawd ymhell.

        Gwernyfed, *op. cit.*

441   Cymydog da ydyw clawdd.

        Hay, *op. cit.*

442   Cynt y cyferfydd dau ddyn na dau fynydd.

        Diarhebion, Trioedd a Gwirebau Cymraeg (1873–90).
        Casglwyd yn Llansanffraid ym Mechain gan T. G. Jones,
        Cyffin.

443   Cystal modfedd â milltir o ddianc.

        Hay, *op. cit.*

444   Chwedl a dyf yn ei hadrodd.

        ibid.

❖

445   Da yw câr mewn taro.

        J. J. Evans: *Diarhebion Cymraeg* (1992).

446 Da yw dant i atal tafod.

T. G. Jones, *op. cit.*

447 Dal y ddysgl yn wastad.

ibid.

448 Dala llygoden a'i byta hi.

Huw Evans, *et al., op. cit.*

❖

449 Dala'r slac yn dynn.

ibid.

❖

450 Dall pob anghelfydd.

Gwernyfed, *op. cit.*

❖

451 Dan law Duw, dyma le da.

Hay, *op. cit.*

❖

452 Daw rhywbeth o rywbeth; ddaw dim o ddim.

ibid.

453   Dechrau da yw hanner y gwaith.

Gwernyfed, *op. cit.*

454   Deuparth gwaith ei ddechrau.

Davies, *op. cit.*

455   Deuparth ffordd ei gwybod.

ibid.

456   Deuparth taith ymbaratoi.

ibid.

457   Dieithr pob llwybr nes ei gerdded.

Gwernyfed, *op. cit.*

458   Diflanna geiriau, ond erys gweithredoedd.

Hay, *op. cit.*

459   Digrif gan bob aderyn ei lais.

Davies, *op. cit.*

460　Dim ond heddiw tan yfory,
　　　Dim ond 'fory tan y ffair.

'Rhagymadrodd', *Hen Benillion*, T. H. Parry-Williams (1940).

461　Diogi yw gwreiddyn pob drwg.

Hay, *op. cit.*

162　Diwedd hen cadw defaid.

The Wisdom of Wales, Paul Barrat (2001).

463　Diwedd pob peth yw cyffes.

H. Meurig Evans, *op. cit.*

464　Diwerth yw stori heb awdur.★

★*Ni fiú scéal gan údar.*
O'r Wyddeleg: Gwefan Daltai, *op. cit.*

465　'Does unman yn debyg i gartre.

Mynyddog: 'Cartref' *Caneuon* (1866).

466　Dwêd ychydig ond dwêd e'n dda.★

★*Beagán a rá agus é a rá go maith.*
O'r Wyddeleg: Gwefan Daltai, *op. cit.*

467   Dyfal donc a dyr y garreg.

Hay, *op. cit.*

468   Dyn ar dân er daioni.

'Mr Therm': Rhan o ymgyrch hysbysebu'r Diwydiant Nwy, tua chanol yr ugeinfed ganrif.

469   Dyw pob ci sy'n cyfarth ddim yn cnoi.

Gwernyfed, *op. cit.*

470   Edau rhy dynn a dyr.

Hay, *op. cit.*

471   Egni a lwydd.

ibid.

472   Ei le i bob peth a phob peth yn ei le.

ibid.

473   Enfys y bore, haul a chawodau.

ibid.

474   Enfys brydnawn, tegwch a gawn.

ibid.

475   Esmwyth cwsg cawl erfin.

Huw Evans, *et al., op. cit.*

476   Fe fyn y gwir o'r diwedd ei le.

Morgan Llwyd: *Gwaedd ynghymru yn wyneb pob cydwybod* (1653).

477   Fe gwsg galar ni chwsg gofal.

Hay, *op. cit.*

478   Fel iâr ar ben tomen.

ibid.

479   Fel llong ar dir sych.

ibid.

480   Fydde fe'n byw lle ma' brain yn trigo.

Huw Evans, *et al., op. cit.*

481 Ffermwr tafod hawdd ei nabod.

Hay, *op. cit.*

482 Fflwring i dlawd ei geiniog.

ibid.

483 Ffôl yn unpeth, ffôl ym mhopeth.

Gwernyfed, *op. cit.*

484 Ffynnon hesb, buarth gwag.

ibid.

485 Gad i arall dy ganmol.

Hay, *op. cit.*

486 Gair gŵr o gastell.

Davies, *op. cit.*

487 Gair i ddoeth, cant i annoeth.

Hay, *op. cit.*

❖

488   Gair i gall, a ffon i angall.

ibid.

489   Galw'r plwyf i glywed y gwcw.

Gwernyfed, *op. cit.*

490   Gall y gwaethaf ddysgu bod yn orau.

H. Meurig Evans, *op. cit.*

491   Gan y gwirion y ceir y gwir.

ibid.

492   Glyn wrth y gwir.

ibid.

493   Gobeithio byddi di byw byth a finne byw i dy gladdu di.

Huw Evans, *et al., op. cit.*

494   Gofid a drycin
       A ddônt heb eu mofyn.

Gwernyfed, *op. cit.*

495   Golud gwlad – rhyddid.

Hay, *op. cit.*

496   Gollwng y gath o'r cwd.

ibid.

497   Gorau arf, arf dysg.

ibid.

498   Gorau arfer doethineb.

ibid.

499   Gorau awen gwirionedd.

ibid.

500   Gorau cannwyll pwyll i ddyn.

Davies, *op. cit.*

❖

501   Gorau cof, cof llyfr.

ibid.

❖

502   Gorau cyfoeth yw iechyd.
      ibid.

503   Gorau Cymro, Cymro oddi cartref.
      ibid.

504   Gorau dawn, deall.
      ibid.

505   Gorau deall, doethineb.
      ibid.

506   Gorau meddyg, amser.
      ibid.

507   Gorau o'r cerddi, cerdd at dy waith.
      ibid.

508   Gorau tarian, cyfiawnder.
      ibid.

509   Gorau tref, cartref.

        ibid.

510   Gorau ymarfer, diwydrwydd.

        ibid.

511   Gormod o bwdin daga gi.

        ibid.

512   Gormod o ddim nid yw dda.

        ibid.

513   Gwae hen heb grefydd.

        ibid.

514   Gwaed y saint yw had yr eglwys.

        ibid.

515   Gwaethaf arfer, arfer drwg.

        Gwernyfed, *op cit.*

516   Gwaith menyw heb ei derfyn.

        ibid.

517   Gwaith y nos y dydd a'i dengys.

        Davies, *op. cit*.

518   Gweddw crefft heb ei dawn.

        ibid.

519   Gweddw pwyll heb amynedd.

        ibid.

520   Gwell a blygo nag a dorro.

        Hay, *op. cit*.

❖

521   Gwell aderyn mewn llaw na dau mewn llwyn.

        ibid.

❖

522   Gwell angau na chywilydd.

        ibid.

❖

523   Gwell cerydd câr na gwên gelyn.

Gwernyfed, *op. cit.*

❖

524   Gwell clwt na thwll.

Davies, *op. cit.*

❖

525   Gwell crefft na golud.

ibid.

❖

526   Gwell digon na gormod.

H. Meurig Evans, *op. cit.*

❖

527   Gwell enw da na chyfoeth.*

Is fearr clú ná conach.
O'r Wyddeleg: Gwefan Daltai, *op. cit.*

❖

528   Gwell hanner na dim.

Hay, *op. cit.*

❖

529   Gwell hwyr na hwyrach.

T. G. Jones, *op. cit.*

❖

530 Gwell iechyd na chyfoeth.

Gwernyfed, *op. cit*

531 Gwell plygu na thorri.

Hay, *op. cit*.

532 Gwell rhywbryd na byth.

ibid,

533 Gwell un gair gwir na chan gair teg.

ibid.

534 Gwna dda dros ddrwg, uffern ni'th ddwg.

Davies, *op. cit*.

535 Gwna dda, ni waeth i bwy.

Hay, o*p. cit*.

536 Gwraig y crydd, gwaetha'i hesgid.

ibid.

537   Gwyn pob man cyn myned iddo.

Gwernyfed, *op. cit.*

538   Gwyn pob newydd, llwyd pob hen.

Hay, *op. cit.*

539   Gwyn y gwêl y frân ei chyw, er bod ei liw yn loywddu.

Yn *Geiriadur yr Academi* Bruce Griffiths (1995) rhoddir y ddihareb uchod yn gyfystyr â'r Saesneg: *Beauty is in the eye of the beholder*, a ddyfynnir o lyfr Margaret Hungerford: *Molly Bawn* (1878).

540   Gwynt teg ar ei ôl o.

Hay, *op. cit.*

541   Haf hyd Nadolig; Gaeaf hyd Ŵyl Ifan.

ibid.

542   Hawdd cymod lle bo cariad.

Davies, *op. cit.*

543   Hawdd cynnau tân ar hen aelwyd.

ibid.

544   Hawdd gofyn i roddwr llawen.

Gwernyfed, *op. cit*.

545   Hawdd yw clwyfo claf.

Davies, *op. cit*.

546   Haws dweud na gwneud.

Hay, *op. cit*.

547   Haws troi'r frân 'r un gân â'r gog,
        Na 'nabod dauwynebog.

ibid.

548   Heb ddysg, heb ddawn,
        Heb ddawn, heb ddoethineb,
        Heb ddoethineb, heb Dduw,
        Heb Dduw, heb ddim, Duw a digon.

ibid.

❖

549   Heb ei fai, heb ei eni;
        A choed ei grud heb eu plannu.

Newydd a Hen (1954).

❖

550 'Hed amser,' meddi. Na
Erys amser; dyn â.

Hay, *op. cit.*

551 Hedyn pob drwg yw diogi.

ibid.

552 Heddwch a fag gyfoeth,
Cyfoeth a fag falchder,
Balchder a fag ryfel,
Rhyfel a fag dlodi,
Tlodi a fag heddwch.

ibid.

553 Hen a ŵyr, ifanc a dybia.

ibid.

554 Hir ei dafod, byr ei wybod.

ibid.

555 Hir pob aros.

Davies, *op. cit.*

556 Hir pob aros ond byr pob difyrrwch.

Gwernyfed, *op. cit.*

557 Hir pob ffordd nes ei hadwaen.

ibid.

558 Hir y bydd y mud ym mhorth y byddar.

Davies, *op. cit.*

559 Hir yn llanc, hwyr yn ŵr.

H. Meurig Evans, *op. cit.*

560 Hiraf y dydd, byrraf y nos.

Gwernyfed, *op. cit.*

561 Hoff gan bob aderyn ei lais.

Hay, *op. cit.*

562 Ieuanc a dyb, hen a ŵyr.

ibid.

563   I'r pant y rhed y dŵr.

       Gwernyfed, *op. cit.*

564   Lladd chwannen â gordd.

       ibid.

565   Llawn bai lle ni bo pen.

       William Cynwal: *Gwyneddon 3*, gol. Ifor Williams (1931).

566   Lle bydd camp bydd rhemp.

       Geiriadur Prifysgol Cymru, Cyfrol III (1987–98).

567   Lle bynnag y mae mwg, agos yw tân.

       Gwernyfed, *op. cit.*

568   Lle crafa'r iâr, y piga'r cyw.

       Hay, *op. cit.*

569   Lle i bob peth a phob peth yn ei le.

       ibid.

570   Lle ni bo dysg ni bydd dawn.

     ibid.

571   Lle y mae eich trysor, yno y bydd eich calon hefyd.

     Efengyl Mathew 6:21.

572   Lleidr yw llety.

     Gwernyfed, *op. cit.*

573   Lleufer dyn yw llyfr da.

     Hay, *op. cit.*

574   Llon fydd y llygoden pryd ni bo'r gath gartref.

     Davies, *op. cit.*

575   Llwyd pob hen; nid hen pob llwyd.

     Hay, *op. cit.*

❖

576   Llwyr yr ysguba ysgub newydd.

     ibid.

❖

577 Llyfnaf y dŵr, dyfnaf y rhyd.

ibid.

578 Llygad segur wêl wall.

Gwernyfed, *op. cit.*

579 Llyma'i gyllell, llyma'i gaws.

ibid.

580 Ma' blas y cyw yn y cawl.

Huw Evans, *et al., op. cit.*

581 Ma' byth ymhell.

ibid.

582 Ma' crys yn agos ond ma' crôn yn nes.

ibid.

583 Ma' gwâd yn dewach na dŵr ac fe ferwith ynghynt.

ibid.

❖

584 Ma' llathed o gownter yn well na chan cyfer o dir.
ibid.

585 Mae amser i siarad yn ogystal â thewi.
Gwernyfed, *op. cit*.

586 Mae amser yn storïwr da.★

★*Is maith an scéalaí an aimsir.*
O'r Wyddeleg: Gwefan Daltai, *op. cit*.

587 Mae arogl afal sur yn well na'i flas.
Gwernyfed, *op. cit*.

588 Mae awr cyn hanner nos yn well na dwy ar ôl.
Hay, *op. cit*.

589 Mae awr gyda'r wawr yn werth dwy gyda'r nos.
ibid.

590 Mae clustiau gan gloddiau, a llygaid gan gerrig.
Gwernyfed, *op. cit*.

591   Mae dechrau i bob peth.

       ibid.

592   Mae dod i blentyn, ond mynd i ddyn.

       ibid.

593   Mae dwy ffordd i'r coed a llawer allan.

       Hay, *op. cit.*

594   Mae dwy ffordd i'r felin, ac un i'r clochdy.

       Gwernyfed, *op. cit.*

595   Mae dwy ochr i'r ddalen.

       ibid.

596   Mae dysg o fedydd i fedd.

       T. G. Jones, *op. cit.*

597   Mae ei dro i bob peth.

       Gwernyfed, *op. cit.*

❖

598   Mae eli i bob dolur.

Hay, *op. cit*.

599   Mae gan bob goleuni ei gysgod.

ibid.

600   Mae gweud yn dda, ond mae gwneud yn well.

Gwernyfed, *op. cit*

601   Mae hen esgid yn hoffi saim cystal ag un newydd.

ibid.

602   Mae hyd 'no'd mwydyn yn teimlo.

ibid.

603   Mae i bob llanw ei drai.

ibid.

❖

604   Mae i falchder ei gwymp.

ibid.

❖

605   Mae llafar gan bob llais, a llais gan bob llafar.

Hay, *op. cit.*

606   Mae llawer ffordd i'r ffair.

Gwernyfed, *op. cit.*

607   Mae llawer gair yn drymach na gordd.

ibid.

608   Mae llawer hen cystal â newydd.

ibid.

609   Mae llawer sgìl i gael Wil i'w wely.

Hay, *op. cit.*

610   Mae meistr ar Meister Mostyn.

T. G. Jones, *op. cit.*

611   Mae modfedd yn ddigon er dianc.

Hay, *op. cit.*

❖

612   Mae mwy nag unffordd i'r eglwys.

Gwernyfed, *op. cit*.

613   Mae newid gwaith cystal â gorffwys.

ibid.

614   Mae pob gwaith yn galed i ddiog.

ibid.

615   Mae rhywbeth bach yn poeni pawb.

Hay, *op. cit*.

616   Man gwyn man draw.

ibid.

617   Melys bys pan losgo.

Davies, *op. cit*.

618   Mewn undeb mae nerth.

Hay, *op. cit*.

619   Mor anwadal â cheiliog y gwynt.

      Gwernyfed, *op. cit.*

❖

620   Mor dawel â thes mis Mai.

      ibid.

❖

621   Mor ddyfal â lleuen mewn crachen.

      ibid.

❖

622   Mor gyfnewidiol â cheiliog y gwynt.

      Hay, *op. cit.*

❖

623   Mwya eu trwst y llestri gweigion.

      T. G. Jones, *op. cit.*

❖

624   Mynn y gwir ei le.

      ibid.

❖

625   Mynych addo, mynych angof.

      Gwernyfed, *op. cit.*

❖

626   Mynych fenter, aml golled.

     ibid.

627   Na ddeffro'r ci a fo'n cysgu.

     Davies, *op. cit.*

628   Na phryn gath mewn cwd.

     Hay, *op. cit.*

629   Natur yr hwch fydd yn y porchell.

     Davies, *op. cit.*

630   Nes penelin nag arddwrn.

     ibid.

631   Newydd drwg a gerdd ymhell.

     ibid.

❖

632   Ni all neb ddwyn ei geraint ar ei gefn.

     Hay, *op. cit.*

❖

633   Ni bu Arthur ond tra fu.

Davies, *op. cit.*

634   Ni bu gwin erioed heb waddod,
        Ni bu ŷd erioed heb sorod,
        Ni bu wenith heb ei fasgle,
        Ni bu dyn ond un heb feie.

Yr Hen Ficer, op. cit.

635   Ni bydd doeth ni ddarlleno.

Davies, *op. cit.*

636   Ni cheir cryfder heb undeb.*

*Ní neart go cur le chéile.
O'r Wyddeleg: Gwefan Daltai, *op. cit.*

637   Ni cheir gan lwynog ond ei groen.

Hay, *op. cit.*

638   Ni cheir y melys heb y chwerw.

Gwernyfed, *op. cit.*

639   Ni chwyn y ci er ei daro ag asgwrn.

Davies, *op. cit*.

640   Ni ddaeth drwg i neb o dewi.

Hay, *op. cit*.

641   Ni ddal un peth ond ei lond.

Gwernyfed, *op. cit*.

642   Ni ddaw doe byth yn ôl.

Hay, *op. cit*.

643   Ni ddaw du byth yn wyn mewn dŵr brwnt.

Gwernyfed, *op. cit*.

❖

644   Ni ddelir hen adar gan us.

Hay, *op. cit*.

645   Ni ddychwel cyngor ynfyd.

H. Meurig Evans, *op. cit*.

❖

646   Ni ellir gwrthbrofi dihareb.★

★Ni féidir an seanfhocal a sháru.
O'r Wyddeleg: Gwefan Daltai, *op. cit.*

❖

647   Ni fu colled i neb na fu ennill i rywun.

Gwernyfed, *op. cit.*

❖

648   Ni fu'r llanw heb y trai.

ibid.

❖

649   Ni heuir ni fedir.

Hay, *op. cit.*

❖

650   Ni huna eiddigedd.

ibid.

❖

651   Ni saif sach wag.★

★Ni sheasaíonn sac folamh.
O'r Wyddeleg: Gwefan Daltai, *op. cit.*

❖

652   Ni thwyllir y call ond unwaith.

T. G. Jones, *op. cit.*

653   Ni thyf mwsog ar faen o'i fynych drafod.

Hay, *op. cit*.

654   Nid ar redeg y mae aredig.

Davies, *op. cit*.

655   Nid aur yw popeth melyn.

Hay, *op. cit*.

656   Nid byd byd heb wybodaeth.

ibid.

657   Nid bywyd heb ryddid;
       Nid rhyddid heb lywodraeth;
       Nid llywodraeth heb gyfraith;
       Nid cyfraith heb gyfiawnder;
       Nid cyfiawnder heb gydfraint.

Owain Myfyr, *op. cit*.

658   Nid colled colli yr hyn ni chawd.

Gwernyfed, *op. cit*.

❖

659 Nid chwarae chwarae â thân, nac â dŵr nac â haearn.

Davies, *op. cit.*

660 Nid da lle gellir gwell.

Hay, *op. cit.*

661 Nid dillad sy'n gwneud y dyn.

ibid.

662 Nid diog diogyn at ei fwyd.

Gwernyfed, *op. cit.*

663 Nid glân ond glân ei galon.

Hay, *op. cit.*

664 Nid gwely heb wraig.

Davies, *op. cit.*

665 Nid heb ei fai mor doethaf.*

Ní bhíonn saoi gan locht.
O'r Wyddeleg: Gwefan Daltai, *op. cit.*

666 Nid oes allt heb oriwaered.

Hay, *op. cit.*

667 Nid oes dim, heb ryw rinwedd arno.

Owain Myfyr, *op. cit.*

668 Nid oes dim mor sicr ag angau.

Gwernyfed, *op. cit.*

669 Nid wrth ei big mae prynu cyffylog.

Davies, *op. cit.*

670 Nid wrth ei wisg y mae 'nabod dyn.

Gwernyfed, *op. cit.*

671 Nid yn y bore mae canmol diwrnod teg.

Davies, *op. cit.*

❖

672 Nid yn (*sic*) un dydd yr adeiladwyd Rhufain.

ibid.

❖

673 Nid yw harddwch ond trwch croen.

Gwernyfed, *op. cit.*

674 Nid yw neidr byth yn cyfarth.

ibid.

675 O eisiau hoel fe gollodd y bedol.

Hay, *op. cit.*

676 O fesen, derwen a dyf.

Tudur Aled: *Gwaith Tudur Aled,* gol. T. Gwynn Jones (1926).

677 O flewyn i flewyn â'r pen yn foel.

Davies, *op. cit.*

678 O geiniog i geiniog â'r arian yn bunt.

Hay, *op. cit.*

679 O lymaid i lymaid y darfu'r cawl.

Davies, *op. cit.*

❖

680   O na fyddai'n haf o hyd,
        Awyr las uwchben y byd.

> Mynyddog: *Blodwen* (1878), yr opera Gymraeg gyntaf − y
> gerddoriaeth gan Joseph Parry a'r libreto gan Mynyddog.

681   Os mynni glod, bid farw.

> Hay, *op. cit*.

682   Parchus pawb a fedd drysor.

> *ibid*.

683   Pawb a dynant at eu tebyg.

> Gwernyfed, *op. cit*.

684   Pawb â'i fys lle byddo'i ddolur.

> Hay, *op. cit*.

685   Pawb at y peth y bo.

> *ibid*.

686   Perchen pwyll pell ei olwg.

> Priodolwyd i Ciwg Sant (6ed ganrif).

687 Plant gwirionedd yw hen ddiarhebion.

The Proverbs of Wales, gol. T. R. Roberts (1885).

688 Po dyfna' fo'r môr, diogelaf fydd i'r llong.

Gwernyfed, *op. cit.*

689 Po dywylla'r nos, agosa'r wawr.

Anhysbys.

690 Po mwyaf y llanw mwyaf y trai.

Gwernyfed, *op. cit.*

691 Pob dihareb gwir, pob coel celwydd.

T. R. Roberts, *op. cit.*

692 Pob un a gâr lle ceir arian.

Hay, *op. cit.*

❖

693 Pob un at y peth a ŵyr.

ibid.

❖

694 Prydferth o beth a bery'n bleser am byth.*

★*A thing of beauty is a joy for ever.*
John Keats: Llyfr 1, *Endymion* (1818).

695 Pryn hen, pryn eilwaith.

Davies, *op. cit.*

696 Rhaid taro'r haearn tra byddo'n boeth.

Hay, *op. cit.*

697 Rhaid yw cropian cyn cerdded.

Davies, *op. cit.*

698 Rhed cachgi rhag ei gysgod.

Hay, *op. cit.*

699 Rhedeg gyda'r ci a chyda'r ysgyfarnog.

ibid.

700 Rhoi halen ar friw.

ibid.

❖

701 Rhoi'r ffidil yn y to.

ibid.

❖

702 Rhy dynn a dyr.

Davies, *op. cit.*

❖

703 Rhy lawn a gyll.

ibid.

❖

704 Rhy uchel a syrth.

ibid.

❖

705 Rhydd i bawb ei farn ac i bob barn ei llafar.

ibid.

❖

706 Saf ar dy sawdl.

Gwernyfed, *op. cit.*

❖

707 Taro'r post i'r pared glywed.

Hay, *op. cit.*

❖

708 Taw a'i piau hi.

ibid.

709 Teg pob twyll mewn cas a chariad.

Geiriadur yr Academi, gol. Bruce Griffiths (1995).

710 Teg yw treio, cael neu beidio.

Gwernyfed, *op. cit.*

711 Tlws pob peth bychan.

Hay, *op. cit.*

712 Traddodiad yw hanfod pob addysg.

Saunders Lewis: *Williams Pantycelyn* (1927).

713 Trech gwlad nag Arglwydd.

Hay, *op. cit.*

714 Trech metel na maint.

ibid.

715   Trech natur na dysgeidiaeth.

T. G. Jones, *op. cit.*

716   Trydydd troed i hen ei ffon.

Davies, *op. cit.*

717   Unwaith yn ddyn a dwywaith yn blentyn.

Gwernyfed, *op. cit.*

718   Wedi rhodio gwlad a thre'
             Teg edrych tuag adre'.

Hay, *op. cit.*

719   Y ci a gyfarth ni fratha.

ibid.

720   Y cyntaf ei og, cyntaf ei gryman.

Davies, *op. cit.*

721   Y cyntaf i'r felin a gaiff falu.

Hay, *op. cit.*

722   Ychydig sy'n perthyn i ddyn tlawd.

Gwernyfed, *op. cit.*

723   Ychydig yn aml a wna lawer.

Davies, *op. cit.*

724   Y doeth ni ddywed a ŵyr;
       Nid o sôn y daw synnwyr.

Hay, *op. cit.*

725   Y dywysen drymaf a blyg isaf.*

*Is í an dias is troime is ísle a chromas a chean.
O'r Wyddeleg: Gwefan Daltai, *op. cit.*

726   Y felin a fâl a fynn ddŵr.

Davies, *op. cit.*

727   Y fesen yn dderwen a ddaw.

Hay, *op. cit.*

728   Y geiniog yw diwedd y gân.

❖

729   Y gwaith sy'n canmol y dyn.★

★Molann an obair an fear.
O'r Wyddeleg: Gwefan Daltai, *op. cit.*

730   Y gwirionedd a saif.

T. G. Jones, *op. cit.*

731   Y mae gweithred yn well na gair.

Hay, *op. cit.*

732   Yng ngenau'r sach mae cynilo.

ibid.

733   Ymhob drws y mae cyfyngder.

Davies, *op. cit.*

734   Ymhob gwlad y megir glew.

ibid.

735   Ymhob pen y mae piniwn.

Siôn Brwynog: 'Helynt Crefydd', *Cywyddau Cymru,* gol. Arthur Hughes (1908).

736   Ymryson â doeth ti a fyddi doethach.

Davies, *op. cit.*

737   Ymryson â ffôl ti a fyddi ffolach.

ibid.

738   Ymwrola, 'nghyfaill, mae'r diafol yn farw!★

★*Courage, mon ami, le diable est mort!*
Charles Reade: *The Cloister and the Hearth* (1861).

739   Yn ara' deg mae mynd ymhell.

Hay, *op. cit.*

740   Yn sydyn daw dydd Sadwrn.

ibid.

741   Yn y diwedd y mae barnu.

ibid.

❖

742   Yn y gwreiddyn y mae'r drwg.

ibid.

❖

743   Yr awr dywylla' yw'r nesaf i'r wawr.

ibid.

744   Yr euog a ffy heb neb yn ei erlid.

ibid.

745   Yr hwch a dau a fwyty'r soeg.

Davies, *op. cit.*

746   Yr oen yn dysgu i'r ddafad bori.

Hay, *op. cit.*

❖

747   Yr ysgol ore yn yr hollfyd
       I ddysgu dyn yw ysgol adfyd.

Gwernyfed, *op. cit.*

❖

748   Ysgafn y daeth, ysgafn yr aeth.

Davies, *op. cit.*

❖

Hen Benillion,
Caneuon Gwerin,
Hwiangerddi,
Rhigymau . . .

749   A ddowch chi feibion cryno,
        I gwmni'r merched heno?
        Ni gawn lawenydd gyda'r rhain
        A'r tannau mân yn tiwnio.

        Triban: *Cylchgrawn Cymdeithas Alawon Gwerin Cymru*, Cyfrol
        III, Rhan 4 (1925).

750   Amdanat ti mae sôn, Wennaf Wen, Wennaf Wen,
        O Fynwy Fawr i Fôn, Wennaf Wen,
        I'r castell acw heno
        Rhaid iti droi a huno
        Hen deulu iawn sydd yno
        Da ti, mentra, mentra Gwen.

        Ceiriog: 'Mentra Gwen', *The Songs of Wales/Caneuon Cymru*
        (1879).

751   Ar drot, ar drot i'r dre,
        Mo'yn pwys o siwgwr ac owns o de,
        Ar drot, ar drot fy merlyn bach gwyn,
        Ar drot, ar drot dros gorun y bryn;
        Ar garlam, ar garlam i lawr Nant-y-glyn.

        'Ar drot i'r dre', *Undeb Noddwyr Alawon Cymru* (1947).

752   Ar fore hafaidd hyfryd
            Yn nechrau'r gwanwyn hardd,
        Aderyn bychan ganai
            Ar frigyn yn yr ardd.

'Roedd gwrando'i lais perorol
 Oddi ar y brigyn bach
Yn gwahodd pawb i ganu
 A feddai galon iach.
Cydganwn oll yn hyfryd
 Nes atsain trwy y fro,
Yn iaith y solffayddion
 Fe ganwn so la ti do.

'Tiwn Sol-ffa', *Cylchgrawn Cymdeithas* . . . Cyfrol IV, Rhan 4 (1954).

753 Ar lan y môr mae carreg wastad,
  Lle bûm yn siarad gair â'm cariad,
  O amgylch hon fe dyf y lili,
  Ac ambell gangen o rosmari.

Penillion Telyn, Llyfrau'r Ford Gron, Rhif 1 (1931).

754 Ar lan y môr mae craig a chregyn,
  Ar lan y môr mae tywod melyn,
  Ar lan y môr mae cwch a llongau
  Yn nofio'n braf ar frig y tonnau.

Hen Benillion, gol. T. H. Parry-Williams (1940).

755 Ar lan y môr mae rhosus cochion;
  Ar lan y môr mae lilis gwynion;
  Ar lan y môr mae 'nghariad inne
  Yn cysgu'r nos a chodi'r bore.

Cylchgrawn Cymdeithas . . . Cyfrol IV, Rhan 1 (1948).

756   Bachgen bach o Ddowlais
          Yn gweithio 'ngwaith y tân,
      Bron â thorri'i galon
          Ar ôl y ferch fach lân;
      Ei goesau fel y pibau,
          A'i freichiau fel y brwyn,
      Ei ben e fel pytaten
          A hanner llath o drwyn.

'Y Carwr Trist', *Hwiangerddi*, CXXXVII, Owen M. Edwards (1911).

757   Beti Bwt a aeth i gorddi,
      Eisiau menyn ffres oedd arni;
      Tra bu Bet yn 'mofyn halen
      Aeth yr hwch i'r crochan hufen.

Llyfr Hwiangerddi y Dref Wen, gol. John Gilbert Evans (1981).

758   Beth wneir â merch benchwiban?
      Beth wneir â cheffyl bychan?
      Beth wneir â thaflod heb ddim gwair?
      Beth wneir mewn ffair heb arian?

      Wel, rhoi y ferch benchwiban
      I werthu'r ceffyl bychan,
      A chadw'r daflod nes dêl gwair,
      A mynd i'r ffair â'r arian.

T. H. Parry-Williams, *op. cit.*

759   Ble mae Daniel?
        Ble mae Daniel?
            Yn ffau'r llewod!
            Yn ffau'r llewod!
        Am beth? Am beth?
        Am iddo beidio addoli'r ddelw,
        Am iddo beidio addoli'r ddelw.

Cân gron. Traddodiadol.

760   'Ble'r ei di? Ble'r ei di?
        Yr hen dderyn bach?'
            'I nythu fry ar y goeden.'
        'Pa mor uchel yw y pren?'
           'Wel dacw fo uwchben.'
        'O mi syrthi, yr hen dderyn bach!'

'Ble'r ei di?' *Hwiangerddi Cymraeg*, J. Lloyd Williams.

761   'Ble'r wyt ti'n myned yr eneth ffein ddu?'
        'Myned i odro, O, Syr,' mynte hi.
        'O'r ddwy foch goch, a'r ddau lygad du,
        Draw wrth droed y mynydd y gwelais hi.'

        'Gaf fi ddod gyda thi, yr eneth ffein ddu?'
        'Gwnewch fel y mynnoch, O, Syr,' mynte hi.
        'O'r ddwy foch goch . . .'

        Gaf fi roi cusan iti, yr eneth ffein ddu?'
        'Beth ydyw hwnnw? O, Syr,' mynte hi.
        'O'r ddwy foch goch . . .'

        'Gaf fi dy briodi, yr eneth ffein ddu?'
        'Os bydd Mam yn fodlon, O, Syr,' mynte hi.
        'O'r ddwy foch goch . . .'

'Beth yw dy ffortiwn, yr eneth ffein ddu?'
'Dim ond a welwch, O, Syr,' mynte hi.
'O'r ddwy foch goch . . .'

'Yna ni'th briodaf, yr eneth ffein ddu.'
'Ni ofynnais i chwi, O, Syr,' mynte hi.
'O'r ddwy foch goch . . .'

'Ble'r wyt ti'n myned?', *Cylchgrawn Cymdeithas* . . . Cyfrol III,
Rhan 1 (1930).

762   Bonheddwr mawr o'r Bala,
Un diwrnod aeth i hela
Ar gaseg denau ddu,
Carlamodd yr hen gaseg
O naw o'r gloch tan ddeuddeg
Heb unwaith godi pry'.

Ceiriog: 'Bonheddwr Mawr o'r Bala', *Oriau'r Hwyr* (1860).

763   Brân y môr yw'r 'deryn dua,
Gwylan môr yw'r 'deryn gwynna;
Pan aiff un yn dduach, dduach
Aiff y llall yn wynnach, wynnach.

Ceiriog: 'Yr Wylan a'r Fulfran'.

764   Bûm edifar, fil o weithiau,
Am lefaru gormod geiriau;
Ond ni bu gymaint o helyntion
O lefaru llai na digon.

Llyfrau'r Ford Gron, op. cit.

765   Bûm yn byw yn gynnil, gynnil,
         Aeth un ddafad imi'n ddwyfil;
         Bûm yn byw yn afrad, afrad
         Aeth y ddwyfil yn un ddafad.

         'Bûm yn byw', Owen M. Edwards, *op. cit.*

766   Bwrw glaw yn sobor iawn,
         Wel dyna b'nawn anghynnes;
         'Mochel dan yr ambarel
         A cherdded fel brenhines.

         Anhysbys.

767   Canmol deryn bach am ganu
         Canmol deryn bach am ddysgu
         Eto hyn sydd yn rhyfeddol –
         Nid â deryn bach i'r ysgol.

         Llyfrau'r Ford Gron, op. cit.

768   Canu wnaf a bod yn llawen
         Fel y gog ar frig y gangen;
         A pheth bynnag ddaw i'm blino
         Canu wnaf a gadael iddo.

         ibid.

769   Cleddwch fi pan fyddwyf farw,
         Yn y coed dan ddail y derw,
         Chwi gewch weled llanc penfelyn
         Ar fy medd yn canu'r delyn.

         ibid.

770 Croeso iti Gwcw,
  Daethost eto'n ôl;
  Gwelais di ar adain las
  Ger y ddeiliog ddôl.
  Aros ar y fedwen,
  Cân dy ddeunod clir,
  Dwed i ni fod haf yn dod
  Wedi'r gaeaf hir.

   Cytgan:
   Cân gwcw, cân gwcw,
   Gwcw lawen cân;
   Cân gwcw, cân gwcw,
   Gwcw lawen cân.

  'Croeso'r Gog'. Traddodiadol.

771 Da am dda sy dra rhesymol,
  Drwg am ddrwg sydd anghristnogol,
  Drwg am dda sydd yn gythreulig
  Da am ddrwg sy fendigedig.

  Llyfrau'r Ford Gron, op. cit.

772 Dacw alarch ar y llyn
  Yn ei gwch o sidan gwyn;
  Dyma afal melyn crwn
  Anrheg mam i mi yw hwn.

  Dacw rosyn ar y pren
  Capan coch sydd ar ei ben;
  Dyma faban yn ei grud,
  Perl ei fami. Gwyn ei fyd!

  Eifion Wyn.

773 Dacw dŷ a dacw do,
   Dacw efail Siôn y go';
   Dacw Siani'n tannu'r gwely
   Dacw Siôn yn edrych arni.

   John Gilbert Evans, *op. cit.*

774 Dacw 'nghariad i ar y bryn,
   Rhosyn coch a rhosyn gwyn,
   Rhosyn coch sy'n bwrw ei flodau,
   Rhosyn gwyn yw 'nghariad innau.

   Llyfrau'r Ford Gron, op. cit.

775 Dacw 'nghariad i lawr yn y berllan,
   Tw rym di ro rym di radl idl al,
   O na bawn i yno fy hunan,
   Tw rym di ro rym di radl idl al,
   Dacw'r tŷ a dacw'r 'sgubor,
   Dacw ddrws y beudy'n agor,
   Ffal di radl idl al, ffal di radl idl al,
   Tw rym di ro rym di radl idl al.

   Traddodiadol: 'Dacw 'Nghariad i lawr yn berllan', *Album of Welsh Folk Songs* (1955).

776 Dacw long yn hwylio'n hwylus,
   Heibio'r trwyn, ac at yr ynys;
   Os fy nghariad i sydd ynddi,
   Hwyliau sidan glas sydd arni.

   'Llong fy nghariad', Owen M. Edwards, *op. cit.*

777   Dacw Mam yn dwad
Ar ben y Gamfa Wen;
Rhywbeth yn ei ffedog
A phiser am ei phen;
Y fuwch yn y beudy
Yn brefu am y llo,
A'r llo'r ochor arall
Yn chwarae Jim Cro:

Jim Cro Crystyn,
Wan, Tŵ, Ffôr,
A'r mochyn bach yn eistedd
Mor ddel ar y stôl.

'Dacw Mam yn dwad', *Cylchgrawn Cymdeithas* . . . Cyfrol III
(1930).

778   Dafi bach a minnau
      Yn mynd i Aberdâr,
Dafi'n 'mofyn ceiliog
      A minnau'n 'mofyn iâr.

'Taith Dau', Owen M. Edwards, *op. cit*.

779   Dau gi bach yn mynd i'r coed,
Esgid newydd am bob troed;
Dau gi bach yn dwad adre
Wedi colli un o'u 'sgidie.

John Gilbert Evans, *op. cit*.

780   Derfydd rhew, a derfydd gaeaf,
       Fe ddaw'r haf a'i wên dirionaf;
       Ond ni ddaw un pêr ddiddanwch
       Byth i mi sy'n llawn o dristwch.

       T. H. Parry-Williams, *op. cit.*

781   Deryn y Bwn o'r Banna',
       Aeth i rodio'r gwylia';
       Lle disgynnodd o ar 'i ben,
           Bwm, bwm, bwm, bwm,
       Ond i bwn o 'fala'.

       'Deryn y Bwn o'r Banna', *Cylchgrawn Cymdeithas* . . . Cyfrol
       III, Rhan 1, 1930.

782   Difyr yw hwyaid yn nofio ar y llyn,
       Eu pigau sy'n gochion a'u plu sydd yn wyn.
       Rhônt ddeudro neu drithro yn fywiog a chwim.
       Beth bynnag a welant, ni ddwedant hwy ddim.

       The Oxford Book of Welsh Verse, gol. Thomas Parry (1962).

783   Diofal yw'r aderyn,
       Ni hau, ni fed un gronyn,
           Heb ddim gofal yn y byd,
       Ond canu hyd y flwyddyn.

       Hanes ac Henafiaeth, Canu gyda'r Tannau, John Jones (Idris
       Vychan), Anrhydeddus Gymdeithas y Cymmrodorion (1885).

❖

784   Fe fwyty 'i swper heno,
             Ni ŵyr ym mhle mae'i ginio,
                  Dyma'r modd y mae e'n byw,
             A gado i Dduw arlwyo.

             Llyfrau'r Ford Gron, op. cit.

             Fe eistedd ar y gangen,
             Gan edrych ar ei aden,
                  Heb un geiniog yn ei god,
             Yn llywio a bod yn llawen.

             ibid.

785   Dwedai hen ŵr llwyd o'r gornel,
             'Gan fy nhad mi glywais chwedel,
             A chan ei daid y clywsai yntau,
             Ac ar ei ôl mi gofiais innau.'

             T. H. Parry-Williams, op. cit.

786   Dwedwch, fawrion o wybodaeth,
             O ba beth y gwnaethpwyd hiraeth,
             A pha ddeunydd a roed ynddo,
             Na ddarfyddai wrth ei wisgo?

             Derfydd aur, a derfydd arian,
             Derfydd melfed, derfydd sidan,
             Derfydd pob dilledyn helaeth,
             Ond, er hyn, ni dderfydd hiraeth.

             Llyfrau'r Ford Gron, op. cit.

787   Dyn a garo grwth a thelyn,
        Sain cynghanedd, cân ac englyn,
        A gâr y pethau mwyaf tirion
        Sy yn y nef ymhlith angylion.

        ibid.

788   Fe aned plentyn yn Llan-gan,
        Nid mab i'w dad, nid mab i'w fam,
        Nid mab i Dduw, nid mab i ddyn,
        Ond yn blentyn perffaith fel pob un.

        John Gilbert Evans, *op. cit.*

789   Fuost ti erioed yn morio?
        'Do, mewn padell ffrio;
        Chwythodd y gwynt fi i Eil o Man,
        A dyna lle bûm i'n crio.'

        'Morio', Owen M. Edwards, *op. cit.*

790   Fy amser i ganu
            Yw Ebrill a Mai
        A hanner Mehefin,
            Chi wyddoch bob rhai;
        I ffwrdd yr af ymaith,
            Fy nghywion sydd fân,
        A chyn dydd Gŵyl Ifan
            Fe dderfydd fy nghân.

        John Gilbert Evans, *op. cit.*

791   Fy mwriad er yn fachgen,
Oedd caru bod yn llawen,
A rhoi fy mryd drwy hyfryd dro
Ar feinir gryno groenwen.

Siôn Hywel: 'Cerdd', gw. *Cerddi Rhydd Iolo Morganwg*, gol. P. J. Donovan (1980).

792   Fy mwyn gyfeillion dewch ynghyd
Mewn pryd i ganmol y glasbren,
Pren canmolus, gweddus gwiw,
A'i enw yw y Gelynnen.

'Y Gelynnen', *Detholiad o Alawon Gwerin*, gol. Buddug Lloyd Roberts (1993).

793   Ffarwel fo i Langyfelach lon,
A'i merched ieuainc oll o'r bron,
Rwy'n myn'd i edrych pa un sydd well,
A'i 'ngwlad fy hun neu'r gwledydd pell.

Siemsyn Twrbil: 'Ffarwel i Langyfelach Lon', *Baledi Morgannwg*. Casglwyd gan Ben Bowen Thomas (1951).

794   Ffarwel i blwy' Llangower
        A'r Bala dirion deg,
Ffarwel fy annwyl gariad
        Nid wyf yn enwi neb.
Rwy'n mynd i wlad y Saeson
        Â'm calon fel y plwm,
I ddawnsio o flaen y delyn
        Ac i chwarae o flaen y drwm.

Cylchgrawn Cymdeithas . . .op. cit.

795   Ffarwel i dre Caernarfon lon,
    A'r merched ifainc i gyd o'r bron;
    Rwy'n mynd i weld pa un sydd well
    Ai 'ngwlad fy hun, ai y gwledydd pell.

    'Ffarwel i Dre Caernafon Lon', *Cylchgrawn Cymdeithas* . . . Cyfrol IV, Rhan 1 (1948).

796   Ffein a difyr ydyw gweled
        Migldi, magldi, now now now,
    Drws yr efail yn agored
        Migldi, magldi, now now now,
    A'r go' bach a'i wyneb purddu,
        Migldi, magldi, now now now,
    Yn yr efail yn prysur chwythu,
        Migldi, magldi, now now now.

    'Migldi, Magldi', *Cylchgrawn Cymdeithas* . . . Cyfrol I, Rhan 4 (1912).

797   Gorau, gorau, gorau, gorau,
    Cael y wraig yn denau, denau –
    Ac yn ddrwg ei lliw a'i llun –
    Mi gaf honno i mi fy hun.

    T. H. Parry-Williams, *op. cit.*

798   Gwenni aeth i ffair Pwllheli,
    Eisiau padell bridd oedd arni.
    Rhodd amdani saith o sylltau –
    Cawswn i hi am dair a dimai.

    John Gilbert Evans, *op. cit.*

799   Gwyn eu byd yr adar gwylltion
          Hwy gânt fynd i'r fan a fynnon',
          Weithiau i'r môr ac weithiau i'r mynydd,
          A dod adre yn ddigerydd.

          Llyfrau'r Ford Gron, op. cit.

800   Gwyn fy myd pe medrwn hedeg
          Bryn a phant a goriwaered,
          Mynnwn wybod er eu gwaetha
          Lle mae'r gog yn cysgu'r gaea'.

          ibid.

801   Hawddfyd lle bûm yn fachgen
          Ym Mro Morgannwg lawen
          Cael cwrw cryf i wlychu 'mhig
          A chawl a chig a photen.

          'Wy'n awr yn Sir Gaerfyrddin,
          Yn llapian y cawl erfin,
          Heb ddim yn well i dorri 'ngwanc
          Ond bara planc llawn eisin.

          Ym Mro Morgannwg gymen
          Caf eto fod yn llawen,
          A da fy myd, hwff yn ei frig!
          Ar gawl a chig a photen.

          Wil Hopcyn: 'Tri Phennill Triban', 'a wnaeth Wil Hopcin pan
          oedd ar gil yn Sir Gaer am fod Madocs o Gefn Udfa yn ei
          fwgwth â chyfraith'. gw. P. J. Donovan, *op. cit.*

802   Hawdd yw dwedyd, 'Dacw'r Wyddfa',
Nid eir drosti ond yn ara';
Hawdd i'r iach, a fu'n ddiddolur,
Beri i'r claf gymeryd cysur.

Llyfrau'r Ford Gron, op. cit.

803   Hen fenyw fach a basged o wye,
O Landeilo i Landybïe;
Ar y bont ar bwys Llandybïe
Gwmpws y fasged – a lawr a'th y wye.

Cylchgrawn Cymdeithas . . . Cyfrol IV, Rhan 1 (1948).

804   Hen fenyw fach Cydweli
Yn gwerthu losin du,
Yn rhifo deg am ddime
Ond un ar ddeg i mi.
Wel dyma'r newydd gorau
Ddaeth i mi, i mi
Yn rhifo deg am ddime
Ond un ar ddeg i mi.

'Hen Fenyw Fach Cydweli', *Y Gweithiwr Cymreig (1885).*

805   Hen wraig fach yn rhoi llaeth i'r llo,
Yntau'n gwrthod ei gymryd o;
Wel, dyna hi yn mynd o'i cho':
O bobol! Roedd 'na labio.

Cylchgrawn Cymdeithas . . . Cyfrol V, Rhan 1 (1956/7).

806   Hir yw'r ffordd a maith yw'r mynydd
O Gwm Mawddwy i Drawsfynydd;
Ond lle bo 'wyllys mab i fyned,
Fe wêl y rhiw yn oriwaered.

Llyfrau'r Ford Gron, op. cit.

807   Iâr fach dlos yw fy iâr fach i,
Pinc a melyn a choch a du;
Fe aeth i'r coed i ddodwy wy,
Ond cododd ei chwt a ffwrdd â hi.

'Iâr Fach', *Caneuon Grace a Siân*, Mansel Thomas (194?).

808   Ifan bach a minnau
       Yn mynd i ddŵr y môr,
Ifan yn codi'i goesau
       A dweud fod y dŵr yn o'r.

John Gilbert Evans, *op. cit.*

809   *Gee* geffyl bach yn cario ni'n dau
Dros y mynydd i hela cnau,
Dŵr yn yr afon a'r cerrig yn slic
Cwympon ni'n dau. Wel dyna chi dric!

Ibid.

810   Ladi Wen
Ar ben y pren
       Yn naddu coes ymbrelo;

Mae'n un o'r gloch,
Mae'n ddau o'r gloch,
    Mae'n bryd i'r moch gael cinio!

Welsh Folklore and Folk Customs, T. Gwynn Jones (1930).

811   Llawer gwaith bûm yn dyfalu:
Lle mae'r adar bach yn cysgu,
Beth a gânt y nos i'w swper,
Pwy a'u dysgodd i ddweud eu pader?

Llyfrau'r Ford Gron, op. cit.

812   Llawn yw'r môr o swnd a chregyn,
Llawn yw'r wy o wyn a melyn,
Llawn yw'r coed o ddail a blodau,
Llawn o gariad merch wyf innau.

T. H. Parry-Williams, *op. cit.*

813   Mae brân i frân y dyffryn
Mae Siân ar gyfer Sionyn;
    Ac os yw pawb i gael rhyw garp,
Mae Huwcyn larp i rywun.

ibid.

814   Mae bys Meri Ann wedi brifo,
    A Dafydd y gwas ddim yn iach.
Mae'r baban yn y crud yn crio
    A'r gath wedi sgramo Johnny bach.

Sosban fach yn berwi ar y tân,
Sosban fawr yn berwi ar y llawr,
A'r gath wedi sgramo Johnny bach.
Dai bach y sowldiwr, Dai bach y sowldiwr,
Dai bach y sowldiwr a chwt ei grys e ma's.

Anhysbys: 'Sosban Fach'.

815   Mae cwrcath bach glas gyda'n cath las ni,
Ac mae cwrcath bach glas gyda'ch cath las chi,
Ond mae cwrcath bach glas ein cath las ni
Yn saith waith gwaeth cwrcath
Na chwrcath bach glas eich cath las chi.

'Clymau tafod', John Gilbert Evans, *op. cit.*

816   Mae gan Ifan geffyl gwinau,
        Ceffyl gwinau glân.
Wedi cael ei haidd yn fwyd
        Neidiai'n uchel dros y glwyd.
Mae gan Ifan geffyl gwinau,
        Ceffyl gwinau glân.

Anhysbys.

817   Mae gen i, ac mae gan lawer,
Gloc ar fur i gadw amser;
Mae gan Moses Pantymeysydd
Un yn tŷ i gadw tywydd.

T. H. Parry-Williams, *op. cit.*

818   Mae gen i dipyn o dŷ bach twt,
O dŷ bach twt, o dŷ bach twt,
Mae gen i dipyn o dŷ bach twt,
A'r gwynt i'r drws bob bore.

Agorwch dipyn o gil y drws,
O gil y drws, o gil y drws,
Agorwch dipyn o gil y drws,
Cewch weld y môr a'r tonne.

Traddodiadol.

819   Mae gen i drol a cheffyl,
A merlyn bychan twt,
A phump o wartheg tewion
Yn pori ar y clwt.

John Gilbert Evans, *op. cit.*

820   Mae gen i ebol melyn,
      Yn codi'n bedair oed.
A phedair pedol arian
      O dan ei bedwar troed;
Mi neidia ac mi brancia
      O dan y feinir wen,
Fe reda ugain milltir
      Heb dynnu'r ffrwyn o'i ben.

'Yr Ebol Melyn', Owen M. Edwards, *op. cit.*

821   Mae gennyf barlwr bychan
             Ac aelwyd fechan lân,
       A'm tegell i fy hunan
             Sy'n canu wrth y tân.

Ceiriog: 'Codi Calon', 'Alun Mabon', *Oriau'r Hwyr* (1860).

822   Mae gennyf dŷ cysurus,
       A melin newydd sbon,
       A thair o wartheg brithion
       Yn pori ar y fron.

       Mae gennyf gwpwrdd cornel,
       Yn llawn o lestri te,
       A dresel yn y gegin
       A phopeth yn ei le.

Talhaiarn: 'Cân y Melinydd'.

823   Mae gennyf ddafad gorniog ac arni bwys o wlân,
       Yn pori yng nglan yr afon, ymhlith y cerrig mân;
       Fe ddaeth rhyw hogyn heibio a hysiodd iddi gi,
       Ni welais byth mo'm dafad: os gwn i a welsoch chwi?

T. H. Parry Williams, *op. cit.*

824   Mae 'nghariad i'n Fenws, mae 'nghariad i'n fain,
       Mae 'nghariad i'n dlysach na blodau y drain,
       Fy nghariad yw'r lana a'r wynna'n y sir,
       Nid wyf yn ei chanmol ond dwedyd y gwir.

Llyfrau'r Ford Gron, op. cit.

825   Mae'n bwrw glaw allan,
        Mae'n braf yn y tŷ;
    A merched Tregaron
        Yn nyddu gwlân du.

Anhysbys.

826   Mae'r hon a gâr fy nghalon i
        Ymhell oddi yma'n byw,
    A hiraeth am ei gweled hi
        A'm gwnaeth yn llwyd fy lliw.

Cyfoeth nid yw ond oferedd,
    Glendid nid yw yn parhau,
Ond cariad pur sydd fel y dur,
    Yn para' tra bo dau.

Traddodiadol: 'Tra Bo Dau'.

827   Main a chymwys fel y fedwen,
    Bert ei llun fel hardd feillionen,
    Teg ei gwawr fel bore hafddydd,
    Hon yw nod holl glod y gwledydd.

'Hen Bennill', *Y Flodeugerdd Gymraeg*, gol. W. J. Gruffydd (1931).

828   Mi af i'r ysgol 'fory
        A'm llyfr yn fy llaw,
    Heibio i'r 'sgubor newydd
        A'r cloc yn taro naw.

O Mari, Mari, cwyn,
    Mae heddiw'n fore mwyn,

Mae'r adar bach yn canu
A'r gog ar frig y llwyn.

John Gilbert Evans, *op. cit.*

829   Mi a glywais fod yr 'hedydd
Wedi marw ar y mynydd,
Pe gwyddwn i mai gwir y geiria',
Awn a gyr o wŷr ag arfa',
I gyrchu corff yr 'hedydd adra.

Traddodiadol.

830   Mi welais Jac-y-do
Yn eistedd ar y to,
Het wen ar ei ben
A dwy goes bren,
Ho-ho-ho-ho-ho-ho!

John Gilbert Evans, *op. cit.*

831   Melinydd oedd fy nhaid,
Melinydd oedd fy nhad,
Melinydd ydwyf finnau,
Y gorau yn y wlad;
Melinydd fydd y baban
Pan ddelo fo i'r byd
Ond ydyw yn beth rhyfedd
Bod ni'n felinyddion i gyd!

'Melinydd oedd fy nhaid', *Cylchgrawn Cymdeithas* . . . Cyfrol IV, Rhan 1 (1948).

832 Merch o lun 'r wyf yn ei charu,
   Merch o lun 'r wyf yn ei hoffi,
   Nid o Lŷn gerllaw Pwllheli,
   Ond o'r lliw a'r llun sydd arni.

   Llyfrau'r Ford Gron, op. cit.

833 Mi ganaf: O rwy'n hapus,
   Mi ganaf: O rwy'n rhydd;
   Fe gofia Ef am lwyd y to,
   A'i ofal amdanaf sydd.★

    ★*I sing because I'm happy,*
    I sing because I'm free,
    His eye is on the sparrow,
    And he watches over me.
    Civilla Durfee Martin.

834 Mil harddach wyt na'r rhosyn gwyn,
   Na'r rhosyn coch ar ael y bryn,
   Na'r alarch balch yn nofio'r llyn
     Fy maban bach.

   'Hwiangerdd', *Cylchgrawn Cymdeithas . . . op. cit.*

835 Myfi sy'n Gymro gwirion,
   A galar yn ei galon,
   Gwaith bod ymhell dan dynged ddrwg
   O Fro Morgannwg dirion.

   Iolo Morganwg: 'Triban Morgannwg', P. J. Donovan, *op. cit.*

836   Mi sydd fachgen ieuanc ffôl,
        Yn byw yn ôl fy ffansi
    Myfi'n bugeilio'r gwenith gwyn,
        Ac arall yn ei fedi.
    Pam na ddeui di ar fy ôl
        Ryw ddydd ar ôl ei gilydd?
    Gwaeth rwy'n dy weld y feinir fach
        Yn lanach lanach beunydd.

Wil Hopcyn: 'Bugeilio'r Gwenith Gwyn', *Songs of Wales (Caneuon Cymru)*, gol. Brinley Richards (1879).

837   Mynd drot, drot ar y gaseg wen,
    Mynd drot, drot i'r dre;
    Mami'n dod 'nôl dros fryn a dôl
    Â rhywbeth neis i de:
    Teisen i Sil, Banana i Bil,
    A thamaid i'r gath a'r ci;
    Afal mawr iach, i Ben y gwas bach,
    A rhywbeth neis, neis i fi.

Nantlais: 'Mynd drot, drot', *Pymtheg o Ganeuon i Blant* (1933).

838   Mynd i'r ardd i dorri pwysi,
    Gwrthod lafant, gwrthod lili;
    Pasio'r pinc a'r rhosod cochion,
    Dewis pwysi o ddanadl poethion.

'Dewis Ofer', Owen M. Edwards, *op. cit.*

839   Nid oes imi yma ond Ebrill a Mai,
A hanner mis Mehefin fel gwyddoch bob rhai;
Nid oes imi yma ond un wythnos ar ddeg,
A dyna fi'n dianc heb wybod i neb.

'Y Gwcw', *Cylchgrawn Cymdeithas . . . op. cit.*

840   Ni raid i'r ferch a gaffo Robin
Fynd â'r fules byth i'r felin,
Nac i gyrchu dŵr o'r afon;
Ar ei gruddiau hi gaiff ddigon.

T. H. Parry-Williams, *op. cit.*

841   Oer yw'r gŵr sy'n methu caru,
        Ffal, la, la . . .
Hen fynyddoedd annwyl Cymru;
        Ffal, la, la . . .
Iddo ef a'u câr gynhesaf
        Ffal, la, la . . .
Gwyliau llawen flwyddyn nesaf.
        Ffal la, la . . .

Ceiriog, 'Oer yw'r gŵr', *Songs of Wales (Caneuon Cymru)*
gol. Brinley Richards (1873).

842   Oes gafr eto?
Oes heb ei godro.
Ar y creigiau geirwon
Mae'r hen afr yn crwydro.
Gafr wen, wen, wen,
Ie, finwen, finwen, finwen,

Foel gynffon wen, foel gynffon wen,
Ystlys wen a chynffon wen, wen, wen.

Traddodiadol: 'Cyfri'r Geifr'.

843   Os gwelwch chi'n dda, ga'i grempog?
Mae Mam yn rhy dlawd i brynu blawd,
A 'Nhad yn rhy ddiog i weithio –
Halen i'r ci bach, bwyd i'r gath fach,
Mae 'ngheg i'n grimpin eisiau crempog.

'Un o arferion dydd Mawrth Ynyd oedd bod plant a thlodion,
yn cardota am grempogau, neu am y defnyddiau i'w gwneud.'
John Gilbert Evans, *op. cit.*

844   Pan fo seren yn rhagori,
Fe fydd pawb a'i olwg arni;
Pan ddaw unwaith gwmwl drosti,
Ni bydd mwy o sôn amdani.

Llyfrau'r Ford Gron, op. cit.

845   Pe cawn weled dau gynhebrwng
Yr un dydd, rhown bunt o offrwm, –
Eich gŵr chwi, fy seren olau,
A'r wraig anynad, sy gen innau.

T. H. Parry Williams, *op. cit.*

846 Pedoli, pedoli, pedoli, bi–dinc
  Mi fynnaf bedoli pe costiai i mi bunt;
   Pedol yn ôl,
   A phedol ymlaen;
  Pedol yn eisiau o dan y troed aswy,
   Bi–dinc, bi–dinc, bi–dinc.

Cylchgrawn Cymdeithas . . . Cyfrol III, Rhan 1 (1930).

847 Pegi Ban a aeth i olchi,
  Eisiau dillad glân oedd arni;
  Tra bu Peg yn 'mofyn sebon
  Aeth y dillad gyda'r afon.

John Gilbert Evans, *op. cit.*

848 Pwsi Meri Mew
  Ble collaist ti dy flew?
  'Wrth fynd i Lwyntew
  Ar yr eira mawr a'r rhew.'

  Pa groeso gest ti yno
  Beth gefaist yn dy ben?
  'Ces fara haidd coliog
  A llaeth yr hen gaseg wen.'

'Pwsi Meri Mew', Owen M. Edwards, *op. cit.*

849 Pwy sy'n dŵad dros y bryn
   Yn ddistaw, ddistaw bach?
  A'i farf yn llaes, a'i wallt yn wyn,
   A rhywbeth yn ei sach.

A phwy sy'n eistedd ar y to
　　Ar bwys y simdde fawr?
Siôn Corn! Siôn Corn! Helô! Helô!
　　Tyrd yma, Tyrd i lawr!

J. Glyn Davies: 'Siôn Corn', *Hoff Gerddi Nadolig Cymru*, gol.
Bethan Mair (2004).

850　Robin goch ar ben y rhiniog,
　　Yn gofyn tamaid heb un geiniog
　　Ac yn dwedyd yn ysmala, –
　　'Mae hi'n oer, fe ddaw yn eira.'

'Robin Goch', Owen M. Edwards, *op. cit.*

851　Robin goch ddaeth at yr hiniog,
　　A'i ddwy aden yn anwydog;
　　A dywedai mor ysmala,
　　'Mae hi'n oer, fe ddaw yn eira'.

'Robin Goch', Owen M. Edwards, *ibid*.

852　Si hei lwli 'mabi
　　Mae'r llong yn mynd i ffwrdd,
　　Si hei lwli 'mabi,
　　Mae'r Capten ar y bwrdd;
　　Si hei lwli, lwli lws,
　　Cysga di fy mabi tlws
　　Si hei lwli 'mabi,
　　Mae'r llong yn mynd i ffwrdd.

Cylchgrawn Cymdeithas . . . op. cit.

853 Siôn a Siân a Siencyn
   Yn mynd i Aberdâr;
  Siôn yn prynu ceiliog
   A Siân yn prynu iâr.

Traddodiadol.

854 Sioni Brica Moni
   Yn berchen buwch a llo;
  A gafr fach a mochyn
   A cheiliog, go-go-go!

'Go-go-go!' Owen M. Edwards, *op. cit.*

855 Tlws yw'r lleuad yn y tonnau,
  Tlws yw'r sêr ar noson olau,
  Ond nid yw y sêr na'r lleuad
  Hanner tlysed ag yw 'nghariad.

Llyfrau'r Ford Gron, op. cit.

856 Tra bo dŵr y môr yn hallt,
  A thra bo 'ngwallt yn tyfu,
  Tra bo 'nghalon yn fy mron
  Mi fyddaf ffyddlon i ti.

Cylchgrawn Cymdeithas . . . Cyfrol III, Rhan 4 (1925).

857 Tra bydd niwl ar ben Garn Fadryn,
  Fydd hi fawr o dywydd wedyn.
  Pan ddaw'r crëyr i fyny'r afon
  Fe ddaw haul i gochi'r mafon.

John Gruffydd Jones: 'Deg Pennill Telyn yn ymwneud â'r Tywydd', *Cyfansoddiadau a Beirniadaethau*, gol. J. Elwyn Hughes, Eisteddfod Genedlaethol Eryri a'r Cyffiniau (2005).

858 Tra fyddo dŵr y môr yn hallt,
   A bedw gleision ar yr allt,
   A thra fo'r frân yn seilio'i nyth
   F'anwylyd fach, ni ddeuaf byth;

   A thra fo calch ar dalcen plas,
   Ac ar y glomen bluen las,
   A thra fo'r ych yn rhodio'r ddôl,
   F'anwylyd fach, ni ddof yn ôl.

'Hen Benillion', *Y Flodeugerdd Gymraeg*, gol. W. J. Gruffydd (1931).

859 Tri pheth sydd anodd hynod:
   Byw'n sobor lle bo diod,
   Adnabod menyw wrth ei gwên
   A dala hen frythyllod.

Cylchgrawn Cymdeithas . . . op. cit.

860 Tri pheth sy'n anodd imi –
   Cyfri'r sêr pan fo hi'n rhewi,
   Rhoi fy llaw ar gwr y lleuad,
   Gwybod meddwl f'annwyl gariad.

Llyfrau'r Ford Gron, op. cit.

861   Tri pheth sydd anodd nabod, –
       Dyn, derwen a diwrnod;
           Mae'r dydd yn hir a'r pren yn gau,
       A'r dyn yn ddau wynebog.

       ibid.

862   Tros y môr mae'r adar duon,
       Tros y môr mae'r dynion mwynion,
       Tros y môr mae pob rhinweddau
       Tros y môr mae 'nghariad innau.

       ibid.

863   Tros y môr y mae fy 'nghalon,
       Tros y môr y mae f'ochneidion,
       Tros y môr y mae f'anwylyd,
       Sy yn fy meddwl i bob munud.

       ibid.

864   Trwm yw'r plwm, a thrwm yw'r cerrig,
       Trom yw calon pob dyn unig;
       Trymaf peth dan haul a lleuad
       Canu'n iach lle byddo cariad.

       T. H. Parry-Williams, *op. cit.*

865   Tu ôl i'r dorth mae'r blawd,
       Tu ôl i'r blawd mae'r felin;
       Tu ôl i'r felin draw ar y bryn,
       Mae'r cae o wenith melyn.

Uwchben y cae mae'r haul,
Sy'n lliwio pob tywysen,
Uwchben yr haul mae'r Duw sy'n rhoi
Y gwynt a'r glaw a'r heulwen.

Nantlais: 'Tu ôl i'r Dorth', *op. cit.*

866 Wedi teithio mynyddoedd, llechweddi a chymoedd,
   A llawer o diroedd blinderus;
'Does unlle mor swynol, na man mor ddymunol
   Â chartref bach siriol cysurus.
Pan fo'r gwyntoedd yn chwythu a'r storm yn taranu
   Ei chorn i groesawi y gaeaf;
Mae nefoedd fy mynwes yn yr hen gornel cynnes,
   Yng nghwmni fy nheulu anwylaf.

O fel mae'n dda gen i 'nghartref,
Hen le bendigedig yw cartref;
Chwiliwch y byd, drwyddo i gyd,
'Does unman yn debyg i gartref.

Mynyddog: 'Cartref', *Caneuon Mynyddog* (1866).

867 Y deryn du a'i blyfyn sidan,
A'i big aur, a'i dafod arian,
A ei di drosto i Gydweli
I sbio hynt y ferch rwy'n garu?

Cylchgrawn Cymdeithas . . . op. cit.

868 Y deryn pur a'r adain las,
Bydd i mi'n was di brydar,

O! brysur brysia at y ferch,
Lle rhoes i'm serch yn gynnar.
Dos di ati, dywad wrthi
Mod i'n wylo'r dŵr yn heli,
Mod i'n irad am ei gwelad,
Ac o'i chariad yn ffaelu â cherddad,
O! Duw faddeuo'r hardd ei llun,
Am boeni dyn mor galad!

Dafydd Nicolas: *Ancient National Airs of Gwent and Morganwg,*
Maria Jane Williams (1844).

869   Y sawl a dorro nyth y dryw,
Ni wêl fwyniant yn ei fyw;
Y sawl a dorro nyth y wennol
Ni wêl fwyniant yn dragwyddol.

T. H. Parry-Williams, *op. cit.*

870   Y sawl a dynno nyth y frân
Fe gaiff fynd i uffern dân;
Y sawl a dynno nyth y dryw
Ni chaiff weled wyneb Duw.

Llyfrau'r Ford Gron, op. cit.

871   Y sawl sy'n caru gweniaith
Sy'n aml ei gydymaith;
A'r sawl a draetha'r gwir o'r galon
A gaiff gas ei holl gymdeithion.

T. H. Parry-Williams, *op. cit.*

872   Yr oedd ganddo fil o bethau,
       Mil ag un oedd arno eisiau,
       Ac o eisiau'r unpeth hwnnw
       Roedd ei fil i gyd yn chwerw.

Watcyn Wyn: 'Hen Bennill', *Canu'r Pwll a'r Pulpud*, Huw Walters (1987).

❖

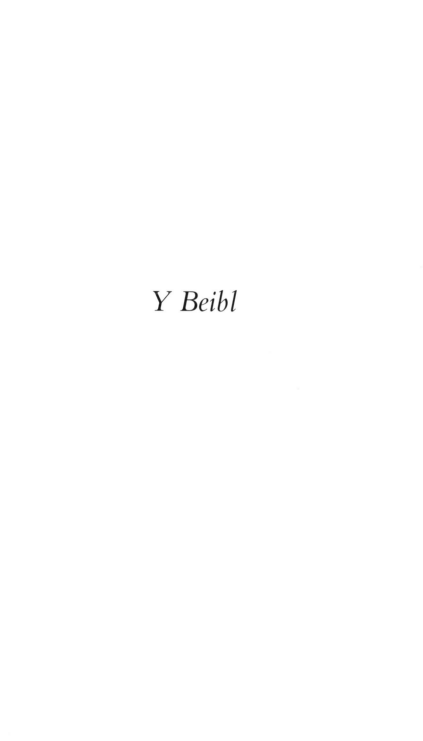

Y Beibl

873 Yn y dechreuad creodd Duw y nefoedd a'r ddaear.
Yr oedd y ddaear yn afluniaidd a gwag, ac yr oedd
tywyllwch ar wyneb y dyfnder, ac ysbryd Duw yn
ymsymud ar wyneb y dyfroedd. A dywedodd
Duw, 'Bydded goleuni.' A bu goleuni. Gwelodd
Duw fod y goleuni yn dda; a gwahanodd Duw y
goleuni oddi wrth y tywyllwch. Galwodd Duw y
goleuni yn ddydd a'r tywyllwch yn nos. A bu
hwyr a bore, y dydd cyntaf.

Genesis 1: 1–5, *Y Beibl Cymraeg Newydd*, Argraffiad Diwygiedig
(2004).

874 Dywedodd Duw, 'Gwnawn ddyn ar ein delw, yn ôl
ein llun ni, i lywodraethu ar bysgod y môr, ar adar
yr awyr, ar yr anifeiliaid gwyllt, ar yr holl ddaear,
ac ar bopeth sy'n ymlusgo ar y ddaear.' Felly creodd
Duw ddyn ar ei ddelw ei hun; ar ddelw Duw y
creodd ef; yn wryw ac yn fenyw y creodd hwy.

Genesis 1: 26, 27.

875 Gwelodd Duw y cwbl a wnaeth, ac yr oedd yn
dda iawn. A bu hwyr a bu bore y chweched dydd.

Genesis 1: 31.

876 Felly gorffennwyd y nefoedd a'r ddaear a'u holl
luoedd. Ac erbyn y seithfed dydd yr oedd Duw
wedi gorffen y gwaith a wnaeth, a gorffwysodd ar
y seithfed dydd oddi wrth ei holl waith. Am hynny
bendithiodd Duw y seithfed dydd a'i sancteiddio,

am mai ar hwnnw y gorffwysodd Duw oddi wrth
ei holl waith yn creu.

Genesis 2: 1–3.

877   A phlannodd yr Arglwydd Dduw ardd yn Eden,
       tua'r dwyrain; a gosododd yno y dyn yr oedd wedi
       ei lunio. A gwnaeth yr Arglwydd Dduw i bob
       coeden ddymunol i'r golwg, a da i fwyta ohoni,
       dyfu o'r tir; ac yr oedd pren y bywyd yng nghanol
       yr ardd, a phren gwybodaeth da a drwg.

       Genesis 2: 8, 9.

878   A chlywsant sŵn yr Arglwydd Dduw yn rhodio
       yn yr ardd gyda hwyr y dydd, ac ymguddiodd y
       dyn a'i wraig o olwg yr Arglwydd Dduw ymysg
       coed yr ardd. Ond galwodd yr Arglwydd Dduw ar
       y dyn, a dweud wrtho, 'Ble'r wyt ti?' Atebodd
       yntau, 'Clywais dy sŵn yn yr ardd, ac ofnais
       oherwydd fy mod yn noeth, ac ymguddiais.'
       Dywedodd yntau, 'Pwy a ddywedodd wrthyt dy
       fod yn noeth? A wyt ti wedi bwyta o'r pren y
       gorchmynnais iti beidio â bwyta ohono?' A
       dywedodd y dyn, 'Y wraig a roddaist i fod gyda mi
       a roes i mi o ffrwyth y pren, a bwyteais innau.' Yna
       dywedodd yr Arglwydd Dduw wrth y wraig, 'Pam
       y gwnaethost hyn?' A dywedodd y wraig, 'Y sarff
       a'm twyllodd, a bwyteais innau.'

       Genesis 3: 8–13.

879 Tra pery'r ddaear,
ni pheidia pryd hau a medi, oerni a gwres,
haf a gaeaf, dydd a nos.

Genesis 8: 22.

880 Llefarodd Duw yr holl eiriau hyn a dweud:
'Myfi yw'r Arglwydd dy Dduw, a'th arweiniodd
allan o wlad yr Aifft, o dŷ caethiwed.
'Na chymer dduwiau eraill ar wahân i mi.
'Na wna iti ddelw gerfiedig ar ffurf dim
sydd yn y nefoedd uchod na'r ddaear isod nac
yn y dŵr dan y ddaear; nac ymgryma iddynt
na'u gwasanaethu . . .
'Na chymer enw'r Arglwydd dy Dduw yn ofer . . .
'Cofia'r dydd Saboth i'w gadw'n gysegredig.
Chwe diwrnod yr wyt i weithio a gwneud dy holl
waith, ond mae'r seithfed dydd yn Saboth yr
Arglwydd dy Dduw . . .
'Anrhydedda dy dad a'th fam, er mwyn amlhau dy
ddyddiau yn y wlad y mae'r Arglwydd yn ei
rhoi iti.
'Na ladd.
'Na odineba.
'Na ladrata.
'Na ddwg gamdystiolaeth yn erbyn dy gymydog.
'Na chwennych dŷ dy gymydog, na'i wraig, na'i
was, na'i forwyn, na'i ych, na'i asyn, na dim
sy'n eiddo i'th gymydog.'

Exodus 20: 1–17.

881 Bendithied yr Arglwydd di, a chadwed di:

A llewyrched yr Arglwydd ei wyneb arnat, a
thrugarhâed wrthyt;

Dyrchafed yr Arglwydd ei wyneb arnat, a rhodded
i ti dangnefedd.

Numeri 6: 24–26, *Y Beibl Cyssegr-lan* (1947).

882 Gwrando, O Israel:Y mae'r Arglwydd ein Duw yn
un Arglwydd. Câr di yr Arglwydd dy Dduw â'th
holl galon ac â'th holl enaid ac â'th holl nerth.
Y mae'r geiriau hyn yr wyf yn eu gorchymyn i ti
heddiw i fod yn dy galon.Yr wyt i'w hadrodd i'th
blant, ac i sôn amdanynt pan fyddi'n eistedd yn dy
dŷ ac yn cerdded ar y ffordd, a phan fyddi'n mynd
i gysgu ac yn codi.Yr wyt i'w rhwymo yn arwydd
ar dy law, a byddant yn rhactalau rhwng dy lygaid.
Ysgrifenna hwy ar byst dy dŷ ac ar dy byrth.

Deuteronomium 6: 4–9, *Y Beibl Cymraeg Newydd.*

883 Ond meddai Ruth, 'Paid â'm hannog i'th adael, na
throi'n ôl oddi wrthyt, oherwydd i ble bynnag yr
ei di, fe af finnau; ac ym mhle bynnag y byddi di'n
aros, fe arhosaf finnau; dy bobl di fydd fy mhobl i,
a'th Dduw di fy Nuw innau. Lle y byddi di farw, y
byddaf finnau farw . . .

Ruth 1: 16–17.

884　Felly dywedodd Eli wrth Samuel, 'Dos i orwedd, ac os gelwir di eto, dywed tithau, "Llefara, Arglwydd, canys y mae dy was yn gwrando".'

I Samuel 3: 9.

885　Ond dywedodd yr Arglwydd wrth Samuel, '. . . nid yr hyn a wêl dyn y mae Duw'n ei weld. Yr hyn sydd yn y golwg a wêl dyn, ond y mae'r Arglwydd yn gweld beth sydd yn y galon.'

I Samuel 16: 7.

886　Canys oddi wrthyt ti y daw popeth, ac o'th eiddo dy hun y rhoesom iti.

I Cronicl 29: 14.

887　Yna cododd Job a rhwygodd ei fantell, eilliodd ei ben, a syrthiodd ar y ddaear ac ymgrymu a dweud, 'Yn noeth y deuthum o groth fy mam, ac yn noeth y dychwelaf yno.

Yr Arglwydd a roddodd, a'r Arglwydd a ddygodd ymaith.

Bendigedig fyddo enw'r Arglwydd.'

Llyfr Job 1: 20, 21.

888　Oherwydd gwn fod fy amddiffynnwr yn fyw, ac y saif yn gefnogwr ar y ddaear.

Llyfr Job 19: 25.

889 Ond pa le y ceir doethineb?
A pha le y mae trigfan deall?
. . . y mae meddu doethineb yn well na gemau.
'Ofn yr Arglwydd yw doethineb,
a chilio oddi wrth ddrwg yw deall.'

Llyfr Job 28: 12, 18, 28.

890 Gwyn ei fyd y gŵr nad yw'n dilyn cyngor y
  drygionus
nac yn ymdroi hyd ffordd pechaduriaid
nac yn eistedd ar sedd gwatwarwyr,
ond sy'n cael ei hyfrydwch yng nghyfraith yr
  Arglwydd
ac yn myfyrio yn ei gyfraith ef ddydd a nos.
Y mae fel pren
wedi ei blannu wrth ffrydiau dŵr
ac yn rhoi ffrwyth yn ei dymor
a'i ddeilen heb fod yn gwywo.
Beth bynnag a wna, fe lwydda.

Salm 1: 1–3.

891 O Arglwydd, ein Iôr,
mor ardderchog yw dy enw ar yr holl ddaear!
Gosodaist dy ogoniant uwch y nefoedd,
codaist amddiffyn rhag dy elynion
o enau babanod a phlant sugno,
a thawelu'r gelyn a'r dialydd.
Pan edrychaf ar y nefoedd, gwaith dy fysedd,
y lloer a'r sêr, a roddaist yn eu lle,
beth yw dyn iti ei gofio,
a'r teulu dynol iti ofalu amdano?

Eto gwnaethost ef ychydig islaw Duw,
a'i goroni â gogoniant ac anrhydedd.

Salm 8: 1–5.

❖

892　Yr Arglwydd yw fy mugail; ni bydd eisiau arnaf.
Efe a wna i mi orwedd mewn porfeydd gwelltog;
efe a'm tywys gerllaw y dyfroedd tawel.
Efe a ddychwel fy enaid:
efe a'm harwain ar hyd llwybrau cyfiawnder er
　　mwyn ei enw.
Ie, pe rhodiwn ar hyd glyn cysgod angau,
nid ofnaf niwed: canys yr wyt ti gyda mi;
dy wialen a'th ffon a'm cysurant.
Ti a arlwyi ford ger fy mron yng ngŵydd fy
　　ngwrthwynebwyr:
iraist fy mhen ag olew;
fy ffiol sydd lawn.
Daioni a thrugaredd yn ddiau a'm canlynant
holl ddyddiau fy mywyd:
a phreswyliaf yn nhŷ yr Arglwydd yn dragywydd.

Salm 23, *Y Beibl Cyssegr-lan*.

❖

893　Eiddo yr Arglwydd y ddaear, a'i chyflawnder;
y byd, ac a breswylia ynddo.
Canys efe a'i seiliodd ar y moroedd,
ac a'i sicrhaodd ar yr afonydd.
Pwy a esgyn i fynydd yr Arglwydd?
A phwy a saif yn ei le sanctaidd ef?
Y glân ei ddwylaw, a'r pur ei galon;
yr hwn ni ddyrchafodd ei feddwl at wagedd
ac ni thyngodd i dwyllo.
Salm 24: 1–4.

894   Mawrygwch yr Arglwydd gyda mi,
       a dyrchafwn ei enw gyda'n gilydd.

Salm 34: 3 *Y Beibl Cymraeg Newydd* (1988).

895   Fel y brefa'r hydd am yr afonydd dyfroedd
       felly yr hiraetha fy enaid amdanat ti, O Dduw.

Salm 42: 1, *Y Beibl Cyssegr-lan.*

896   Duw sydd noddfa a nerth i ni,
       Cymorth hawdd ei gael mewn cyfyngder.
       Y mae afon, a'i ffrydiau a lawenhant ddinas Duw,
       Cysegr preswylfeydd y Goruchaf.

Salm 46: 1, 4.

897   Mawl a'th erys di yn Seion, O Dduw:
       ac i ti y telir yr adduned.
       Ti yr hwn a wrandewi weddi,
       Atat ti y daw pob cnawd.

Salm 65: 1, 2.

898   Duw a drugarhao wrthym, ac a'n bendithio;
       a thywynned ei wyneb arnom:
       Fel yr adwaener dy ffordd ar y ddaear,
       a'th iachawdwriaeth ymhlith yr holl genhedloedd.

Salm 67: 1, 2.

899   Mor hawddgar yw dy bebyll di,
O Arglwydd y lluoedd!
Fy enaid a hiraetha ac a flysia
am gynteddau yr Arglwydd;
fy nghalon a'm cnawd a waeddant
am y Duw byw.
Aderyn y to hefyd a gafodd dŷ,
a'r wennol nyth iddi,
lle y gesyd ei chywion, sef dy allorau di,
O Arglwydd y lluoedd, fy Mrenin, a'm Duw.
Gwyn fyd preswylwyr dy dŷ:
yn wastad y'th foliannant.

Salm 84: 1–4.

900   Ti, Arglwydd, fuost yn breswylfa i ni
ymhob cenhedlaeth.
Cyn gwneuthur y mynyddoedd,
a llunio ohonot y ddaear a'r byd;
ti hefyd wyt Dduw, o dragwyddoldeb
i dragwyddoldeb.

Salm 90: 1–2.

901   Cenwch yn llafar i'r Arglwydd, yr holl ddaear.
Gwasanaethwch yr Arglwydd mewn llawenydd:
deuwch o'i flaen ef â chân.
Gwybyddwch mai yr Arglwydd sydd Dduw:
efe a'n gwnaeth, ac nid ni ein hunain:
ei bobl ef ydym, a defaid ei borfa.
Ewch i mewn i'w byrth ef â diolch,
ac i'w gynteddau â mawl:
diolchwch iddo, a bendithiwch ei enw.

Canys da yw yr Arglwydd:
ei drugaredd sydd yn dragywydd:
a'i wirionedd hyd genhedlaeth a chenhedlaeth.

Salm 100.

902   Llusern yw dy air i'm traed,
 a llewyrch i'm llwybr.

Salm 119: 105.

903   Dyrchafaf fy llygaid i'r mynyddoedd,
o'r lle y daw fy nghymorth.
Fy nghymorth a ddaw oddi wrth yr Arglwydd,
yr hwn a wnaeth nefoedd a daear.

Salm 121: 1, 2.

904   Llawenychais pan ddywedent wrthyf,
Awn i dŷ yr Arglwydd.
Ein traed a safant
o fewn dy byrth di, O Jerwsalem.

Salm 122: 1, 2.

905   Ger afonydd Babilon yr oeddem yn eistedd ac yn
wylo wrth inni gofio am Seion.
'Canwch inni,' meddent, 'rai o ganeuon Seion.'

Salm 137: 1, 3, *Y Beibl Cymraeg Newydd.*

906   Dy frenhiniaeth di sydd frenhiniaeth dragwyddol;
a'th lywodraeth a bery yn oes oesoedd.

Salm 145: 13, *Y Beibl Cyssegr-lan*.

907   Peidiwch ag ymddiried mewn tywysogion,
mewn unrhyw ddyn na all waredu;

Salm 146: 3, *Y Beibl Cymraeg Newydd*.

908   Molwch yr Arglwydd.
Molwch Dduw yn ei sancteiddrwydd:
molwch ef yn ffurfafen ei nerth.
Molwch ef am ei gadernid:
molwch ef yn ôl amlder ei fawredd.
Molwch ef â llais utgorn:
molwch ef â nabl ac â thelyn.
Molwch ef â thympan ac â dawns:
molwch ef â thannau ac ag organ.
Molwch ef â symbalau soniarus:
molwch ef â symbalau llafar.
Pob perchen anadl molianned yr Arglwydd.
Molwch yr Arglwydd.

Salm 150, *Y Beibl Cyssegr-lan*.

909   Gwyn ei fyd y dyn a gaffo ddoethineb,
a'r dyn a ddygo deall allan.
Canys gwell yw ei marsiandaeth hi
na marsiandaeth o arian,
a'i chynnyrch hi sydd well nag aur coeth.
Gwerthfawrocach yw hi na gemau:

a'r holl bethau dymunol nid ydynt gyffelyb iddi.
Hir hoedl sydd yn ei llaw ddehau hi;
ac yn ei llaw aswy y mae cyfoeth a gogoniant.
Ei ffyrdd hi sydd ffyrdd hyfrydwch,
a'i holl lwybrau hi ydynt heddwch.
Pren bywyd yw hi i'r neb a ymaflo ynddi:
a gwyn ei fyd a ddalio ei afael ynddi hi.

Llyfr y Diarhebion 3: 13–18.

910   Llaw y diwyd a gyfoethoga.

Llyfr y Diarhebion 10: 4.

911   Erys geiriau gwir am byth,
        ond ymadrodd celwyddog am eiliad.

Llyfr y Diarhebion 12: 19, *Y Beibl Cymraeg Newydd.*

912   Ymhob llafur y mae elw,
        ond y mae gwag-siarad yn arwain i angen.

Llyfr y Diarhebion 14: 23.

913   Gwell yw pryd o ddail lle byddo cariad,
        nag ych pasgedig a chas gydag ef.

Llyfr y Diarhebion 15: 17, *Y Beibl Cyssegr-lan.*

914 Y neb y mae iddo gyfeillion, cadwed gariad:
     ac y mae cyfaill a lŷn wrthyt yn well na brawd.

     Llyfr y Diarhebion 18: 24.

❖

915 Lle ni byddo gweledigaeth, methu a wna y bobl.

     Llyfr y Diarhebion 29: 18.

❖

916 Yr hyn a fu a fydd,
     a'i hyn a wnaed a wneir;
     nid oes dim newydd dan yr haul.

     Pregethwr 1: 9, *Y Beibl Cymraeg Newydd.*

❖

917 Y mae tymor i bob peth, ac amser i bob gorchwyl
     dan y nef:
     amser i eni, ac amser i farw,
     amser i blannu, ac amser i ddiwreiddio'r hyn a
          blannwyd . . .

     amser i garu, ac amser i gasáu,
     amser i ryfel, ac amser i heddwch.

     Pregethwr 3: 1, 2, 8.

❖

918 Cofia dy greawdwr yn nyddiau dy ieuenctid, cyn
     i'r dyddiau blin ddod, ac i'r blynyddoedd nesáu

     pan fyddi'n dweud, 'Ni chaf bleser ynddynt.' Cofia
     amdano cyn tywyllu'r haul a'r goleuni, y lloer a'r
     sêr, a chyn i'r cymylau ddychwelyd ar ôl y glaw.

     Pregethwr 12: 1, 2.

919   Wedi clywed y cyfan, dyma swm y mater: ofna
        Dduw a chadw ei orchmynion, oherwydd dyma
        ddyletswydd pob dyn.

Pregethwr 12: 13.

920   'Yn awr, ynteu, ymresymwn â'n gilydd,' medd yr
            Arglwydd.
        'Pe bai eich pechodau fel ysgarlad,
        fe fyddant cyn wynned â'r eira;
        pe baent cyn goched â phorffor,
        fe ânt fel gwlân . . .'

Eseia 1: 18.

921   Mi ganaf i'm hanwylyd
        ganig serch am ei winllan.
        Yr oedd gan f'anwylyd winllan
        ar fryncyn tra ffrwythlon;
        fe'i cloddiodd, a'i digaregu;
        fe'i plannodd â'r gwinwydd gorau;
        cododd dŵr yn ei chanol,
        a naddu gwinwryf ynddi.
        Disgwyliodd iddi ddwyn grawnwin,
        ond fe ddygodd rawn drwg.
        Yn awr, breswylwyr Jerwsalem,
        a chwi, bobl Jwda,
        barnwch rhyngof fi a'm gwinllan.
        Beth oedd i'w wneud i'm gwinllan,
        yn fwy nag a wneuthum?
        Pam, ynteu, pan ddisgwyliwn iddi ddwyn grawnwin,
        y dygodd rawn drwg?

Eseia 5: 1–4.

922   Yn y flwyddyn y bu farw'r Brenin Usseia, gwelais
yr Arglwydd. Yr oedd yn eistedd ar orsedd uchel,
ddyrchafedig, a godre'i wisg yn llenwi'r deml.
Uwchlaw yr oedd y seraffiaid i weini arno, pob un
â chwech adain, dwy i guddio'r wyneb, dwy i
guddio'r traed, a dwy i ehedeg. Yr oedd y naill yn
datgan wrth y llall,
'Sanct, Sanct, Sanct yw Arglwydd y Lluoedd;
y mae'r holl ddaear yn llawn o'i ogoniant.'

Eseia 6: 1–3.

923   Am hynny yr Arglwydd ei hun a ddyry i chwi
arwydd:
Wele, morwyn a fydd feichiog, ac a esgor ar fab, ac
a eilw ei enw ef Immanuel.
Ymenyn a mêl y fwyty efe, fel y medro ymwrthod
â'r drwg ac ethol y da.

Eseia 7: 14, 15, *Y Beibl Cyssegr-lan.*

924   Y bobl a rodiasant mewn tywyllwch a welsant
oleuni mawr; y rhai sydd yn aros yn nhir
cysgod angau, y llewyrchodd goleuni arnynt.
Canys bachgen a aned i ni, mab a roddwyd i ni, a
bydd y llywodraeth ar ei ysgwydd ef, a gelwir
ei enw ef: Rhyfeddol Gynghorwr, y Duw cadarn,
Tad tragwyddoldeb. Tywysog tangnefedd.

Eseia 9: 2, 6.

925 Yna y daw allan wialen o gyff Jesse; a Blaguryn a
dŷf o'i wraidd ef.
Ac ysbryd yr Arglwydd a orffwys arno ef; ysbryd
doethineb a deall, ysbryd cyngor a chadernid,
ysbryd gwybodaeth ac ofn yr Arglwydd ...

Eseia 11: 1-2.

926 O Arglwydd ein Duw,
er i arglwyddi eraill reoli trosom,
dy enw di yn unig a gydnabyddwn.

Eseia 26: 13, *Y Beibl Cymraeg Newydd*.

927 Cysurwch, cysurwch fy mhobl, medd eich Duw.
Dywedwch wrth fodd calon Jerwsalem, llefwch
wrthi hi, gyflawni ei milwriaeth, ddileu ei
hanwiredd ...
Llef un yn llefain yn yr anialwch. Paratowch ffordd
yr Arglwydd, unionwch lwybr i'n Duw ni yn
y diffeithwch.
Gwywa y gwelltyn, syrth y blodeuyn;
ond gair ein Duw ni a saif byth.

Eseia 40: 1, 2, 3, 8, *Y Beibl Cyssegr-lan*.

928 Pwy a gredai'r hyn a glywsom?
I bwy y datguddiwyd braich yr Arglwydd?

'Roedd wedi ei ddirmygu a'i wrthod gan ddynion,
yn ŵr clwyfedig, cyfarwydd â dolur;

yr oeddem fel pe'n cuddio'n hwynebau oddi wrtho,
yn ei ddirmygu ac yn ei anwybyddu.
Eto, ein dolur ni a gymerodd,
a'n gwaeledd ni a ddygodd –
a ninnau'n ei gyfrif wedi ei glwyfo
a'i daro gan Dduw, a'i ddarostwng.
Ond fe'i harchollwyd am ein troseddau ni,
a'i glwyfo am ein hanwireddau ni:
'roedd pris ein heddwch ni arno ef,
a thrwy ei gleisiau ef y cawsom iachâd.

Eseia 53: 1; 3–5, *Y Beibl Cymraeg Newydd* (1988).

929 Dewch i'r dyfroedd, bob un y mae syched arno;
      dewch, er eich bod heb arian; prynwch a
         bwytewch.
      Dewch, prynwch win a llaeth, heb arian a heb dâl.
      Pam y gwariwch arian am yr hyn nad yw'n fara,
      a llafurio am yr hyn nad yw'n digoni?
      Gwrandewch arnaf yn astud,
      a chewch fwyta'n dda, a mwynhau danteithion.

      Ceisiwch yr Arglwydd tra gellir ei gael,
      galwch arno tra bydd yn agos.
      Gadawed y drygionus ei ffordd,
      a'r dyn anwir ei fwriadau,
      a dychwelyd at yr Arglwydd, iddo drugarhau wrtho,
      ac at ein Duw ni, oherwydd fe faddau'n helaeth.

      Eseia 55: 1, 2, 6–7.

930   Y mae ysbryd yr Arglwydd Dduw arnaf,
       oherwydd i'r Arglwydd fy eneinio
       i ddwyn newydd da i'r darostyngedig,
       a chysuro y toredig o galon;
       i gyhoeddi rhyddid i'r caethion,
       a rhoi gollyngdod i'r carcharorion;
       i gyhoeddi blwyddyn ffafr yr Arglwydd
       a dydd dial ein Duw ni;
       i ddiddanu pawb sy'n galaru,
       a gofalu am alarwyr Seion . . .

       Gelwir chwi'n offeiriaid yr Arglwydd,
       a'ch enwi'n weinidogion ein Duw ni . . .

       Eseia 61: 1–3, 6.

931   Ond dyma y cyfamod a wnaf fi â thŷ Israel ar ôl y
       dyddiau hynny, medd yr Arglwydd: Myfi a roddaf
       fy nghyfraith o'u mewn hwynt, ac a'i hysgrifennaf
       hi yn eu calonnau hwynt; a mi a fyddaf iddynt
       hwy yn Dduw, a hwythau a fyddant yn bobl i mi.

       Jeremeia 31: 33, *Y Beibl Cyssegr-lan*.

932   Y mae'r Duw a addolwn ni yn alluog i'n hachub,
       ac fe'n hachub o ganol y ffwrnais danllyd ac o'th
       afael dithau, O frenin; a hyd yn oed os na wna, yr
       ydym am i ti wybod, O frenin, na wasanaethwn ni
       dy dduwiau nac addoli'r ddelw aur a wnaethost.

       Daniel 3: 17, 18, *Y Beibl Cymraeg Newydd*.

933   '. . . yn ôl cyfraith ddigyfnewid y Mediaid a'r Persiaid.'

Daniel 6: 8.

934   Gwelais un fel mab dyn yn dyfod ar gymylau'r nef;
a daeth at yr Hen Ddihenydd a chael ei gyflwyno iddo.
Rhoddwyd iddo arglwyddiaeth a gogoniant a brenhiniaeth
i'r holl bobloedd o bob cenedl ac iaith i'w wasanaethu.
Yr oedd ei arglwyddiaeth yn dragwyddol a digyfnewid,
ac ni ddinistrir ei frenhiniaeth.

Daniel 7: 13, 14.

935   'Rhwygwch eich calon, nid eich dillad,
a dychwelwch at yr Arglwydd eich Duw.'
Graslon a thrugarog yw ef,
araf i ddigio, a mawr ei ffyddlondeb,
ac yn gofidio am ddrwg.

Joel 2: 13.

936   'Ar ôl hyn
tywalltaf fy ysbryd ar bob dyn;
bydd eich meibion a'ch merched yn proffwydo,
bydd eich hynafgwyr yn gweld breuddwydion,
a'ch gwŷr ifainc yn cael gweledigaethau . . .'

Joel 2: 28.

937   Fel hyn y dywed yr Arglwydd:
'Am dri o droseddau Israel,
ac am bedwar, ni throf y gosb yn ôl;
am iddynt werthu'r cyfiawn am arian
a'r anghenog am bâr o esgidiau . . .

Amos 2: 6.

938   Gwae y rhai sy'n dyheu am ddydd yr Arglwydd!
Beth fydd dydd yr Arglwydd i chwi?
Tywyllwch fydd, nid goleuni;
Fel pe bai dyn yn dianc rhag llew,
ac arth yn ei gyfarfod;
neu'n cyrraedd y tŷ a rhoi ei law ar y pared,
a neidr yn ei frathu . . .

Ewch â sŵn eich caneuon oddi wrthyf;
ni wrandawaf ar gainc eich telynau.
Ond llifed barn fel dyfroedd
a chyfiawnder fel afon gref.

Amos 5: 18, 19, 23, 24.

939   Ond ti, Bethlehem Effrata,
sy'n fechan i fod ymhlith llwythau Jwda,
ohonot ti y daw allan i mi
un i fod yn llywodraethwr yn Israel,
a'i darddiad yn y gorffennol,
mewn dyddiau gynt.

Micha 5: 2.

940 Dywedodd wrthyt, ddyn, beth sydd dda,
a'r hyn a gais yr Arglwydd gennyt:
dim ond gwneud beth sy'n iawn, caru ffyddlondeb,
a rhodio'n ostyngedig gyda'th Dduw.

Micha 6: 8.

941 'Llawenha'n fawr, ferch Seion;
bloeddia'n uchel, ferch Jerwsalem.
Wele dy frenin yn dod atat
â buddugoliaeth a gwaredigaeth,
yn ostyngedig ac yn marchogaeth ar asyn
ar ebol, llwdn asen.'

Sechareia 9: 9.

942 'Wele fi'n anfon fy nghennad i baratoi fy ffordd
o'm blaen; ac yn sydyn fe ddaw'r Arglwydd yr
ydych yn ei geisio i mewn i'w deml; y mae
cennad y cyfamod yr ydych yn hoff ohono yn
dod,' medd Arglwydd y Lluoedd.
Pwy a all ddal dydd ei ddyfodiad, a phwy a saif
pan ymddengys? Y mae fel tân coethydd ac fel
sebon golchydd.

Malachi 3: 1, 2.

943 Y mae cyfaill ffyddlon yn gysgod diogel;
a'r sawl a gafodd un, fe gafodd drysor.
Swyn i estyn bywyd yw cyfaill ffyddlon,
a'r rhai sy'n ofni'r Arglwydd sy'n cael hyd iddo.

Y mae'r hwn sy'n ofni'r Arglwydd yn cadw ei
gyfeillgarwch yn gywir,
oherwydd y mae'n ymwneud â'i gymydog fel ag
ef ei hun.

Ecclesiasticus 6: 14, 16, 17, *Yr Apocryffa, Y Beibl Cymraeg Newydd*
(1988).

944   Canwn fawl, yn awr, i wŷr o fri,
        ie, i'n cyndadau, a'n cenhedlodd ni.
        Eu mawr ogoniant, yr Arglwydd a'i sicrhaodd,
        yn amlygiad o'i fawrhydi o ddechrau'r byd.
        Y rhain i gyd, cawsant glod yn eu cenedlaethau,
        a dod yn achos ymffrost yn eu hamserau.
        Bydd pobloedd yn traethu eu doethineb,
        a'r gynulleidfa'n canu eu clod.

        Ecclesiasticus 44: 1, 2, 7, 15, *ibid.*

945   Wedi i Iesu gael ei eni ym Methlehem Jwdea yn
        nyddiau'r Brenin Herod, daeth sêr-ddewiniaid o'r
        dwyrain i Jerwsalem a holi, 'Ble mae'r hwn a
        anwyd i fod yn frenin yr Iddewon? Oherwydd
        gwelsom ei seren ef ar ei chyfodiad, a daethom i'w
        addoli.' A phan glywodd y Brenin Herod hyn,
        cythruddwyd ef a Jerwsalem i gyd gydag ef.

        Mathew 2: 1–3.

946   Daethant i'r tŷ a gweld y plentyn gyda Mair ei fam;
        syrthiasant i lawr a'i addoli, ac wedi agor eu trysorau
        offrymasant iddo anrhegion, aur a thus a myrr.

        Mathew 2: 11.

947   Yn y dyddiau hynny daeth Ioan Fedyddiwr, gan bregethu'r genadwri hon yn anialwch Jwdea: 'Edifarhewch, oherwydd y mae teyrnas nefoedd wedi dod yn agos.' Dyma'r hwn y soniwyd amdano gan y proffwyd Eseia pan ddywedodd:

> 'Llais un yn galw yn yr anialwch,
> "Paratowch ffordd yr Arglwydd,
> unionwch y llwybrau iddo."'

Mathew 3: 1–3.

948   'Yr wyf fi yn eich bedyddio â dŵr i edifeirwch; ond y mae'r hwn sydd yn dod ar f'ôl i yn gryfach na mi, un nad wyf fi'n deilwng i gario'i sandalau. Bydd ef yn eich bedyddio â'r Ysbryd Glân ac â thân . . .'

Mathew 3: 11.

949   Yna daeth Iesu o Galilea i'r Iorddonen at Ioan i'w fedyddio ganddo. Ceisiodd Ioan ei rwystro, gan ddweud, 'Myfi sydd ag angen fy medyddio gennyt ti, ac a wyt ti yn dod ataf fi?' Meddai Iesu wrtho, 'Gad imi ddod yn awr . . .' Bedyddiwyd Iesu, ac yna, pan gododd allan o'r dŵr, dyma'r nefoedd yn agor iddo, a gwelodd Ysbryd Duw yn disgyn fel colomen ac yn dod arno. A dyma lais o'r nefoedd yn dweud, 'Hwn yw fy Mab, yr Anwylyd, ynddo ef yr wyf yn ymhyfrydu.'

Mathew 3: 13–15, 16–17.

950 'Gwyn eu byd y rhai sy'n dlodion yn yr ysbryd,
oherwydd eiddynt hwy yw teyrnas nefoedd.
Gwyn eu byd y rhai sy'n galaru
oherwydd cânt hwy eu cysuro.
Gwyn eu byd y rhai addfwyn
oherwydd cânt hwy etifeddu'r ddaear.
Gwyn eu byd y rhai sy'n newynu a sychedu am
gyfiawnder,
oherwydd cânt hwy eu digon.
Gwyn eu byd y rhai trugarog
oherwydd cânt hwy dderbyn trugaredd.
Gwyn eu byd y rhai pur eu calon,
oherwydd cânt hwy weld Duw.
Gwyn eu byd y tangnefeddwyr,
oherwydd cânt hwy eu galw'n feibion Duw.
Gwyn eu byd y rhai a erlidiwyd yn achos
cyfiawnder,
oherwydd eiddynt hwy yw teyrnas nefoedd . . .'

'Y Gwynfydau', Mathew 5: 3–10.

951 Digon i'r diwrnod ei ddrwg ei hun.

Mathew 6: 34, *Y Beibl Cyssegr-lan*.

952 Pa beth bynnag y dymunwch i ddynion ei wneud
i chwi, gwnewch chwithau felly iddynt hwy; hyn
yw'r Gyfraith a'r proffwydi.

Mathew 7: 12, *Y Beibl Cymraeg Newydd*.

953 Dewch ataf fi, bawb sy'n flinedig ac yn llwythog,
ac fe roddaf fi orffwystra i chwi. Cymerwch fy iau
arnoch a dysgwch gennyf, oherwydd addfwyn
ydwyf a gostyngedig o galon, ac fe gewch orffwystra
i'ch eneidiau. Y mae fy iau yn hawdd ei dwyn, a'm
baich i yn ysgafn.

Mathew 11: 28–30.

954 Wedi i Ioan gael ei garcharu, daeth Iesu i Galilea i
gyhoeddi Newyddion Da Duw: 'Mae'r amser wedi
cyrraedd; mae teyrnas Dduw wedi dod yn agos.
Trowch oddi wrth eich drygioni a chredwch y
Newyddion Da.'

'Dechrau Gweinidogaeth Iesu yng Ngalilea', Marc 1: 14, 15,
Duw ar Waith – Y Newyddion Da yn ôl Marc, Edwin Lewis *et al.*
(1990).

955 Pan welodd ysgrifenyddion y Phariseaid ei fod yn
bwyta gyda'r pechaduriaid a'r casglwyr trethi,
gofynnon nhw i'w ddisgyblion, 'Pam mae e'n
bwyta gyda chasglwyr trethi a phechaduriaid?'
Clywodd Iesu hyn a dywedodd, 'Does dim angen
meddyg ar bobl iach, y claf sydd angen meddyg;
dydw i ddim wedi dod i alw pobl gyfiawn, ond i
alw pechaduriaid.'

'Galw Lefi', Marc 2: 16, 17.

956 Dyma enwau'r Deuddeg a ddewiswyd ganddo:
Simon (a alwodd yn Pedr), Ioan ac Iago (meibion

Sebedeus a alwodd yn Boanerges, hynny ydy,
'Meibion y Daran'), Andreas, Philip, Bartholomeus,
Mathew, Thomas, Iago fab Alffeus, Thadeus, Simon
y Selot a Judas Iscariot, yr un oedd wedi'i
fradychu.

'Dewis y Deuddeg Disgybl', Marc 3: 16–19.

957   Gofynnodd (un o'r ysgrifenyddion) iddo, 'P'un ydy'r
gorchymyn cyntaf?' Atebodd Iesu, 'Y cyntaf ydy
"Clyw Israel, yr Arglwydd dy Dduw ydy'r unig
Arglwydd, ac mae'n rhaid i ti garu'r Arglwydd dy
Dduw gyda'th holl galon, dy holl enaid, dy holl
feddwl a'th holl nerth.' A'r ail orchymyn ydy hwn,
'Mae'n rhaid i ti garu dy gymydog fel ti dy hun.'
Does gorchymyn arall yn fwy na'r rhain.'

'Y Gorchymyn Mawr', Marc 12: 28–31.

958   'Y mae fy enaid yn mawrygu yr Arglwydd,
a gorfoleddodd fy ysbryd yn Nuw fy Ngwaredwr,
am iddo ystyried distadledd ei lawforwyn.
Oherwydd wele, o hyn allan fe'm gelwir yn
    wynfydedig gan yr holl genedlaethau,
oherwydd gwnaeth yr hwn sydd nerthol, bethau
    mawr i mi,
a sanctaidd yw ei enw ef . . .'

Emyn Mawl Mair (*Magnificat*), Luc 1: 46–49, *Y Beibl Cymraeg
Newydd* (1988).

959   'Bendigedig fyddo Arglwydd Dduw Israel
am iddo ymweld â'i bobl a'u prynu i ryddid:
cododd waredigaeth gadarn i ni yn nhŷ Dafydd ei
    was –
fel y llefarodd trwy enau ei broffwydi sanctaidd yn
    yr oesoedd a fu –
gwaredigaeth rhag ein gelynion ac o afael pawb
    sydd yn ein casáu . . .'

Proffwydoliaeth Sachareus (Benedictus), Luc 1: 68–71.

960   'Yn awr yr wyt yn gollwng dy was yn rhydd,
      O Arglwydd,
mewn tangnefedd yn unol â'th air;
oherwydd y mae fy llygaid wedi gweld dy
    iachawdwriaeth,
a ddarperaist yng ngŵydd yr holl bobloedd:
goleuni i fod yn ddatguddiad i'r Cenhedloedd
    ac yn ogoniant i'th bobl Israel.

Cân Simeon (Nunc Dimittis), Luc 2: 29–32.

961   Aeth heuwr allan i hau ei had. Wrth iddo hau, syrthiodd peth had ar hyd y llwybr; sathrwyd arno, a bwytaodd adar yr awyr ef. Syrthiodd peth arall ar y graig; tyfodd, ond gwywodd am nad oedd iddo wlybaniaeth. Syrthiodd peth arall i ganol y drain; tyfodd y drain gydag ef a'i dagu. A syrthiodd peth arall ar dir da; tyfodd, a chnydiodd hyd ganwaith cymaint.

'Dameg yr Heuwr', Luc 8: 5–8.

962   A dywedodd (Iesu) wrth bawb, 'Os myn neb ddod
        ar fy ôl i, rhaid iddo ymwadu ag ef ei hun a chodi
        ei groes bob dydd a'm canlyn i.'

Luc 9: 23.

963   Cododd trafodaeth yn eu plith, p'run ohonynt
        oedd y mwyaf? Ond gwyddai Iesu am feddyliau
        eu calonnau. Cymerodd blentyn, a'i osod wrth ei
        ochr, ac meddai wrthynt, 'Pwy bynnag sy'n derbyn
        y plentyn hwn yn fy enw i, y mae'n fy nerbyn i, a
        phwy bynnag sy'n fy nerbyn i, y mae'n derbyn yr
        hwn a'm hanfonodd i. Oherwydd y lleiaf yn eich
        plith chwi oll, hwnnw sydd fawr.'

Luc 9: 46–48.

964   Teilwng yw i'r gweithiwr ei gyflog.

Luc 10: 7, *Y Beibl Cyssegr-lan.*

965   Yn y dechreuad yr oedd y Gair; yr oedd y Gair
        gyda Duw, a Duw oedd y Gair. Yr oedd ef yn
        y dechreuad gyda Duw.
        A daeth y Gair yn gnawd a phreswylio yn ein
        plith, yn llawn gras a gwirionedd; gwelsom ei
        ogoniant ef, ei ogoniant fel unig Fab yn dod
        oddi wrth y Tad.

Ioan 1: 1, 2, 14, *Y Beibl Cymraeg Newydd.*

966   '. . .Y mae amser yn dod, yn wir y mae yma eisoes, pan fydd y gwir addolwyr yn addoli'r Tad mewn ysbryd a gwirionedd, oherwydd rhai felly y mae'r Tad yn eu ceisio i fod yn addolwyr iddo. Ysbryd yw Duw, a rhaid i'w addolwyr ef addoli mewn ysbryd a gwirionedd.'

Ioan 4: 23, 24.

967   Yna llefarodd Iesu wrthynt eto, 'Myfi yw goleuni'r byd,' meddai. 'Ni bydd neb sy'n fy nghanlyn i byth yn rhodio yn y tywyllwch, ond bydd ganddo oleuni'r bywyd.'

Ioan 8: 12.

968   Yna dywedodd Iesu wrth yr Iddewon oedd wedi credu ynddo, 'Os arhoswch chwi yn fy ngair i, yr ydych mewn gwirionedd yn ddisgyblion i mi. Cewch wybod y gwirionedd, a bydd y gwirionedd yn eich rhyddhau.'

Ioan 8: 31, 32.

969   Mae'r nos yn dod, pan na all neb weithio.

Ioan 9: 4.

970   'Yr wyf yn rhoi i chwi orchymyn newydd: carwch eich gilydd. Fel y cerais i chwi, felly yr ydych chwithau i garu'ch gilydd. Os bydd gennych gariad

tuag at eich gilydd, wrth hynny bydd pawb yn gwybod mai disgyblion i mi ydych.'

Ioan 13: 34, 35.

971   Dywedodd Iesu wrtho, 'Myfi yw'r ffordd a'r gwirionedd a'r bywyd. Nid yw neb yn dod at y Tad ond trwof fi. Os ydych wedi f'adnabod i, byddwch yn adnabod y Tad hefyd. Yn wir, yr ydych bellach yn ei adnabod ef ac wedi ei weld ef.'

Ioan 14: 6, 7.

972   Nid oes gan neb gariad mwy na hyn, sef bod dyn
✗   yn rhoi ei einioes dros ei gyfeillion.

Ioan 15: 13.

973   Eithr y pethau hyn a ysgrifennwyd, fel y credoch mai Iesu yw Crist, Mab Duw; a chan gredu, y caffoch fywyd yn ei enw ef.

'Pwrpas Efengyl Ioan', Ioan 20: 31, *Y Beibl Cyssegr-lan*.

974   Dyweddodd Pedr, 'Arian ac aur nid oes gennyf; ond yr hyn sydd gennyf, hynny yr wyf yn ei roi iti; yn enw Iesu Grist o Nasareth, cod a cherdda.'

Actau 3: 6, *Y Beibl Cymraeg Newydd*.

975 Safodd Paul yng nghanol yr Areopagus, ac meddai:
'Wŷr Athen, yr wyf yn gweld ar bob llaw eich bod
yn dra chrefyddgar. Oherwydd wrth fynd o gwmpas
ac edrych ar eich pethau cysegredig, cefais yn eu
plith allor ac arni'n ysgrifenedig, 'I Dduw nid
adwaenir'. Yr hyn, ynteu, yr ydych chwi'n ei
addoli heb ei adnabod, dyna'r hyn yr wyf fi'n ei
gyhoeddi i chwi . . .'

Actau 17: 22, 23.

976 Y da a ewyllysiwn, nid wyf yn ei wneuthur, ond y
drwg ni ewyllysiwn, hynny yr wyf yn ei arfer.

Rhufeiniaid 7: 19, *Y Beibl Cyssegr-lan*.

977 Yr wyf fi'n cyfrif nad yw dioddefiadau'r presennol
i'w cymharu â'r gogoniant y mae'r dyfodol i'w
ddatguddio i ni.

Rhufeiniaid 8: 18, *Y Beibl Cymraeg Newydd*.

978 Yr wyf yn gwbl sicr na all nac angau nac einioes,
nac angylion na thywysogaethau, na'r presennol
na'r dyfodol, na grymusterau nac uchelderau na
dyfnderau, na dim arall a grëwyd, ein gwahanu ni
oddi wrth gariad Duw yng Nghrist Iesu ein
Harglwydd.

Rhufeiniaid 8: 38, 39.

979 Peidiwch â thalu drwg am ddrwg i neb. Bydded eich amcanion yn anrhydeddus yng ngolwg pob dyn.

Rhufeiniaid 12: 17.

980 Oni wyddoch fod ychydig lefain yn suro'r holl does? Glanhewch yr hen lefain allan . . .

I Corinthiaid 5: 6, 7.

981 . . . i'r Arglwydd Iesu, y nos y bradychwyd ef, gymryd bara; ac wedi iddo ddiolch, fe'i torrodd, a dywedodd, 'Hwn yw fy nghorff, sydd yn cael ei dorri er eich mwyn chwi. Gwnewch hyn er cof amdanaf.' Yr un modd hefyd fe gymerodd y cwpan, ar ôl swper, gan ddweud, 'Y cwpan hwn yw'r cyfamod newydd, yn fy ngwaed i. Gwnewch hyn, bob tro yr yfwch ef er cof amdanaf.'

I Corinthiaid 11: 23–25.

982 Os llefaraf â thafodau dynion ac angylion, a heb fod gennyf gariad, efydd swnllyd ydwyf, neu symbal aflafar.

Pan oeddwn yn blentyn, fel plentyn yr oeddwn yn llefaru, fel plentyn yr oeddwn yn meddwl, fel plentyn yr oeddwn yn rhesymu. Ond wedi dod yn ddyn, yr wyf wedi rhoi heibio bethau'r plentyn. Yn awr, gweld mewn drych yr ydym, a hynny'n aneglur; ond yna cawn weld wyneb yn wyneb. Yn awr, amherffaith yw fy ngwybod, ond yna, caf adnabod fel y cefais innau fy adnabod. Mewn gair, y mae ffydd, gobaith, cariad, y tri hyn, yn aros. A'r mwyaf o'r rhain yw cariad.

I Corinthiaid 13: 1, 11–13.

983   Mi ganaf â'r ysbryd, ond mi ganaf â'r deall hefyd.

I Corinthiaid 14: 15.

984   Ond trwy ras Duw yr wyf yr hyn ydwyf, ac ni bu ei ras ef tuag ataf yn ofer. Yn wir, mi lafuriais yn helaethach na hwy i gyd – eto nid myfi, ond gras Duw, a oedd gyda mi.

I Corinthiaid 15: 10.

985   Cofiwch hyn: a heuo'n brin a fed yn brin, a heuo'n hael a fed yn hael. Rhaid i bawb roi o wirfodd ei galon, nid o anfodd neu o raid, oherwydd rhoddwr llawen y mae Duw'n ei garu.

II Corinthiaid 9: 6, 7.

986   Ond ffrwyth yr Ysbryd yw cariad, llawenydd, tangnefedd, goddefgarwch, caredigrwydd, daioni, ffyddlondeb, addfwynder, hunanddisgyblaeth. Nid oes cyfraith yn erbyn rhinweddau fel y rhain.

Galatiaid 5: 22, 23.

987   Peidiwch â chymryd eich camarwain; ni chaiff Duw mo'i watwar, oherwydd beth bynnag y mae dyn yn ei hau, hynny hefyd y bydd yn ei fedi.

Galatiaid 6: 7.

❖

988   Peidiwch â gadael i'r haul fachlud ar eich digofaint.

Effesiaid 4: 26.

❖

989   Rhowch brawf ar bob peth, a glynwch wrth yr hyn sydd dda.Ymgadwch rhag pob math o ddrygioni.

I Thesaloniaid 5: 21, 22.

❖

990   A'r ffaith yw, na ddaethom â dim i'r byd, a hynny am yr un rheswm na allwn fynd â dim allan ohono chwaith.

I Timotheus 6: 7.

❖

991   Oherwydd gwraidd pob math o ddrwg yw cariad at arian, ac wrth geisio cael gafael ynddo crwydrodd rhai oddi wrth y ffydd . . .

I Timotheus 6: 10.

❖

992   Pregetha'r gair; bydd yn barod bob amser, boed yn gyfleus neu'n anghyfleus; argyhoedda; cerydda; calonoga; a hyn ag amynedd di-ball wrth hyfforddi.

II Timotheus 4: 2.

993   Mi a ymdrechais ymdrech deg, mi a orffennais fy ngyrfa, mi a gedwais y ffydd.

II Timotheus 4: 7, *Y Beibl Cyssegr-lan.*

❖

994   Nid oes dinas barhaus gennym yma; ceisio yr ydym, yn hytrach, y ddinas sydd i ddod.

Hebreaid 13: 14, *Y Beibl Cymraeg Newydd.*

❖

995   Gyfeillion annwyl, peidiwch ag anghofio'r un peth hwn, fod un diwrnod yng ngolwg yr Arglwydd fel mil o flynyddoedd, a mil o flynyddoedd fel un diwrnod.

II Pedr 3: 8.

❖

996   Os dywedwn ein bod yn ddibechod, yr ydym yn ein twyllo ein hunain, ac nid yw'r gwirionedd ynom. Os cyffeswn ein pechodau, y mae ef yn ffyddlon ac yn gyfiawn, ac fe faddeua, felly, inni ein pechodau, a'n glanhau o bob anghyfiawnder.

I Ioan 1: 8, 9.

❖

997   Gyfeillion annwyl gadewch i ni garu ein gilydd, oherwydd o Dduw y mae cariad, ac y mae pob un sy'n caru wedi ei eni o Dduw, ac yn adnabod Duw. Yr hwn nad yw'n caru, nid yw'n adnabod Duw, oherwydd cariad yw Duw.

I Ioan 4: 7, 8.

998   Iddo ef, sydd â'r gallu ganddo i'ch cadw rhag
       syrthio, a'ch gosod yn ddi-fai a gorfoleddus ger
       bron ei ogoniant, iddo ef, yr unig Dduw, ein
       Gwaredwr, trwy Iesu Grist ein Harglwydd, y
       byddo gogoniant a mawrhydi, gallu ac awdurdod,
       cyn yr oesoedd, ac yn awr, a byth bythoedd!
       Amen.

       Jwdas 24, 25.

999   Teilwng wyt ti, ein Harglwydd a'n Duw,
       i dderbyn y gogoniant a'r anrhydedd a'r gallu,
       oherwydd tydi a greodd bob peth,
       a thrwy dy ewyllys y daethant i fod ac y crëwyd
       hwy.

       Datguddiad 4: 11.

Emynau

1000   Adenydd fel c'lomen pe cawn,
          Ehedwn a chrwydrwn ymhell,
      I gopa bryn Nebo mi awn
          I olwg ardaloedd sydd well;
      A'm llygaid tu arall i'r dŵr
          Mi dreuliwn fy nyddiau i ben,
      Mewn hiraeth am weled y Gŵr
          Fu farw dan hoelion ar bren.

Thomas William: Rhif 502, *Y Caniedydd* (1960).

1001   Ai am fy meiau i
      Dioddefodd Iesu mawr,
      Pan ddaeth yng ngrym ei gariad Ef
        O entrych nef i lawr?

John Elias: Rhif 16.

1002   Am Air ein Duw rhown â'n holl fryd
      Soniarus fawl trwy'r eang fyd;
      Mae'n llusern bur i'n traed, heb goll,
      Mae'n llewyrch ar ein llwybrau oll.

Gomer: Rhif 182.

1003   Ar fôr tymhestlog teithio'r wyf
         I fyd sydd well i fyw,
      Gan wenu ar ei stormydd oll –
         Fy Nhad sydd wrth y llyw.

Ieuan Glan Geironydd: Rhif 64.

1004 Ar gyfer heddiw'r bore,
   Maban bach, maban bach,
 A gaed o wreiddyn Iesse,
   Maban bach;
 Y Cadarn ddaeth o Bosra,
 Y Deddfwr gynt ar Sina
 Yr Iawn gaed ar Galfaria,
   Maban bach, maban bach,
 Yn sugno bron Marïa,
   Maban bach.

Eos Iâl: Rhif 172, *Caniedydd yr Ifanc* (1984).

1005 Arglwydd, gad im dawel orffwys
   Dan gysgodau'r palmwydd clyd,
 Lle yr eistedd pererinion
   Ar eu ffordd i'r nefol fyd;
 Lle'r adroddant dy ffyddlondeb
   Iddynt yn yr anial cras,
 Nes anghofio'u cyfyngderau
   Wrth foliannu nerth dy ras.

Emrys: Rhif 458, *Y Caniedydd* (1960).

1006 Arglwydd Iesu, arwain f'enaid
   At y Graig sydd uwch na mi,
 Craig safadwy mewn tymhestloedd
   Craig a ddeil yng ngrym y lli;

 Llechu wnaf yng Nghraig yr Oesoedd
   Deued dilyw, deuad tân,
 A phan chwalo'r greadigaeth,
   Craig yr Oesoedd fydd fy nghân.

Morswyn: Rhif 443.

1007   Arglwydd Iesu, dysg im gerdded
        Trwy y byd yn ôl dy droed;
    'Chollodd neb y ffordd i'r nefoedd,
        Wrth dy ganlyn Di, erioed:
          Mae yn olau
        Ond cael gweld dy wyneb Di.

Elfed: Rhif 276.

1008   Arglwydd Iesu, llanw d'Eglwys
        Â'th lân Ysbryd Di dy Hun,
    Fel y gwasanaetho'r nefoedd
        Trwy roi'i llaw i achub dyn:
    Dysg i'w llygaid allu canfod,
        Dan drueni dyn, ei fri;
    Dysg i'w dwylaw estyn iddo
        Win ac olew Calfari.

W. Pari Huws: Rhif 430.

1009   At bwy yr awn, O! Fab y Dyn,
    At bwy ond atat Ti dy Hun?
    I ddwys gwestiynau dynol-ryw
    Tydi, Tydi, yw ateb Duw.

Elfed: Rhif 198.

1010   Awn i Fethlem, bawb dan ganu,
    Neidio, dawnsio a llawenu;
    I gael gweld ein Prynwr c'redig,
    Anwyd heddiw Ddydd Nadolig.

Mae'r angylion yn llawenu,
Mae'r ffurfafen yn tywynnu,
Mae llu'r Nef yn canu hymnau,
Caned dynion rywbeth hwythau.

Rhys Prichard: *Canwyll y Cymry* (1672)

1011 Bara angylion Duw, dry'n fara plant y llawr;
Nefolaidd fara rydd oleuni mwy na'r wawr:
O wledd o ryfedd ryw! Gwledd gyda'n Harglwydd
   mawr.
Tlodion, tlodion, gweision ar isel rai,
Tlodion, tlodion, gweision ar isel rai.

'Bara Angylion Duw', Cyfieithiad Euros Bowen o *Panis Angelicus*,
International Song Album (1951).

1012 Bywha dy waith, O! Arglwydd mawr,
Dros holl derfynau'r ddaear lawr,
Trwy roi tywalltiad nerthol iawn
O'r Ysbryd Glân, a'i ddwyfol ddawn.

Minimus: Rhif 218, *Y Caniedydd* (1960).

1013 Caed baban bach mewn preseb
      Drosom ni,
A golau Duw'n ei wyneb
      Drosom ni;
Mae gwyrthiau Galilea,
A'r syched yn Samaria,
A'r dagrau ym Methania
      Drosom ni;

Mae'r Llaw fu'n torri'r bara
Drosom ni.

Elfed: Rhif 661.

1014   Canaf am yr addewidion –
        Ar fy nhaith
        Lawer gwaith
    Troesant yn fendithion.

Watcyn Wyn: Rhif 688.

1015   Caraf yr haul sy'n wên i gyd,
    Duw wnaeth yr haul i lonni'r byd.

    Caraf y gwynt a'i gri uwchben,
    Duw wnaeth y gwynt i sgubo'r nen.

    Caraf y glaw a'i ddagrau hir,
    Duw wnaeth y glaw i olchi'r tir.

Gwen F. Smith (efel. John Gwilym Jones): Rhif 112, *Caniedydd yr Ifanc* (1984).

1016   Cofia'n gwlad Ben-llywydd tirion,
        Dy gyfiawnder fyddo'i grym:
    Cadw hi rhag llid gelynion –
        Rhag ei beiau'n fwy na dim:
    Rhag pob brad, nefol Dad,
    Taena d'adain dros ein gwlad.

Elfed: Rhif 333, *Y Caniedydd* (1960).

1017   Cudd fy meiau rhag y werin,
        Cudd hwy rhag cyfiawnder ne';
    Cofia'r gwaed un waith a gollwyd
        Ar y groesbren yn fy lle;
          Yn y dyfnder
        Bodd y cyfan sy yno i'n fai.

William Williams: Rhif 255.

1018   Cyfamod hedd, cyfamod cadarn Duw,
    Ni syfl o'i le, nid ie a nage yw;
    Cyfamod gwir, ni chyfnewidir chwaith;
    Er maint eu pla daw tyrfa i ben eu taith.

Edward Jones: Rhif 573.

1019   Cyn llunio'r byd, cyn lledu'r nefoedd wen,
    Cyn gosod haul na lloer na sêr uwchben,
    Fe drefnwyd ffordd yng nghyngor Tri yn Un
    I achub gwael, golledig euog ddyn.

Pedr Fardd: Rhif 574.

1020   Dechrau canu, dechrau canmol
        (Ymhen mil o filoedd maith)
    Iesu, bydd y pererinion
        Hyfryd draw ar ben eu taith;
          Ni cheir diwedd
        Byth ar sŵn y delyn aur.

William Williams: Rhif 313.

1021   Deuwn, Arglwydd, i'th gynteddau,
           Ac ymgrymwn ger dy fron,
      Er rhoi iti aberth moliant
           Am gynhaea'r flwyddyn hon;
      Gweddus yw, Arglwydd Dduw,
      Inni foli d'enw gwiw.

G. ap Gwilym Lleyn: Rhif 843

1022   Diolch i Ti, yr Hollalluog Dduw,
      Am yr Efengyl sanctaidd
          Haleliwa! Amen.

Y Salmydd Cymreig (1840), priodolwyd y cyf. i David Charles, Rhif 841.

1023   Disgyn, Iôr! a rhwyga'r nefoedd,
          Tywallt Ysbryd gras i lawr;
      Disgyn fel y toddo'r bryniau,
          Diosg fraich dy allu mawr:
      Difa'r llenni, ymddisgleiria
          Ar dy drugareddfa lân;
      Rho dy lais a'th wenau tirion,
          Achub bentewynion tân.

William Griffiths: Rhif 453.

1024   Dros Gymru'n gwlad, O! Dad, dyrchafwn gri, –
      Y winllan wen a roed i'n gofal ni;
      D'amddiffyn cryf a'i cadwo'n ffyddlon byth,
      A boed i'r gwir a'r glân gael ynddi nyth;

Er mwyn dy Fab a'i prynodd iddo'i Hun,
O! crea hi yn Gymru ar dy lun.

Lewis Valentine: Rhif 89, *Caniedydd yr Ifanc* (1984).

1025   Duw fo yn fy mryd,
Ac yn fy holl feddyliau;
Duw fo yn fy nhrem,
A'm holl fwriadau:
Duw fo yn fy llais,
Ac yn fy ngeiriau;
Duw fo yn fy mron,
A'm holl serchiadau;
Duw fo'n obaith gwyn,
Yng nglyn cysgod angau.

Sarum Primer (1558), (cyf. D. T. Evans): Rhif 191.

1026   Duw mawr y rhyfeddodau maith!
Rhyfeddol yw pob rhan o'th waith,
Ond dwyfol ras, mwy rhyfedd yw
Na'th holl weithredoedd o bob rhyw:
Pa Dduw sy'n maddau fel Tydi
Yn rhad, ein holl bechodau ni?

Samuel Davies (cyf. J. R. Jones): Rhif 728, *Y Caniedydd* (1960).

1027   Duw'n darpar o hyd, at raid dynol-ryw,
Yw'n cysur i gyd, a'n cymorth i fyw:
Pan sycho ffynhonnau cysuron y llawr,
Ei heddwch fel afon a lifa bob awr.

Cernyw: Rhif 747.

1028   Dwy law yn erfyn sydd yn y darlun
        Wrth ymyl fy ngwely i;
    Bob bore a nos, mae'u gweddi'n un dlos,
        Mi wn, er na chlywaf hi.

T. Rowland Hughes: Rhif 917.

1029   Dyma Feibil annwyl Iesu,
        Dyma rodd deheulaw Duw,
    Dengys hwn y ffordd i farw,
        Dengys hwn y ffordd i fyw;
    Dengys hwn y golled erchyll
        Gafwyd draw yn Eden drist;
    Dengys hwn y ffordd i'r bywyd
        Trwy adnabod Iesu Grist.

Priodolir i Richard Davies: Rhif 906.

1030   Dyma gariad fel y moroedd,
        Tosturiaethau fel y lli
    T'wysog bywyd pur yn marw,
        Marw i brynu'n bywyd ni.
    Pwy all beidio â chofio amdano?
        Pwy all beidio â thraethu'i glod?
    Dyma gariad nad â'n angof
        Tra bo nefoedd wen yn bod.

Hiraethog: Rhif 464.

1031 Dyma gariad, pwy a'i traetha?
   Anchwiliadwy ydyw ef;
  Dyma gariad, i'w ddyfnderoedd
   Byth ni threiddia nef y nef;
  Dyma gariad gwyd fy enaid
   Uwch holl bethau gwael y llawr;
  Dyma gariad wna i'm ganu
   Yn y bythol wynfyd mawr.

Mary Owen: Rhif 484.

1032 Dyma Geidwad i'r colledig,
   Meddyg i'r gwywedig rai:
  Dyma Un sy'n caru maddau
   I bechaduriaid mawr eu bai:
    Diolch iddo
   Byth am gofio llwch y llawr.

Morgan Rhys: Rhif 257.

1033 Efengyl tangnefedd, O! rhed dros y byd:
  A deled y bobloedd i'th lewyrch i gyd;
  Na foed neb heb wybod am gariad y groes,
  A brodyr i'w gilydd fo dynion pob oes.

Eifion Wyn: Rhif 587.

1034 Fe wawriodd dydd uwch Bethlem dref
  Pan oedd angylion ag un llef
  Yn seinio moliant pêr ynghyd
  Am eni Ceidwad mawr y byd.

T. Rowland Hughes: 'Bethlehem', *Hoff Gerddi Nadolig Cymru*, gol. Bethan Mair (2004).

1035 Fy Arglwydd Dduw, daw im barchedig ofon
   wrth feddwl am holl waith dy ddwylo di,
 yng nghân y sêr a rhu y daran ddofon,
   drwy'r cread oll, dy rym a welaf i.

 Cân f'enaid, cân, fy Arglwydd Dduw i ti,
  mor fawr wyt ti, mor fawr wyt ti;
 cân f'enaid, cân, fy Arglwydd Dduw i ti,
  mor fawr wyt ti, mor fawr wyt ti.

Carl Gustaf Boberg (cyf. Stuart W. K. Hine ac E. H. Griffiths):
Rhif 140, *Caneuon Ffydd* (2001).

1036 Ganol gaeaf noethlwm
   Cwynai'r rhewynt oer
 Ffridd a ffrwd mewn cloeon
   Llonydd dan y lloer.
 Eira'n drwm o fryn i dref,
   Eira ar dwyn a dôl.
 Ganol gaeaf noethlwm
   Oes bell yn ôl.

Christina Rossetti (cyf. S. B. Jones): Rhif 878, *Y Caniedydd* (1960).

1037 Glân geriwbiaid a seraffiaid,
   Fyrdd o gylch yr orsedd fry,
 Mewn olynol seiniau dibaid,
   Canant fawl eu Harglwydd cu:
 'Llawn yw'r nefoedd o'th ogoniant,
   Llawn yw'r ddaear, dir a môr;
 Rhodder iti fythol foliant,
   Sanctaidd, sanctaidd, sanctaidd Iôr!'

Richard Mant (cyf. Alafon): Rhif 429.

1038   Gwaed dy groes sy'n codi i fyny
           'R eiddil yn goncwerwr mawr;
        Gwaed dy groes sydd yn darostwng
           Cewri cedyrn fyrdd i lawr:
                Gad i'm deimlo
              Awel o Galfaria fryn!

William Williams: Rhif 260.

1039   Gwawr wedi hirnos, cân wedi loes,
        Nerth wedi llesgedd, coron 'rôl croes;
        Chwerw dry'n felys, nos fydd yn ddydd,
        Cartref 'rôl crwydro, wylo ni bydd.

Frances R. Havergal (cyf. J. D. Vernon Lewis): Rhif 804.

1040   Gwêl uwchlaw cymylau amser,
           O! fy enaid, gwêl y tir,
        Lle mae'r awel fyth yn dyner,
           Lle mae'r wybren fyth yn glir:
                Hapus dyrfa
              Sydd yn nofio yn ei hedd.

Islwyn: Rhif 290.

1041   Gwna fi fel pren planedig, O! fy Nuw,
        Yn ir ar lan afonydd dyfroedd byw,
        Yn gwreiddio ar led, a'i ddail ni wywo mwy,
        Yn ffrwytho dan gawodydd marwol glwy!

Ann Griffiths: Rhif 576.

1042   Gwyn a gwridog yw fy Arglwydd,
        Gwyn a gwridog yw ei wedd;
    Brenin y brenhinoedd ydyw
        Yma a thu hwnt i'r bedd;
           Mae dy degwch
        Wedi f'ennill ar dy ôl.

William Williams: Rhif 317.

1043   Helaetha derfynau dy deyrnas,
        A galw dy bobl ynghyd;
    Datguddia dy haeddiant anfeidrol
        I'th eiddo, Iachawdwr y byd;
    Cwymp anghrist, a rhwyga ei deyrnas,
        O brysied a deued yr awr;
    Disgynned Jerwsalem newydd
        I lonni trigolion y llawr.

Morgan Rhys: Rhif 492.

1044   Henffych i enw Iesu gwiw,
    Syrthied o'i flaen angylion Duw;
    Rhowch iddo'r parch, holl dyrfa'r nef:
    Yn Arglwydd pawb coronwch Ef.

Edward Perronet (cyf. William Griffiths), Rhif 173.

1045   Henffych iti, faban sanctaidd,
        Plygu'n wastad iti wnawn
    Gan gydnabod yn ddifrifol
        Werth dy ddwyfol ras a'th ddawn;

O! ymuned daearolion
  I dy ffyddlon barchu byth,
Gyda lluoedd nef y nefoedd,
  Yn dy lysoedd – Iôn di-lyth.

Bardd Du Môn: Rhif 168, *Caniedydd yr Ifanc* (1984).

1046   Hollalluog! nodda ni
Cymorth hawdd ei gael wyt Ti;
Er i'n beiau dy bellhau,
Agos wyt i drugarhau;
Cadw ni o fewn dy law
Ac nid ofnwn ddim a ddaw:
Nid oes nodded fel yr Iôr,
Gorfoledded tir a môr!

Eifion Wyn: Rhif 669, *Y Caniedydd* (1960).

1047   Hosanna, Halelwia
  I'r Oen fu ar Galfaria;
Gorffennwyd iachawdwriaeth dyn,
  Efe ei Hun yw'r noddfa:
  Tragwyddol ddiolch iddo
  Am faddau a thosturio;
Anfeidrol fraint i lwch y llawr
  Fod croeso'n awr ddod ato.

Morgan Rhys: Rhif 567.

1048 I bob un sydd ffyddlon
    Dan ei faner Ef,
   Mae gan Iesu goron
     Fry yn Nheyrnas Nef;
   Lluoedd Duw a Satan
     Sydd yn cwrdd yn awr:
   Mae gan blant eu cyfran
    Yn y rhyfel mawr.

    I bob un sydd ffyddlon
      Dan ei faner Ef,
     Mae gan Iesu goron
      Fry yn Nheyrnas Nef.

Ap Hefin: Rhif 830.

1049 I Dad y trugareddau i gyd
   Rhown foliant, holl drigolion byd:
   Llu'r nef, moliannwch Ef ar gân
   Y Tad, y Mab a'r Ysbryd Glân.

Thomas Ken (cyf. Howel Harris): Rhif 148.

1050 I dawel lwybrau gweddi,
    O! Arglwydd, arwain fi
   Rhag imi gael fy nhwyllo
    Gan ddim daearol fri:
   Mae munud yn dy gwmni
    Yn newid gwerth y byd, –
   Yn agos iawn i'th feddwl,
    O! cadw fi o hyd.

Elfed: Rhif 374.

1051　　I Galfaria trof fy wyneb –
　　　　　　Ar Galfaria gwyn fy myd!
　　　　Y mae gras ac anfarwoldeb
　　　　　　Yn diferu drosto'i gyd:
　　　　　　　　Pen Calfaria,
　　　　　　Yno f'enaid gwna dy nyth.

Dyfed: Rhif 297.

1052　　I'r Arglwydd cenwch lafar glod,
　　　　　　A gwnewch ufudd-dod llawen fryd;
　　　　Dowch o flaen Duw â pheraidd dôn,
　　　　　　Drigolion daear fawr i gyd.

Edmwnd Prys: 'Salm 100', *Salmau Cân* (1621).

1053　　Iesu, difyrrwch f'enaid drud
　　　　　　Yw edrych ar dy wedd;
　　　　Ac mae llythrennau d'enw pur
　　　　　　Yn fywyd ac yn hedd.

William Williams: Rhif 54.

1054　　Iesu, Iesu, 'rwyt Ti'n ddigon,
　　　　　　'Rwyt Ti'n llawer mwy na'r byd;
　　　　Mwy trysorau sy'n dy enw
　　　　　　Na thrysorau'r India i gyd:
　　　　　　　　Oll yn gyfan
　　　　　　Ddaeth i'm meddiant gyda'm Duw.

William Williams: Rhif 318.

1055 Llais hyfryd rhad ras sy'n gweiddi 'Dihangfa!'
   Yng nghlwyfau Mab Duw, bechadur, mae noddfa:
   I olchi aflendid a phechod yn hollol,
   Fe redodd ei waed yn ffrydiau iachusol.
     Haleliwia i'r Oen bwrcasodd ein pardwn!
     'Nôl croesi Iorddonen drachefn ni a'i molwn.

Richard Burdsall (cyf. David Charles): Rhif 604.

1056 Llefara, Iôr, nes clywo pawb
    Dy awdurdodol lais;
   A dyro iddynt ras i wneud
    Yn ôl dy ddwyfol gais.

R. J. Derfel: Rhif 56.

1057 Mae angylion y plant
   Yn beraidd eu tant,
    Bob amser yn byw
    O flaen wyneb Duw;
   Ânt ar amnaid i'w taith
   Er mwyn daear faith.

Penllyn: Rhif 161, *Caniedydd yr Ifanc* (1984).

1058 Mae d'eisiau Di bob awr
    Fy Arglwydd Dduw;
   Daw hedd o'th dyner lais,
    O nefol ryw.

   Mae d'eisiau, O! mae d'eisiau,
    Bob awr mae arnaf d'eisiau;

> Bendithia fi fy Ngheidwad,
> Bendithia'n awr.

Annie S. Hawks (cyf. Ieuan Gwyllt): Rhif 814, *Y Caniedydd* (1960).

1059   Mae Duw yn llond pob lle,
> Presennol ym mhob man;
> Y nesaf yw Efe
> O bawb at enaid gwan;
> Wrth law o hyd i wrando cri –
> Nesáu at Dduw sy dda i mi.

David Jones, Treborth: Rhif 242.

1060   Mae'n llond y nefoedd, llond y byd,
> Llond uffern hefyd yw;
> Llond tragwyddoldeb maith ei hun,
> Diderfyn ydyw Duw;
> Mae'n llond y gwagle yn ddi-goll,
> Mae oll yn oll, a'i allu'n un,
> Anfeidrol annherfynol Fod
> A'i hanfod ynddo'i Hun.

Edward Jones: Rhif 739.

1061   Mae'r Arglwydd yn cofio y Dryw yn y drain,
> Ei lygad sy'n gwylio y Wennol a'r Brain;
> Nid oes un aderyn yn dioddef un cam,
> Na Gwcw, na Bronfraith, na Robin Goch gam.

Rhown foliant i Dduw, am ein cadw ninnau'n
    fyw.
Am fwyd ac am ddillad, moliannwn ein Duw.
Rhown foliant i Dduw, am ein cadw ninnau'n
    fyw,
Am fwyd ac am ddillad, moliannwn ein Duw.

Gomer M. Roberts: Rhif 914

1062   Mae'r gwaed a redodd ar y groes
        O oes i oes i'w gofio;
    Rhy fyr yw tragwyddoldeb llawn
        I ddweud yn iawn amdano.

    'Mhen oesoedd rif y tywod mân
        Ni bydd y gân ond dechrau;
    Rhyw newydd wyrth o'i angau drud
        A ddaw o hyd i'r golau.

Robert ap Gwilym Ddu: Rhif 110.

1063   Mawr oedd Crist yn nhragwyddoldeb,
        Mawr yn gwisgo natur dyn;
    Mawr yn marw ar Galfaria,
        Mawr yn maeddu angau'i hun;
    Hynod fawr yw yn awr,
    Brenin nef a daear lawr.

Titus Lewis: Rhif 336.

1064   Mi dafla' 'maich oddi ar fy ngwar,
            Wrth deimlo dwyfol loes:
        Euogrwydd fel mynyddoedd byd
            Dry'n ganu wrth dy groes.

William Williams: Rhif 55.

1065   Mi glywa'th dyner lais
            Yn galw arnaf fi,
        I ddod a golchi'm beiau i gyd
            Yn afon Calfari.

            Arglwydd, dyma fi,
            Ar dy alwad di;
                Canna'm henaid yn y gwaed
            A gaed ar Galfari.

Lewis Hartsough (efel. Ieuan Gwyllt): 'Arglwydd Dyma Fi',
Swn y Juwbili (1874).

1066   Mi wn fod fy Mhrynwr yn fyw,
            A'm prynodd â thaliad mor ddrud;
        Fe saif ar y ddaear, gwir yw,
            Yn niwedd holl oesoedd y byd:
        Er ised, er gwaeled fy ngwedd,
            Teyrnasu mae 'Mhrynwr a'm Brawd;
        Ac er fy malurio'n y bedd,
            Ca'i weled Ef allan o'm cnawd.

Thomas Jones: Rhif 517.

1067 Molianned uchelderau'r nef,
          Yr Arglwydd am ei waith;
     A cherdded swn ei foliant Ef
          Trwy'r holl ddyfnderau maith.

Elfed: Rhif 75.

1068 Nef a daear, tir a môr,
     Sydd yn datgan mawl ein Iôr;
     Fynni dithau, f'enaid, fod
     Yn y canol heb roi clod?

     Rhyfedd wyt, O! Dduw, bob awr
     Yn egluro d'allu mawr:
     Wrth dy draed, O! dysg i mi
     Beth wyf fi, a phwy wyt Ti.

J. Neander (cyf. Elfed): Rhif 724.

1069 Newyddion da a ddaeth i'n bro,
     Hwy haeddent gael eu dwyn ar go',
     Mae Iesu wedi cario'r dydd,
     Caiff carcharorion fynd yn rhydd.

John Dafydd: Rhif 150.

1070 Nid ar fore hafddydd tawel
          Gwelwyd Iesu'n rhodio'r don,
     Ond ar noswaith o gyfyngder
          Pan oedd pryder dan bob bron;
     Ni fu nos na thywydd garw
          Allsai gadw f'Arglwydd draw;

Ni fu neb erioed mor isel
　Na châi afael yn ei law.

Elfed: Rhif 439.

1071　Nid oes i ni offeiriad
　　　Ond Iesu Grist ei Hun;
　　Nac ordeiniadau eraill
　　　Ond geiriau Mab y Dyn:
　　I ryddid pur y'n galwyd –
　　　O! cadw ni'n dy waith,
　　Nes elo cyfraith rhyddid
　　　Dros wyneb daear faith!

Elfed: Rhif 356.

1072　Nid wy'n gofyn bywyd moethus,
　　　Aur y byd na'i berlau mân;
　　Gofyn wyf am galon hapus,
　　　Calon onest, calon lân.
　　　　Calon lân yn llawn daioni,
　　　　　Tecach yw na'r lili dlos;
　　　　Dim ond calon lân all ganu –
　　　　　Canu'r dydd a chanu'r nos.

Gwyrosydd: Rhif 829.

1073　O! Agor fy llygaid i weled
　　　Dirgelwch dy arfaeth a'th air;
　　Mae'n well i mi gyfraith dy enau
　　　Na miloedd o arian ac aur:

Y ddaear â'n dân, a'i thrysorau,
    Ond geiriau fy Nuw fydd yr un;
Y bywyd tragwyddol yw 'nabod
    Fy Mhrynwr yn Dduw ac yn ddyn.

Morgan Rhys: Rhif 489.

1074   O! Arglwydd, dyro awel,
        A honno'n awel gref,
    I godi f'ysbryd egwan
        O'r ddaear hyd y nef!
    Yr awel sy'n gwasgaru
        Y tew gymylau mawr;
    Mae f'enaid am ei theimlo
        O'r nefoedd doed i lawr!

Dafydd William: Rhif 346.

1075   O dawel ddinas Bethlehem,
        o dan dy sêr di-ri,
    ac awel fwyn Jwdea'n dwyn
        ei miwsig atat ti:
    daw heno seren newydd, dlos
        i wenu uwch dy ben,
    a chlywir cân angylion glân
        yn llifo drwy y nen.

Ben Davies: Rhif 175, *Caniedydd yr Ifanc* (1984).

1076   O! Deued pob Cristion i Fethlem yr awron
            I weled mor dirion yw'n Duw;
         O ddyfnder rhyfeddod fe drefnodd y Duwdod
            Dragwyddol gyfamod i fyw!
         Daeth Brenin yr hollfyd i oedfa ein hadfyd
            Er symud ein penyd a'n pwn;
         Heb le yn y llety, heb aelwyd, heb wely,
            Nadolig fel hynny gadd Hwn!
         Rhown glod i'r Mab bychan, ar liniau Mair wiwlan –
            Daeth Duwdod mewn Baban i'n byd:
         Ei ras O derbyniwn – ei haeddiant cyhoeddwn,
            A throsto Ef gweithiwn i gyd.

         Jane Ellis: Rhif 883, *Y Caniedydd* (1960).

1077   O! Fab y dyn, Eneiniog Duw, fy Mrawd
            A'm Ceidwad cry';
         Ymlaen y cerddaist dan y groes a'r gwawd,
            Heb neb o'th du.
         Cans llosgi wnaeth dy gariad pur bob cam,
         Ni allodd angau'i hun ddiffoddi'r fflam.

         George Rees: Rhif 776.

1078   O! fy Iesu bendigedig,
            Unig gwmni f'enaid gwan,
         Ym mhob adfyd a thrallodion
            Dal fy ysbryd llesg i'r lan.
         Tra y'm teflir yma ac acw
            Ar anwadal donnau'r byd,
         Cymorth rho i ddal fy ngafael
            Ynot Ti, sy'r un o hyd.

         Eben Fardd: Rhif 838.

1079   O! Iesu mawr, pwy ond Tydi
        Allasai farw drosom ni,
        A'n dwyn o warth i fythol fri?
        Pwy all anghofio hyn?

        Emrys: Rhif 638.

1080   O! Iesu mawr, rho d'anian bur
        I eiddil gwan mewn anial dir,
        I'w nerthu drwy'r holl rwystrau sy
        Ar ddyrys daith i'r Ganaan fry.

        David Charles: Rhif 161.

1081   O! Llefara, addfwyn Iesu:
            Mae dy eiriau fel y gwin,
        Oll yn dwyn i mewn dangnefedd
            Ag sydd o anfeidrol rin;
        Mae holl leisiau'r greadigaeth,
            Holl ddeniadau cnawd a byd,
        Wrth dy lais hyfrytaf tawel,
            Yn distewi a mynd yn fud.

        William Williams: Rhif 415.

1082   O! na bawn yn fwy tebyg
            I Iesu Grist yn byw,
        Yn llwyr gysegru 'mywyd,
            I wasanaethu Duw:
        Nid er ei fwyn ei Hunan
            Y daeth i lawr o'r ne',

Ei roi ei Hun yn aberth
Dros eraill wnaeth Efe.
O! na bawn i fel Efe.

Eleazar Roberts: Rhif 403.

1083   O! tyred, Arglwydd mawr
Dihidla o'r nef i lawr
Gawodydd pur;
Fel byddo'r egin grawn,
Foreddydd a phrynhawn,
Yn tarddu'n beraidd iawn
O'r anial dir.

William Williams: Rhif 641.

1084   Oni buasai'r Hwn a hoeliwyd
Ar fynydd Calfari
O ryw anfeidrol gariad
Yn cofio amdanaf fi.
Fi, fi,
Yn cofio amdanaf fi,
O ryw anfeidrol gariad
Yn cofio amdanaf fi.

William Williams: Rhif 403.

1085   Pa le, pa fodd dechreuaf
Foliannu'r Iesu mawr?
Olrheinio'i ras ni fedraf;
Mae'n llenwi nef a llawr:

Anfeidrol ydyw'r Ceidwad,
   A'i holl drysorau'n llawn;
Diderfyn yw ei gariad,
   Difesur yw ei ddawn.

O! diolch am Gyfryngwr
   Gwaredwr cryf i'r gwan;
O! am gael ei adnaod,
   Fy Mhriod i a'm Rhan;
Fy ngwisgo â'i gyfiawnder
   Yn hardd gerbron y Tad,
A derbyn o'i gyflawnder
   Wrth deithio'r anial wlad.

Roger Edwards: Rhif 361.

1086   Pan gyflawn syllaf ar y groes
      Lle trengodd ieuanc d'wysog nef,
      Colled, i 'mryd, yw cyfoeth oes
      A dirmyg rof ar f'ymffrost gref.

Isaac Watts (cyf. D. Eirwyn Morgan): '*When I survey the wondrous cross*', *Y Traethodydd*, Gorffennaf 1975.

1087   Pechadur wyf, O! Arglwydd,
      Sy'n curo wrth dy ddôr;
      Erioed mae dy drugaredd
         Ddiddiwedd imi'n stôr:
      Er iti faddau beiau
         Rifedi'r tywod mân,
      Gwn fod dy hen drugaredd
         Lawn cymaint ag o'r blaen.

Morgan Rhys: Rhif 371.

1088 Pererin wyf mewn anial dir,
   Yn crwydro yma a thraw;
  Ac yn rhyw ddisgwyl bob yn awr
   Fod tŷ fy Nhad gerllaw.

William Williams: Rhif 102.

1089 Pwy sy'n dwyn y Brenin adref?
   Pwy sy'n caru gweld ei wedd?
  Pwy sy'n parchu deddfau'r goron
   Ac yn dilyn llwybrau hedd?
  Hwn fydd mawr dros y llawr,
  Dewch i'w hebrwng Ef yn awr.

  Doed y rhai sy'n llesg eu meddwl,
   Doed y rhai sy'n galon drist;
  Fe â llawer gofid heibio
   Wrth was'naethu Iesu Grist:
  Os Efe gaiff Ei le,
  Daw y ddaear fel y ne'.

Elfed: Rhif 341.

1090 'Roedd yn y wlad honno fugeiliaid yn gwylio,
   Eu praidd rhag eu llarpio'n un lle.
  Daeth angel yr Arglwydd mewn didwyll fodd
   dedwydd,
   I draethu iddynt newydd o'r ne'.
  Gan hyddysg gyhoeddi bod Crist wedi'i eni –
   Mawr ydy daioni Duw Iôr.
  Bugeiliaid pan aethon i Fethlem dre dirion,
   Hwy gawson un Cyfion mewn côr.

Mab Duw tragwyddoldeb yn gorwedd mewn preseb,
    Tri'n undeb mewn purdeb heb ball,
Cydganwn ogoniant yn felys ei foliant,
    Fe'n tynnodd o feddiant y fall.

Siôn Ebrill: Rhif 882.

1091   'Rwy'n gweld o bell y dydd yn dod.
       Bydd pob cyfandir is y rhod
           Yn eiddo Iesu mawr;
       A holl ynysoedd maith y môr
       Yn cyd-ddyrchafu mawl yr Iôr,
           Dros wyneb daear lawr.

Watcyn Wyn: Rhif 554.

1092   Rhagluniaeth fawr y nef,
           Mor rhyfedd yw
       Esboniad helaeth hon
           O arfaeth Duw:
       Mae'n gwylio llwch y llawr,
           Mae'n trefnu lluoedd nef,
       Cyflawna'r cwbl oll
           O'i gyngor Ef.

David Charles: Rhif 635.

1093   Suai'r gwynt, suai'r gwynt,
       Wrth fyned heibio'r drws:
       A Mair ar ei gwely gwair
       Wyliai ei Baban tlws.

Syllai yn ddwys yn ei wyneb llon,
Gwasgai Waredwr y byd at ei bron:
Canai ddiddanol gân.
Cwsg, cwsg, f'anwylyd bach,
Cwsg nes daw'r bore iach.
Cwsg, cwsg, cwsg.

Nantlais: 'Hwiangerdd Mair', Rhif 157, *Mawl yr Ifanc* (1970).

1094   Tua Bethlehem dref
Awn yn fintai gref,
Ac addolwn Ef.
Gyda'r llwythau
Unwn ninnau,
Ar y llwybrau
At y crud.
Tua'r preseb awn
Gyda chalon lawn
A phenlinio wnawn.

Wil Ifan: Rhif 887, *Y Caniedydd* (1960).

1095   Tydi, a roddaist liw i'r wawr,
    A hud i'r machlud mwyn;
Tydi, a luniaist gerdd a sawr,
    A gwanwyn yn y llwyn:
O! cadw ni rhag colli'r hud
    Sydd heddiw'n crwydro drwy'r holl fyd.

T. Rowland Hughes: Rhif 839.

1096   Tydi a wnaeth y wyrth, O! Grist, Fab Duw,
Tydi a roddaist imi flas ar fyw;
Fe gydiaist ynof trwy dy Ysbryd Glân
Ni allaf, tra bwyf byw, ond canu'r gân;
Rwyf heddiw'n gweld yr harddwch sy'n parhau
Rwy'n teimlo'r ddwyfol ias sy'n bywiocáu;
Mae'r Haleliwia yn fy enaid i,
A rhoddaf, Iesu, fy mawrhad i Ti.

W. Rhys Nicholas: 'Mawrhad i Grist', *Cerdd a Charol* (1969).

1097   Tydi sy deilwng oll o'm cân
        Fy Nghrëwr mawr a'm Duw
Dy ddoniau Di, o'm hamgylch maent
        Bob awr yr wyf yn byw.

Diolchaf am dy gariad cu
        Yn estyn hyd fy oes;
Diolchaf fwy am Un a fu
        Yn gwaedu ar y groes.

David Charles (Ieu.), Rhif 47.

1098   Tyrd atom ni, O! Grëwr pob goleuni,
        Tro Di ein nos yn ddydd;
Pâr inni weld holl lwybrau'r daith yn gloywi
        Dan lewyrch gras a ffydd.

W. Rhys Nicholas: 'Tyrd Atom Ni', *op. cit.*

1099   Un fendith dyro im,
          Ni cheisiaf ddim ond hynny;
        Cael gras i'th garu di tra fwy',
          Cael mwy o ras i'th garu.

Eifion Wyn: Rhif 37, *Y Caniedydd.*

1100   Wele cawsom y Meseia,
          Cyfaill gwerthfawroca' 'rioed;
        Darfu i Moses a'r proffwydi
          Ddweud amdano cyn ei ddod:
        Iesu yw, gwir Fab Duw,
        Ffrind a Phrynwr dynol-ryw.

Dafydd Jones: Rhif 320.

1101   Wele gwawriodd dydd i'w gofio,
          Geni Seilo, gorau swydd;
        Wele ddynion mwyn a moddion
          Ddônt â rhoddion iddo'n rhwydd.
        Hen addewid Eden odiaeth,
          Heddiw'n berffaith ddaeth i ben;
        Wele drefniad dwyfol gariad
          O flaen ein llygad heb un llen.

John Edwards: Rhif 167, *Caniedydd yr Ifanc* (1984).

1102   Wele'n sefyll rhwng y myrtwydd
          Wrthrych teilwng o'm holl fryd,
        Er mai o ran yr wy'n adnabod
          Ei fod uwchlaw gwrthrychau'r byd:

Henffych fore,
Y caf ei weled fel y mae.

Ann Griffiths: Rhif 293, *Y Caniedydd* (1960).

1103   Wrth gofio'i riddfannau'n yr ardd,
      A'i chwys fel defnynnau o waed,
Aredig ar gefn oedd mor hardd,
      A'i daro â chleddyf ei Dad.
A'i arwain i Galfari fryn,
      A'i hoelio ar groesbren o'i fodd;
Pa dafod all dewi am hyn?
      Pa galon mor galed na thodd?

Thomas Lewis: Rhif 510.

1104   Y Gŵr wrth Ffynnon Jacob
      Eisteddodd gynt i lawr
Tramwyodd drwy Samaria,
      Tramwyed yma'n awr:
Roedd syched arno yno
      Am gael eu hachub hwy,
Mae syched arno eto
      Am achub llawer mwy.

Thomas William: Rhif 404.

1105   Yn wastad gyda Thi
      Dymunwn fod, fy Nuw.
Yn rhodio gyda Thi 'mhob man,
      Ac yn dy gwmni'n byw.

J. D. Burns (cyf. Elfed), Rhif 22.

1106   Yn y dyfroedd mawr a'r tonnau,
        Nid oes neb a ddeil fy mhen
Ond fy annwyl Briod Iesu
        A fu farw ar y pren:
Cyfaill yw yn afon angau
        Ddeil fy mhen i uwch y don:
Golwg arno wna i mi ganu
        Yn yr afon ddofon hon.

Dafydd Williams: Rhif 467.

1107   Yr Arglwydd a feddwl amdanaf,
        A dyna fy nefoedd am byth;

Os Duw sydd ar f'enaid i eisiau,
        Mae eisiau fy enaid ar Dduw:
O! gariad heb ddiwedd na dechrau,
        Ar gariad mor rhyfedd rwy'n byw!

Elfed: Rhif 493.

1108   Yr Iesu a deyrnasa'n grwn
O godiad haul i fachlud hwn:
Ei deyrnas â o fôr i fôr,
Tra fydd llewyrch haul a lloer.

Dafydd Jones: Rhif 194.

Gweddïau

a

Dyfyniadau am Grefydd

1109 A briodwn ni â'r Presbyteriaid? Yr ateb yw ein
bod eisoes wedi mabwysiadu rhan helaeth o'u
trefniant, a hwythau wedi cymryd trosodd lawer
o'n gwaddol ninnau. Dyweddïo yw hyn a dylai
priodas ddilyn. Y Bedyddwyr? Y mae'r synnwyr o
berygl y cyfnod mor fyw yn eu plith hwy ag yw
yn unman arall. Ac nid oes gennyf fi unrhyw
reswm yn erbyn bod yn gydaelod â rhywun a fyn
roddi sêl y bedydd ar ei argyhoeddiad crefyddol.
Yr Eglwys Esgobol? Wrth ei gadael mewn brys rai
canrifoedd yn ôl, gadawsom rai pethau go
werthfawr ar ôl! O! am ambell funud o gysgod ei
chelfyddyd, ei litwrgi a'i hamdden mawreddus.
Cyffesgell y Pabydd? Gwn am un Annibynnwr a
gododd yn ddyn newydd a rhydd drwy help peth
tebyg iawn i honno. Ni ddywedwyd y gair olaf yn
y cyfeiriad hwnnw eto.

S. B. Jones: 'Eglwys Genedlaethol i Gymru', Anerchiad o
Gadair y Gymanfa Dair Sir, Llwyn-yr-hwrdd 1942, *Cerddi ac
Ysgrifau S. B. Jones*, gol. Gerallt Jones (1966).

1110 A dyma felly'r prif elfennau yng ngweddi'r Cristion
ar hyd y canrifoedd, sef addoliad, deisyfiad, cyffes,
eiriolaeth, a mawl a diolchgarwch . . . Onid teg yw
cydnabod mai'r ffurf aruchelaf ar ein haddoliad o
Dduw yw mudandod sanctaidd?

'Rhagair', *Gweddïau yn y Gynulleidfa*, gol. Maurice Loader
(1982).

1111   Anrheg aur i'r un rhagorol – a rown,
         Thus yn rhad i'r Nerthol;
     Gan gwblhau ein ffafrau ffôl
     Rhown fyrr i'r Gŵr anfarwol.

T. Arfon Williams: 'Y Rhoddion', *Blodeugerdd Barddas o Englynion Cyfoes*, gol. Tudur Dylan Jones (1993).

1112   Arglwydd, gwna fi'n offeryn dy heddwch.
     Lle mae casineb, boed imi hau cariad;
     lle mae niwed, pardwn;
     lle mae amheuaeth, ffydd;
     lle mae digalondid, gobaith;
     lle mae tywyllwch, golau:
     lle mae tristwch, llawenydd . . .

Ffransis o Asisi: (efelychiad), *Llyfr Gwasanaeth yr Annibynwyr* (1998).

1113   Arglwydd y wledd
         Bydd gyda ni'n gytûn:
     A thro unwaith eto
         Ein dŵr yn win.

'Gofyn bendith cyn bwyta, mewn gwledd briodas'.
(cyf. E. C. Lewis).

1114   Ar y Groglith y mae'r allor yn wag,
     Fel petai angau wedi symud drosti
     A'i dinoethi – hyn i ddynodi 'Gorffennwyd'
     A chymryd ymaith y Gwaredwr,
     Ar y Groglith y mae'r allor yn wag.

Gwyn Thomas: 'Cannwyll y Pasg', *Symud y Lliwiau* (1981).

1115   A welaist ti'r ddau a ddaeth gyda'r hwyr
        O Nasareth draw wedi blino'n llwyr?
        Bu raid imi ddweud bod y llety'n llawn
        A chlywais hwy'n sibrwd: 'Pa beth a wnawn?'

W. Rhys Nicholas: 'Carol Gŵr y Llety', *Cerdd a Charol* (1969).

1116   Boed i fendith Duw Sara ac Abraham,
        bendith y Mab a anwyd o Fair,
        bendith yr Ysbryd Glân sy'n ymboeni trosom
            fel mam dros ei phlant,
        fod gyda chi oll. Amen.

'Boed i fendith Duw Sara ac Abraham', *Cydymaith y Pererin*, gol. Brendan O'Malley (1989).

1117   Bydd wrth ein bwrdd, O! Frenin ne';
        Boed iti fawredd ym mhob lle;
        Bendithia 'nawr ein hymborth ni,
        A gad in wledda gyda Thi.

John Cennick: 'Be present at our table, Lord', (cyf. Anhysbys).

1118   Bywha di ein cydwybod, O Dduw, â'th sancteidd-
            rwydd,
        portha ein meddwl â'th wirionedd,
        pura ein dychymyg â'th harddwch,
        agor ein calonnau i'th gariad,
        a phlyg ein hewyllys i'th bwrpas dwyfol.

William Temple: *Llyfr Gwasanaeth yr Annibynwyr*.

1119   Cadw'r Gair bob pryd i'th galon,
Ac hysbysa hwn i'th feibion;
Sonia amdano nos a bore,
I mewn, i maes, wrth rodio ac eiste'.

Yr Hen Ficer: *Canwyll y Cymry* (1672).

1120   Caniatâ i mi, O Arglwydd,
i wybod yr hyn sy'n werth ei wybod,
i garu yr hyn sy'n werth ei garu,
i foli yr hyn sy'n rhyngu dy fodd di . . .
ac uwchlaw pob dim i chwilio am,
a gwneud, yr hyn sydd wrth dy fodd di,
trwy Iesu Grist ein Harglwydd.

Thomas à Kempis: 'Am Ddirnadaeth', *Gweddïau Enwog*, gol.
Cynthia Davies (1993).

1121   Cerddi yw'r Salmau, a cherddi a fwriadwyd ar
gyfer eu canu; nid traethodau athrawiaethol, nid
pregethau hyd yn oed . . . Rhaid eu darllen fel
cerddi os ydym am eu deall.*

*. . . *the Psalms are poems, and poems intended to be sung: not
doctrinal treatises, not even sermons* . . . *They must be read as poems
if they are to be understood.*
C. S. Lewis: 'Introductory', *Reflections on the Psalms* (1961).

1122   Cleddwch yr ŵyl, nid yw ond ysgerbwd,
Esgyrn y ginio, ysbwriel y wledd.
Teflwch i'r Baban yr hosan deganau
A pheidiwch â sôn am aur, thus a myrr.

Gyrrwch gerdyn cydwybod yn gardod
I gyfaill a gofiwch:
Dyna'r ffasiwn a'r ffws ...

Penlinia yn unig ar benrhyn y machlud
A gwylio nes gweld yr haul yn ei wely
A'r lleuad yn codi a'r sêr yn dod ati
'Gydag awel y dydd'.
O dan y sêr y mae Duw'n siarad.
Disgyn ei eiriau yn fynych i'r gweiriau,
Ond clyw
'Y GAIR a wnaethpwyd yn GNAWD'.'

E. Llwyd Williams: 'Nadolig', *Blodeugerdd Barddas o Gerddi Crefyddol*, gol. Medwin Hughes (1993).

1123   Credaf yn Nuw, y Tad hollalluog,
Creawdwr nef a daear.

Credaf yn Iesu Grist, ei unig Fab, ein Harglwydd,
a gaed trwy nerth yr Ysbryd Glân ...

Credaf yn yr Ysbryd Glân,
yr Eglwys lân gatholig,
cymundeb y saint,
maddeuant pechodau,
atgyfodiad y corff,
a'r bywyd tragwyddol. Amen.

Credo'r Apostolion (circa. 100 O.C.): *Llyfr Gwasanaeth yr Annibynwyr*.

1124   Cyflawnir mwy drwy weddi nag y breuddwydia'r
       byd hwn.⋆

⋆*More things are wrought by prayer than this world dreams of.*
Tennyson: 'The Passing of Arthur', *Idylls of the King* (1869).

1125   Cymer lantern Duw i'th oleuo,
       A'r Efengyl i'th gyf'rwyddo,
       Troedia'r llwybyr cul orch'mynwys,
       Di ei'n uniawn i baradwys.

Yr Hen Ficer: *Canwyll y Cymry.*

1126   Da yw Duw, a hir yw byth.

John Davies: *Dictionarium Duplex* (1632).

1127   Dros fai nas haeddai, mae'n syn – ei weled
               Yn nwylaw Rhufeinddyn;
           A'i brofi gan wael bryfyn,
           A barnu Duw ger bron dyn.

Robert ap Gwilym Ddu: 'Crist gerbron Pilat', *Blodeuglwm o
Englynion*, gol. W. J. Gruffydd (1920).

1128   Duw a ŵyr feddwl pob dyn.

Dafydd ap Gwilym: 'Y Seren', Rhif 67, *Gwaith Dafydd ap
Gwilym*, gol. Thomas Parry (1952).

1129   Dyro, Dduw, dy nawdd;
ac yn nawdd, nerth;
ac yn nerth, deall;
ac yn neall, gwybod;
ac yng ngwybod, gwybod y cyfiawn;
ac yng ngwybod y cyfiawn, ei garu;
ac o garu, caru pob hanfod;
ac ym mhob hanfod, caru Duw;
Duw a phob daioni.

'Gweddi'r Orsedd', *Rhaglen Eisteddfod Genedlaethol Cymru*, Eryri a'r Cyffiniau (2005).

1130   Dysg ni, Arglwydd,
i'th wasanaethu fel yr haeddi;
   i roi heb gyfri'r gost;
i frwydro heb ystyried y clwyfau;
   i weithio heb geisio gorffwys;
i lafurio heb ddisgwyl unrhyw wobr
ond gwybod ein bod yn gwneud dy ewyllys di.

Ignatius Loyola: *Gweddïau Enwog* (1993), Cynthia Davies.

1131   Ein Tad, cofia'r morwr
   Rhwng cyfnos a gwawr;
Mae'i long ef mor fechan
   A'th fôr Di mor fawr.

Eifion Wyn: 'Ora Pro Nobis', *Telynegion Maes a Môr* (1908).

1132   Ein Tad
        yn y nefoedd,
        sancteiddier dy enw;
        deled dy deyrnas;
        gwneler dy ewyllys,
        ar y ddaear fel yn y nef.
        Dyro i ni heddiw
        ein bara beunyddiol;
        a maddau inni ein troseddau
        fel yr ŷm ni wedi maddau i'r rhai
        a droseddodd yn ein herbyn;
        a phaid â'n dwyn i brawf,
        ond gwared ni rhag yr Un drwg.
        Oherwydd eiddot ti yw'r deyrnas
        a'r gallu a'r gogoniant
        am byth. Amen.

'Gweddi'r Arglwydd', Mathew 6: 9–13, *Y Beibl Cymraeg Newydd* (Argraffiad Diwygiedig) (2004).

Ein Tad,
yr hwn wyt yn y nefoedd,
sancteiddier dy enw;
deled dy deyrnas;
gwneler dy ewyllys,
megis yn y nef felly ar y ddaear hefyd.
Dyro i ni heddiw
ein bara beunyddiol;
a maddau i ni ein dyledion
fel y maddeuwn ninnau
i'n dyledwyr.
Ac nac arwain ni i brofedigaeth;
eithr gwared ni rhag drwg.
Canys eiddot ti yw'r deyrnas,
a'r nerth a'r gogoniant,
yn oes oesoedd. Amen.

'Gweddi'r Arglwydd', Mathew 6: 9–13, *Y Beibl Cyssegr-lan* (1947).

1133   Erglyw a chymorth, Arglwydd,
        Fy mharchus arswydus swydd.

Goronwy Owen: *Gronoviana, Gwaith y Parch. Goronwy Owen*, gol. E. Jones ac O. Williams (1860).

1134   Fel nos rhwng coed yn oedi – y saif hon
           A'r dwysaf faes dani;
        Mae cwsg y bedd i'w hedd hi,
        A'i gaddug yn frig iddi.

Dewi Emrys: 'Yr Ywen', *Wedi Storom*, gol. Y Parch. W. J. Gruffydd (1965), Englyn buddugol Eisteddfod Genedlaethol Caerdydd 1938.

1135   Gogoneddu Duw, nid iachawdwriaeth dyn, yw pennaf pwrpas popeth.

Bobi Jones: 'Rhagair', *Sioc o'r Gofod* (1971).

1136   Goleua ein tywyllwch, atolygwn i ti, O Arglwydd; ac o'th drugaredd amddiffyn ni rhag pob perygl ac enbydrwydd y nos hon, trwy gariad dy unig Fab, ein Gwaredwr Iesu Grist. Amen.

'Y Trydydd Colect', Gwasanaeth yr Hwyr, *Gwasanaethau'r Bore a'r Hwyr*, Yr Eglwys yng Nghymru (1969).

1137   Gwae inni wybod y geiriau heb adnabod y Gair
        A gwerthu ein henaid am doffi a chonffeti ffair.

Gwenallt: 'Ar Gyfeiliorn', *Ysgubau'r Awen* (1938).

1138   Gweddi laddodd gawr tra chadarn,
        Gweddi 'gorodd byrth o haearn,
        Gweddi gaeodd safnau llewod,
        Gweddi dynn ddyn o bob trallod.

Yr Hen Ficer: *Canwyll y Cymry* (1672).

1139   'Gweinidog y Gair' neu 'Weinidog yr Efengyl'
        yw'r enw a roddir i'r gŵr a lefara o'r pulpud, a
        Beibl agored o'i flaen. Eithr y mae'n bwysig iddo
        ef a'i gynulleidfa ddeall arwyddocâd dwfn y ffurf
        hon ar addoli a gweld pa mor hen a chyfoethog
        yw'r traddodiad.

        Nid yng nghyfnod y Diwygiad Protestanaidd
        y rhoddwyd gyntaf fri ar 'y Gair a'r dystiolaeth'.
        Ail ddarganfod a wnaethpwyd y pryd hwnnw
        bwyslais y Testament Newydd ei hun. Yno y cawn
        wir batrwm pregethu, a chlywed acenion yr
        Arglwydd Iesu ei hun, a'r apostolion a'r efengylwyr
        cynnar.

Aneirin ap Talfan: *Pregethu a Phregethau'r Eglwys* (1957).

1140   Gweled nef ym mhlygion blodyn,
        Canfod byd mewn un tywodyn,
        Dal mewn orig dragwyddoldeb,
        Cau ei ddwrn am anfeidroldeb.

William Blake: (cyf. T. Gwynn Jones).

1141 Gwell o lawer fyddai i ti anghofio a gwenu
      Na chofio a thristáu.★

★*Better by far you should forget and smile*
Than that you should remember and be sad.
Christina Rossetti: 'Remember', *Goblin Market and Other Poems* (1862).

❖

1142 Gwerth dy dir, a gwerth dy ddodre'n,
      Gwerth dy grys oddi ar dy gefen,
      Gwerth y cwbl oll sy gennyd,
      Cyn y b'ech heb Air y bywyd.

Yr Hen Ficer: *Canwyll y Cymry* (1672).

❖

1143 Gwres y profiad o agosrwydd Duw a chyfryngaeth
      waredigol Crist yw gwarant emyn llwyddiannus.
      Ond po fwyaf y gwres, llwyraf y toddir y defnyddiau
      i greu newyddbeth. Gan Pantycelyn, Ann Griffiths
      a Morgan Rhys y cafwyd mwyaf o'r newydd-deb
      symbolaidd hwn, ac emynau y profiad personol,
      gwresog, yw eu rhai hwy yn gyson.

Dafydd Owen: 'Symboliaeth Emynwyr', *Y Traethodydd*, Cyfrol
CXXX, Rhif 555, Ebrill 1975.

❖

1144 [*Halelwia!*] 'Gogoniant i'r Tad ac i'r Mab ac i'r
      Ysbryd Glân; megis yr oedd yn y dechreuad, y
      mae'r awr hon, ac y bydd yn wastad, yn oes
      oesoedd. Amen.'

Gloria Patri, 'Y Fawlgan Leiaf' (o'r bedwaredd ganrif O.C.)

1145   Hollalluog Dduw,
i ti y mae pob calon yn agored,
pob dymuniad yn hysbys,
ac nid oes dim dirgel yn guddiedig:
glanha feddyliau ein calonnau
trwy ysbrydoliaeth dy Lân Ysbryd
er mwyn i ni dy garu'n berffaith,
a mawrhau'n deilwng dy enw sanctaidd;
trwy Iesu Grist ein Harglwydd. Amen.

'Colect ar ddechrau Gwasanaeth y Cymun', *Y Llyfr Gweddi Gyffredin, op. cit.*

1146   Llyfr doeth, – yn gyfoeth i gyd, – wych lwyddiant, –
    A chleddyf yr Ysbryd;
    A gair Duw nef yw hefyd;
    Beibl i bawb o bobl y byd!

Robert William(s) o'r Pandy: 'Y Beibl'. Un o lawysgrifau Coleg y Bala yng Nghreirfa'r Methodistiaid Calfinaidd yn y Llyfrgell Genedlaethol.

1147   Mae gen i freuddwyd y gwelaf y genedl hon yn codi ryw ddydd i fyw yr hyn a ddywed un o erthyglau ei chyfansoddiad: 'Daliwn fod y gwirionedd hwn yn eglur, fod pob dyn yn gydradd.'

Mae gen i freuddwyd y bydd meibion caethweision a meibion eu perchnogion yn abl i eistedd o gwmpas bwrdd brawdgarwch ar fryniau Georgia – rhyw ddydd.

Mae gen i freuddwyd y bydd talaith Mississippi hyd yn oed, ryw ddydd, ynys sy'n anial o ormes ac anghyfiawnder, yn cael ei newid i fod yn werddon o ryddid a chyfiawnder.

Mae gen i freuddwyd y bydd fy mhedwar plentyn yn medru byw, ryw ddydd, fel rhan o genedl lle bydd cymeriad yn bwysicach na lliw croen.

Mae gen i freuddwyd heddiw . . .

Martin Luther King: Araith yn Washington D.C., Awst 29, 1963, (cyf. T. J. Davies), *Martin Luther King* (1969).

1148   Mae tyfu'n nes at Dduw yn tynnu pawb at ei gilydd.

Bobi Jones: 'Traed Prydferth', *Traed Prydferth* (1973).

1149   Mae rhwydwaith dirgel Duw
Yn cydio pob dyn byw;
Cymod a chyflawn we
Myfi, Tydi, Efe.
Mae'n gwerthoedd ynddo'n gudd,
Ei dyndra ydyw'n ffydd;
Mae'r hwn fo'n gaeth, yn rhydd.

Waldo: 'Brawdoliaeth', *Dail Pren* (1956).

1150   . . . mae'n deg cofio'n barhaus fod gwahaniaeth sylweddol rhwng pregeth brintiedig a phregeth lafar. Nid pob pregethwr mawr oedd yn llenor mawr a dwy ddawn wahanol yw siarad ac ysgrifennu. Ac mae cymaint o newid yn digwydd yn chwaeth cynulleidfaoedd a'u hymateb teimladol i'r gair llafar

fel na ellir gwybod oddi wrth bregeth mewn print
beth yn union oedd ei heffaith ar y gwrandawyr.

R. Tudur Jones: xii Pregethu Canrif, *Yr Undeb* (1975).

1151 Mae'r Beibl bach yn awr yn gyson,
Yn iaith dy fam i'w gael er coron,
Gwerth dy grys cyn bod heb hwnnw
Mae'n well na thref dy dad i'th gadw.

Yr Hen Ficer: *Canwyll y Cymry* (1672).

1152 Mae'r byd wedi'i egnïo gan fawredd Duw.⋆

⋆ *The world is charged with the grandeur of God.*
'God's Grandeur', *Poems of Gerard Manley Hopkins*, gol. Robert
Bridges, ail. arg. 1935.

1153 Mawl i Dduw am air y bywyd,
Gair y nef yn iaith y llawr,
Gair y cerydd a'r gorchymyn,
Gair yr addewidion mawr;
Gair i'r cadarn yn ei afiaith,
Gair i'r egwan yn ei bwn,
Cafodd cenedlaethau daear
Olau ffydd yng ngeiriau hwn.

Gwilym R. Tilsley: 'Mawl i Dduw am Air y Bywyd', Medwin
Hughes, *op. cit.*

1154 Mewn Cristnogaeth, nid chwilio am wirionedd y mae dyn, ond credu iddo eisoes ei gael. Nid dyn sydd yma yn chwilio am Dduw, ond pechadur yn credu i Dduw chwilio amdano ef a'i gael.

J. E. Daniel: 'Pwyslais Diwinyddiaeth Heddiw', *Sylfeini'r Ffydd – Ddoe a Heddiw*, gol. J. W. Roberts (1942).

1155 Mynn Cristnogion mai'r Ymgnawdoliad yw'r wyrth ganolog. Dywedant daeth Duw yn Ddyn. Mae pob gwyrth arall yn paratoi ar gyfer hyn, neu'n dangos hyn, neu'n deillio o hyn.★

★*The central miracle asserted by Christians is the Incarnation. They say God became Man. Every other miracle prepares for this, or exhibits this, or results from this.*
C. S. Lewis: 'The Grand Miracle', *Miracles* (1947).

1156 Nid baich ond baich o bechod,
Yn y Farn gwae ddyn o'i fod.

Dafydd ap Maredudd ap Tudur: Llawysgrif yng Nghasgliad Llansteffan, Llyfrgell Genedlaethol.

1157 Nid oedd dechreuad i Amser, nid syniad yw hynny,
ond sens,
Ni ellid mynd 'nôl at y Ffin a dweud: 'Dyma'r
Ffens'.

Ni fydd diwedd i Amser yn y Diddiwedd Mawr,
Nid oes i'r cyfanfyd anghyflawn na llofft na llawr.

Bûm yma droeon o'r blaen, rwy'n siŵr, mewn
ffwdanus gnawd,

Yn wylo, yn chwerthin, yn marw, ar hiroedlog
rawd.

Mi ddychwelaf drachefn a thrachefn heb os nac
oni bai

Pan fyddo'r Crochenydd Mawr yn ailfowldio fy
nghlai.

    ..   ..
    ..   ..

Ni chredaf mewn nefoedd o delyn aur, a choron a
chân,

Ac ni chredaf ychwaith mewn uffern o dragwyddol
dân.

Rwy'n credu mewn Tragwyddoldeb hyd at
berffeithrwydd ein Byw,

Nid ydyw Tragwyddoldeb ond enw arall ar
DDUW.

W. J. Gruffydd: 'Credo', *Blodeugerdd y Preselau*, gol. Eirwyn
George (1995).

❖

1158　O Arglwydd, cynnal ni trwy gydol dydd ein
bywyd blin, hyd onid estynno'r cysgodion a dyfod
yr hwyr, distewi o ddwndwr byd, tawelu o
dwymyn bywyd, a gorffen ein gwaith. Yna,
Arglwydd, yn dy drugaredd, dyro inni lety diogel,
gorffwysfa sanctaidd, a thangnefedd yn y diwedd,
trwy Iesu Grist ein Harglwydd. Amen.

Y Llyfr Gweddi Gyffredin.

1159   O Arglwydd, ti wyddost pa mor brysur mae'n rhaid imi fod y dydd hwn: os bydd i mi dy anghofio di, paid ti â'm hanghofio i.★

> ★*O Lord thou knowest how busy I must be this day: if I forget thee, do not thou forget me.*
> Jacob Astley: Gweddi cyn Brwydr Edgehill (1642), *Memoirs*, Philip Warwick (1701).

1160   O Arglwydd y Gwanwyn, anadla drwy'r tir,
A deffro ein daear o gwsg sydd mor hir,
Boed gwres anorchfygol dy gariad dy hun
Yn ffrwydro gorfoledd yng nghalon pob un.

> Vernon Jones: 'Y Pasg', Medwin Hughes, *op. cit.*

1161   O Dad yn deulu dedwydd – y deuwn
      Â diolch o'r newydd,
    Cans o'th law y daw bob dydd
    Ein lluniaeth a'n llawenydd.

> W. D. Williams: 'O Flaen Bwyd'. Englyn buddugol 'Steddfod y Llawr Dyrnu, Y Sarnau, Nos Galan, 1942.

1162   O! Dduw anfarwol, tragwyddol, anweledig, cofiaf gyda gorfoledd a diolch y cyfan a fuost Ti i ddyn yn y byd hwn:
    Cydymaith y dewr:
    Cynhaliwr y teyrngar:
    Goleuni'r crwydryn:
    Llawenydd y pererin:
    Arweinydd yr arloeswr:

Cynhorthwy y rhai sy'n llafurio:
Noddfa i'r hiraethus:
Gwaredydd y gorthrymedig:
Cymorth y rhai a demtir:
Nerth y gorchfygwr:
Arglwydd arglwyddi:
Cyfaill y tlawd:
Achubydd y rhai ar ddarfod amdanynt.
Dyro i mi ffydd i gredu y gelli Di fod oll yn oll i
mi yn ôl fy angen, os ymwrthodaf â phob hunan-
hyder balch a rhoi fy ymddiried ynot Ti . . .

John Baillie: 'Hwyr, Y Nawfed Dydd ar Hugain', *Bore a Hwyr: Gweddïau Personol*, Trebor Lloyd Evans (1978), cyfieithiad o *A Diary of Private Prayer*, John Baillie (1936).

1163   O, dirion Dad, arwain Di – fy enaid
              I'th fwynaf oleuni,
         Rho loer wen bro fy ngeni
         A haul mam yn ôl i mi.

Dewi Emrys: 'Hiraeth', *Odl a Chynghanedd*, D. Emrys James (Dewi Emrys), 1938.

1164   O Dduw, dyro inni'r serenedd
         i dderbyn yr hyn na ellir mo'i newid,
         y dewrder i newid yr hyn y gellir ei newid
         a'r doethineb i fedru gwahaniaethu rhyngddynt.

Reinhold Niebuhr: 'Dirnadaeth', Cynthia Davies, *op. cit.*

1165   O Dduw, gan na allwn hebot ti ryngu bodd i ti; o'th drugaredd caniatâ fod i'th Lân Ysbryd ym mhob peth gyfarwyddo a llywio ein calonnau; trwy Iesu Grist ein Harglwydd. Amen.

'Colect am y pedwerydd Sul ar bymtheg wedi'r Drindod', *Y Llyfr Gweddi Gyffredin*.

1166   O Dduw na ad imi fyth fyw i fod yn ddiwerth.★

★*I have this day lived fourscore years . . . God grant that I may never live to be useless.*
John Wesley: *Journal*, gol. N. Curnock, Mehefin 28, 1783.

1167   O Dduw, os gweli di'n dda, gwna'r bobl ddrwg yn dda a'r bobl dda yn hoffus.★

★*O God, please make the bad people good and the good people nice.*
John Williams Benn: 'Gweddi i Blant', *Dare to be a Daniel*, Tony Benn (2004).

1168   'Paham y gadewaist dy rwydai a'th gwch
       Fab Jona, ar antur mor ffôl?
       Gadael dy fasnach a myned ar ôl
       Llencyn o Saer o Nasareth dref;
       Gadael y sylwedd a dilyn y llef . . .'

I. D. Hooson: 'Seimon, Mab Jona', *Y Gwin a Cherddi Eraill* (1948).

1169   Paham y gwneir cam â'r cymod – neu'r Iawn
           A'i rinwedd dros bechod?
        Dywedwch faint y Duwdod,
        Yr un faint yw'r Iawn i fod!

Robert ap Gwilym Ddu: 'Yr Iawn', W. J. Gruffydd, *op. cit.*

1170   Pe gofynnid i mi ateb mewn un gair beth sydd
        wedi rhoddi i'r Emyn Cymreig ei rym a'i swyn, ei
        hirhoedledd a'i ireidd-dra, ei hwyl, a'i ddawn
        achubol, atebwn – Iesu . . . Ei Ymgnawdoliad, Ei
        fywyd, Ei Iawn, Ei ddyrchafiad, a'i Eiriolaeth . . .

Elfed: 'Yr Emyn Cymraeg', Yr Anerchiad o Gadair Undeb yr
Annibynwyr, Llangefni, 1923.

1171   Pe   na   byddai   Duw   yn   bod,   mi   fyddai'n
        angenrheidiol i'w ddyfeisio.*

Si Dieu n'existait pas, il faudrait l'inventer.
Voltaire: 'A l'Auteur du Livre des Trois Imposteurs', xcvi,
Épîtres (1770).

1172   Pechod   parod   y   pregethwr   yntau   yw   lliniaru'r
        bregeth i foddhau'r gynulleidfa; derbyn yn llawen
        y weniaith a arllwysir arno a rhoi rhyw berfformiad
        diniwed mewn ymadroddion ystrydebol.

Dewi Eirug Davies: 'Grym a Gwres y Gobaith Cristnogol',
Cyfrol Deyrnged Pennar Davies, gol. Dewi Eirug Davies (1981).

1173   Pregetha nid am fod rhaid i ti ddweud rhywbeth,
        ond am fod rhywbeth gennyt ti i'w ddweud.★

> ★*Preach not because you have to say something, but because you have
> something to say.*
> Richard Whatley: *Apophthegms* (1854).

1174   Pwy yw y rhain sy'n dod
                I'r ddinas ar y bryn,
        Yng ngolau'r seren glaer
                Ar eu camelod gwyn?

> I. D. Hooson: 'Y Doethion', *op. cit.*

1175   Rhagfyr gwewyr y gaeaf,
        Llwydrew a rhew lle bu'r haf;
        Wedi i'r haul gylchdroi'r rhod
        Daw hirnos lle bu diwrnod;
        Rhodia niwl ar hyd y nen
        A'r heli gyll yr heulwen.
        Ni ddeil y gaeaf ei ddig
        A daw eilwaith Nadolig
        A'i lawenydd; goleuni
        O'r nef a roddir i ni
        Yn nydd byrraf duaf dyn
        Y ganwyd in fachgennyn.

> Mona Hughes: 'Y Dydd Byrraf', *Hoff Gerddi Nadolig Cymru*,
> gol. Bethan Mair (2004).

1176 Rhyfedd ydyw ffyrdd y Rhod sydd yn pennu fod lles pennaf dyn yn troi'n bennaf lles ei genedl hefyd.

R. Geraint Gruffydd: 'Ein hiaith a'n diwylliant', *Y Cylchgrawn Efengylaidd*, Mawrth–Ebrill, 1979.

1177 Ti Dduw, a folwn, Ti a gydnabyddwn yn Arglwydd.
Yr holl ddaear a'th fawl di, y Tad tragwyddol.
Arnat Ti y llefa'r holl angylion, y nefoedd a'r holl nerthoedd o'u mewn,
Arnat Ti y llefa ceriwbiaid a seraffiaid â lleferydd di-baid:
'Sanct, Sanct, Sanct, Arglwydd Dduw y Lluoedd!
Nefoedd a daear sydd yn llawn o'th ogoniant.'

Te Deum: *Y Llyfr Gweddi Gyffredin*.

1178 Un hwyr fe gymerodd fara – a gwin,
        Corff a gwaed i'w goffa,
    Cyfamod y ddefod dda
    I'n hanfon tua'r Wynfa.

Pat Neill: 'Cymundeb', Tudur Dylan Jones, *op. cit*.

1179 Un o gyfryngau diddorol yr esboniwr yw'r eglureb. Un o'i ddulliau amrywiol i gyflwyno gwirionedd neu egwyddor ydyw, a'i ffordd ddeniadol o gymhwyso neges a'i gyrru adref i ddeall a chydwybod ei wrandawyr . . . Dyfais yw'r eglureb i oleuo pwnc sy'n ddieithr ac yn anodd trwy gymhariaeth . . . Y mae'r esboniwr, wrth ddefnyddio eglurdeb, yn datguddio ail ystyr i bethau cyfarwydd er mwyn y gwirionedd y mae'n ei gyhoeddi. Efallai y gellid dweud nad esbonio a wna'r eglureb ond aralleirio: gwisgo'r haniaethol yn ddarluniol. Ond grymuso mynegiant yw'r pwrpas . . . a hwyluso'r deall trwy addurno mewn llun a stori.

D. J. Roberts: 'Eglureb', *Ffenestri'r Gair* (1968).

1180   *Venite, adoremus,*
        a molwn y Mab Bychan,
        y Baban yn ei grud
        sy'n cynnig ei oleuni
        ar ddyrys lwybrau'r byd.
        Venite adoremus
        Dominum.

W. Leslie Richards: 'Meddyliau Dydd Nadolig', *Bro a Bryniau* (1963).

1181   Y mae Cristnogaeth yn wleidyddol neu nid yw'n ddim. Ceisiaf gyfiawnhau'r gosodiad eithafol hwn, gan ddechrau gyda datguddiad Iesu Grist o Dduw fel cariad. Hyn yw rhyfeddod mawr y bywyd dynol, fod y Creawdwr mawr tragwyddol, y mae ei fawredd yn gwbl annirnadwy, yn ein caru ni ei greaduriaid dynol bob yn un ac un. Amlygodd Iesu hefyd amcan bywyd dyn: gogoneddu Duw yw hwnnw trwy ei garu Ef a charu cymydog. Ym mywyd Iesu roedd y ddau yn gwbl anwahanadwy

. . . Ewyllys Duw yw sylfaen cariad dyn at gymydog.

Gwynfor Evans: 'Cristnogaeth, Cymru a Heddwch', *Y Gair a'r Genedl*, Cyfrol deyrnged i R. Tudur Jones, gol. E. Stanley John (1986).

1182   Y mae'n siŵr hefyd fod pob un sy'n debyg o ddarllen hyn o eiria yn ei chofio hi'n iawn. Hi oedd un o'r rhai cyntaf o chwiorydd y Beibil i ni ddod ar i thraws hi, mae'n debyg, pan oeddan ni'n blant yn dechra dweud adnod ac yn chwilio am adnoda byrion y gallen ni'u dweud nhw ar un gwynt: 'Iesu a wylodd' a 'Duw cariad yw' a 'Cofiwch wraig Lot'. Ydi, mae hi'n hen chwaer ac yn un rydan ni i gyd yn i nabod yn iawn.

Idwal Jones: 'Mrs Lot', *Mr. Saceus a'i Sort — Storïau Pregethwr* (1976).

1183   Yn eu harch,
            Parch;
        Yn eu hoes,
            Croes.

Sarnicol: 'Proffwyd a Sant', *Blodau Drain Duon* (1935).

1184   Ynfydion! Cefais innau f'awr,
            Un awr felysa gaed;
        Roedd sŵn Hosanna yn fy nghlust,
            A phalmwydd dan fy nhraed.

'Yr Asyn', *Ynys yr Hud a Chaniadau Eraill* (1923), (cyf. o delyneg G. K. Chesterton, 'The Donkey' gan W. J. Gruffydd.)

1185   Y rhinweddau sy'n ofynnol ar gyfer sefydlu teyrnas nefoedd ar y ddaear yw'r rhai y dylid eu dysgu a'u meithrin – bod yn egwyddorol ac anhunanol a charedig a thosturiol.

T. J. Morgan: 'W. J. Gruffydd', *Diwylliant Gwerin* (1972).

1186   'Yr emyn a rydd i'r Anghydffurfiwr yr hyn a rydd y litwrgi i'r Anglicanwr.' Yn yr emyn y gall ef fynegi ei gredo, cyffesu ei feiau, gweddïo am faddeuant, a chanu am brif wyliau'r calendr eglwysig.

Harri Williams: 'Hanes y Dôn', *Y Traethodydd*, Hydref 1961.

Mynegai i'r Awduron, Beirdd, Emynwyr, Y Beibl, Casgliadau . . .

Mynegai i'r Dyfyniadau

afon: a chyfiawnder fel a. gref 938
   crychu ymchwydd a. 110
   Ei heddwch fel a. 1027
   Y mae a. 896
   Yn a. Calfari 1065
afonydd: am yr a. dyfroedd 895
   Fe dreigla yr a. 14
   sicrhaodd ar yr a. 893
afrad: Bûm yn byw yn a., a. 765
angall: ffon i a. 488
angau: glyn cysgod a. 892
   Gwell a. 522
   Mawr yn maeddu a.'i hun
   1063
   mor sicr ag a. 668
   na all nac a. nac einioes 978
   newydd wyrth o'i a. drud
   1062
   Ni allodd a. 'i hun 1077
   yng nglyn cysgod a. 1025
   yn nhir cysgod a. 924
angel: A. penffordd 400
   Daeth a. yr Arglwydd 1090
angen: A. yw mam dyfais 401
   A. yw mam pob celfyddyd
   402
   gwag-siarad yn arwain i a. 912
anghelfydd: Dall pob a. 450
anghenion: a. pob dyn 167
   digon ar gyfer a. 167
anghenog: a. am bâr o esgidiau
   937
anghofio: Gwell i ti a. a gwenu
   1141
   ni ellir ei a. mwy 183
   os bydd i mi dy a. 1159
   peidiwch ag a.'r un peth hwn
   995
anghydffurfiwr 163, 1186
anghyffredin: a'r a. yn wyrthiol
   267

Anglicanwr: y litwrgi i'r A.
   1186
angof: mynych a. 625
   nad â'n a. 1030
angylion: Arnat Ti y llefa'r holl
   a. 1177
   Bara a. Duw 1011
   Mae a. y plant 1057
   Mae'r a. yn llawenu 1010
   nac a. na thywysogaethau 978
Ai am fy meiau i 1001
alarch: Dacw a. ar y llyn 772
   Na'r a. balch yn nofio 834
alaw: Tyfodd yr a. 360
allt: A bedw gleision ar yr a. 858
   Nid oes a. 666

Am air ein Duw 1002
amalgam: A. ydyw milgi 234
amcan: a. bywyd dyn 1181
   a. ystori-fer 286
amcanion: Bydded eich a. yn
   anrhydeddus 979
amdanat: A. ti mae sôn 750
   hiraetha fy enaid a. ti,
   O Dduw 895
amddiffynnwr: gwn fod fy a. yn
   fyw 888
Amen: A. yw'r Hydref 82
Gweler hefyd yr adran *Gweddïau
   a Dyfyniadau am Grefydd*
amser: A. a ddaw 411
   A. a ddengys 412
   a. a'r awr 100
   a., boed yn gyfleus 992
   A. dyn 108
   a. i blannu 917
   a. i bob gorchwyl 917
   a. i ddiwreiddio 917
   a. i eni 917
   a. i farw 917

a. i garu 917
a. i gasáu 917
a. i heddwch 917
a. i ryfel 917
a. rhy araf 166
a. rhy fyr 166
a. rhy gyflym 166
a. rhy hir 132, 166
A. yw'r esboniwr 413
Benthyg dros a. byr 423
bydd yn barod bob a. 992
Erys a.; dyn â 550
Fy a. i ganu 790
Gorau meddyg, a. 506
Gwna a. ddyn yn hen 151
Hed a. 550
Hen, hen yw a. 157
i gadw a. 817
Mae a. i siarad 585
Mae a. yn dragwyddoldeb 166
Mae. a. yn storïwr 586
Mae'r a. wedi cyrraedd 954
Nid oedd dechreuad i A. 1157
Ni fydd diwedd i A. 1157
Wel geilw a. 322
Y mae a. yn dod 966
yn hytrach nag i a. 212
yn llwch yr a. gynt 348
amynedd: Aberth pob a. 394
ag a. di-ball wrth hyfforddi
992
heb a. 519
A. yw mam 414
anadl: a. gyntaf y wawr 2
Pob perchen a. 908
anadla: a. drwy'r tir 1160
anadlu: ac a. ein hanes 269
anawsterau: Drwy a. 283
Andes: Ac er i'r A. 277
anialwch: yn galw yn yr a. 947
yn llefain yn yr a. 927

Annibynnwr: Gwn am un A.
1109
annoeth: cant i a. 487
anodd: A. dwyn dyn 416
A. dysgu tric 417
dim yn fwy a. 191
anrheg: A. aur i'r un 1111
A. mam i mi 772
anrhydedda: A. dy dad a'th fam
880
antur: a. rhwng y cloddiau 255
ar a. mor ffôl 1168
y tair a. 291
yn a. ddewr 310
anwadal: Mor a. 619
anwybod: Amau pob a. 407
anwybyddiaeth: ein h. 214
anwylyd: F'a. bach 1093
F'a. fach 858
Hwn yw fy Mab, yr A. 949
Tros y môr y mae f'a. 863
Ar gyfer heddiw'r bore 1004
ara': ond yn a. 802
Yn a. deg 739
arad: A chanlyn yr a. goch 330
arall: Gad i a. 485
Aran: Dacw'r A. 123
arch: Yn eu h., Parch 1183
arddwrn: Nes penelin nag a.
630
aredig: y mae a. 654
Areopagus: Paul yng nghanol yr
A. 975
arf: Gorau a., a. dysg 497
Y Gymraeg yw'r unig a. 361
arfer: A. yw mam 419
Gorau a. doethineb 498
Gwaethaf a., a. drwg 515
arglwydd: A chlywsant sŵn yr
A. Dduw 878
a dychwelyd at yr A. 929

a gais yr A. gennyt 940
a'r A. a ddygodd ymaith 887
ac ysbryd yr A. 925
acenion yr A. Iesu 1139
am ddydd yr A. 938
am gynteddau yr A. 899
A. arglwyddi 1162
A., dyma fi 1065
A. Dduw y Lluoedd 1177
A. gwan 420
A. gad i'm dawel orffwys 1005
A. gwna fi'n offeryn 1112
A. Iesu, arwain f'enaid 1006
A. Iesu dysg im gerdded 1007
A. Iesu llanw d'Eglwys 1008
A. y wledd 1113
Awn i dŷ yr A. 904
Bendigedig fyddo A. Dduw
Israel 959
Bendigedig fyddo enw'r A. 887
Bendithied yr A. 881
blwyddyn ffafr yr A. 930
braich yr A. 928
Câr di yr A. dy Dduw 882
Ceisiwch yr A. tra gellir 929
Cenwch yn llafar i'r A. 901
da yw yr A. 901
Daeth angel yr A. 1090
Deuwn A. i'th gynteddau 1021
dy allorau di, O A. 899
dychwelwch at yr A. eich
Duw 935
Dyrchafed yr A. 881
Dysg ni A., i'th wasanaethu
1130
Dywedodd yr A. wrth Samuel
885
Eiddo yr A. y ddaear 893
enaid yn mawrygu yr A. 958
Fy A. Dduw, daw im
barchedig ofon 1035

fydd dydd yr A. 938
galwodd yr A. Dduw ar y dyn
878
Gelwir chwi'n offeiriaid yr A.
930
gwelais yr A. 922
Gwell gan yr A. 147
gwlad nag A. 713
gwybodaeth ac ofn yr A. 925
i fynydd yr A. 893
I'r A. cenwch lafar glod 1052
i'r A. fy eneinio 930
Llefara, A. canys 884
llewyrched yr A. 881
Mae d'eisiau Di bob awr/
Fy A. Dduw 1058
Mae ysbryd yr A. Dduw arnaf
930
Mae'r A. ein Duw yn un A.
882
Mae'r A. yn cofio y Dryw
1061
Mae'r A. yn gweld 885
Mawrygwch yr A. 894
medd A. y Lluoedd 942
Molwch yr A. 908
Myfi yw'r A. dy Dduw 880
O! A., arwain fi 1050
O A., cynnal ni 1158
O A., dyro awel 1074
O A. ein Duw 926
O A., ein Iôr 891
O A., ti wyddost 1159
O A. y Gwanwyn 1160
O A. y Lluoedd 899
O tyred, A. mawr 1083
ofn yr A. yw doethineb 889
Pam, A. 372
Paratowch ffordd yr A. 927,
947
Pechadur wyf, O! A. 1087

rhai sy'n ofni'r A. 943

rhaid i ti garu'r A. dy Dduw
957

Sanct, Sanct, Sanct [yw] A.
Dduw y Lluoedd 922, 1177

Ti, A., fuost yn breswylfa 900

Trech gwlad nag A. 713

un diwrnod yng ngolwg yr A.
995

Yn A. pawb 1044

yn nhŷ yr A. yn dragywydd
892

yn sydyn fe ddaw'r A. 942

yn y wlad mae'r A. 880

yng nghyfraith yr A. 890

Yr A. a feddwl amdanaf 1107

Yr A. a roddodd 887

Yr A. dy Dduw ydy'r unig A.
957

yr A. Dduw ardd yn Eden 877

Yr A. ei hun a ddyry 923

Yr A. sydd Dduw 901

Yr A. yw fy mugail 892

ysbryd yr A. a orffwys 925

arholiadau: cyn a.'r haf 370

arian: Ag A. yn fy nghod 333

Allwedd a. 406

A. ac aur nid oes gennyf 974

a. bath 168

a. o dan yr eithin 421

cariad at a. 991

er eich bod heb a. 929

heddiw'n a. 232

lle ceir a. 692

mewn ffair heb a. 758

na marsiandaeth o a. 909

Na miloedd o a. ac aur 1073

Pam y gwariwch a. 929

werthu'r cyfiawn am a. 937

arlunydd: pob a. yn ddyn 188

pob dyn yn a. 188

arogl: a. afal sur 587

aros: a. ar ôl? 107

A. Bethel, yn gysgod 277

A. mae'r mynyddau 261

A. nes profi 110

Hir pob a. 555, 556

artist: bron bob a. 297

arth: a. yn ei gyfarfod 938

Arthur: Ni bu A. 633

arweinydd: A. yr arloeswr 1162

arwyddion: A. Tywydd Teg 50

arwyr: i a. fyw ynddi 114

asgell: i'r a. fraith 313

asgwrn: Agosaf i'r a. 399

ei daro ag a. 639

asyn: marchogaeth ar a. 941

At bwy yr awn 1009

Athen: Wŷr A. 975

aur: Arian ac a. nid oes gennyf
974

A. o dan y rhedyn 421

Anrheg a. i'r un 1111

A. a dyf ar edafedd 44

a. [a] thus a myrr 946, 1122

A. y byd na'i berlau mân 1072

Byth ar sŵn y delyn a. 1020

Derfydd a. a derfydd arian
786

Ddoe yn a. 232

Nid a. 655

awdur: amser a. 230

stori heb a. 464

awen: Gorau a. 499

Awn i Fethlem 1010

awr: a. cyn hanner nos 588

a. dywylla' 743

a. gyda'r wawr 589

Bob a. yr wyf yn byw 1097

Bydd yr amser a'r a. 100

mae'r a. hon 1144

un a. felysaf gaed 1184

Awst: Dechrau A. niwlog 66
awyr: A. goch y bora 76
   A. las uwchben 680
   Cochni a. ar doriad gwawr 13

B

baban: b. yn y crud 814
   Caed b. bach mewn preseb
   1013
   Dyma f. 772
   Duwdod mewn B. 1076
   ei B. tlws 1093
   Fy m. bach 834
   Teflwch i'r B. yr hosan 1122
   y B. yn ei grud 1180
babanod: o enau b. 891
Babilon: Ger afonydd B. 905
bachgen: b. a aned i ni 924
   B. bach o Ddowlais 756
   b. o Lanarmon 311
   b. o Lanuwchlyn 311
   Fy mwriad er yn f. 791
   Mi sydd f. ieuanc ffôl 836
bachgennyn: Y ganwyd in f.
   1175
bai: Aml y b. 410
   Dros f. nas haeddai 1127
   Heb ei f. 549
   Llawn b. 565
   Nid heb ei f. 665
Bala: A'r B. dirion deg 794
   Bonheddwr mawr o'r B. 762
balchder: B. a fag ryfel 552
   i f. ei gwymp 604
bara: B. angylion Duw 1011
   f. haidd coliog 848
   ein b. beunyddiol 1132
   gymryd b. 981
   Ond b. planc 801
   Un hwyr fe gymerodd f. 1178
baich: a'm b. i yn ysgafn 953

Mi dafla' 'm. oddi ar 1064
   Nid b. ond b. o bechod 1156
bardd: Camp b. 267
   dylai b. egluro popeth 196
   rhaid i f. a llenor 297
   yn f. gwerin Cymru 311
   Y b. trwm 355
barddoni: Rhyfel rhwng dyn ac
   iaith yw b. 342
barddoniaeth: pwrpas mewn b.
   336
barf: A'i f. yn llaes 849
barn: ei f. ei hun 431
   llifed b. fel dyfroedd 938
   Rhydd i bawb ei f. 705
   Yn y F. gwae ddyn 1156
barnu: y mae b. 418, 741
barrug: A'th f. yn wyn 9
   b. y bore 13
   Gyda'i flodau fel y b. 40
bedw: A b. gleision 858
bedwen: Main a chymwys fel y
   f. 827
   Y f.! Na frolia 359
bedydd: o f. i fedd 596
bedyddio: at Ioan i'w f. ganddo
   949
   eich b. â dŵr 948
   eich b. â'r Ysbryd Glân 948
   Myfi sydd ag angen fy m. 949
Bedyddwyr 1109
bedd: Gwelais f. yr haf 80
   Mae cwsg y b. 1134
   o febyd i f. 366
   o fedydd i f. 596
beddrodau: b. Megalithig 344
beiau: Ai am fy m. i 1001
   Cudd fy m. 1017
   cyffesu ei f. 1186
Beibil: cyntaf o chwiorydd y B.
   1182

Beibl: B. i bawb 1146
　Dyma F. annwyl Iesu 1029
　Mae'r B. bach yn awr 1151
　tros y B. mawr 259
bendigedig: B. fyddo enw'r
　Arglwydd 887
　B. fyddo Arglwydd Dduw
　Israel 959
bendith: Boed i f. Duw Sara
　1116
bendithia: b. 'nawr 1117
bendithied: B. yr Arglwydd di
　881
bendithio: ac a'n b. 898
bendithiodd: b. Duw y seithfed
　dydd 876
Benedictus 959
benthyg: B. dros amser 423
Berliniad 217
berwi: b. yn ein gwaed 351
Beti Bwt 757
Bethlehem: ei eni ym M. Jwdea
　945
　O dawel ddinas B. 1075
　Tua B. dref 1094
　ti, B. Effrata 939
Bethlem: Awn i F., bawb 1010
　dydd uwch B. dref 1034
　O! Deued pob Cristion i F.
　1076
beunydd: Yn lanach, lanach b.
　836
blas: b. y cyw 580
　yn well na'i f. 587
blasus: B. pob peth 424
blawd: Tu ôl i'r b. 865
ble: B. mae Daniel 759
　B. mae'r hwn a anwyd 945
　B.'r ei di 760
　B.'r wyt ti'n myned 761
blewyn: o f. i f. 677

blinedig: bawb sy'n f. ac yn
　llwythog 953
blodau: b.'r drain 42
　b. ymenyn 55
　yr un b. menyn 38
Blodeuwedd: dy alw fyth yn F.
　256
blodeuyn: syrth y b. 927
blodyn: nef ym mhlygion b.
　1140
　y b.-ymenyn main 27
blwyddyn: b. ffafr yr Arglwydd
　930
　B. Newydd Dda 6, 7
　B. o eira 89
　hanner b. o heulwen 199
　llithrodd y f. 94
　mae dechrau b. 3
　O dyma'r F. Newydd 7
　wrth i'r f. newydd 2
blynyddoedd: mil o f. fel un
　diwrnod 995
boddi: b. cath 291
bonheddig: B. pob addfwyn 425
bonheddwr: B. mawr o'r Bala
　762
bore: Ar f. hafaidd 752
　Ar gyfer heddiw'r b. 1004
　B. ar bawb 426
　cysgu'r nos a chodi'r b. 755
　Enfys y b. 473
　Nid ar f. hafddydd 1070
　Nid yn y b. 671
　Yn gyflym y daw'r b. 161
boreddydd: Pan own i ar f. 52
brain: b. yn y llwyn 364
　ma' b. yn trigo 480
braint: na b. yn ein bro 341
brân: a dynno nyth y f. 870
　A thra fo'r f. yn seilio'i nyth
　858

b. i f. y dyffryn 813
B. y môr 763
Gwyn y gwêl y f. 539
Haws troi'r f. 547
brawd: Beth wyt ti a minnau, f.
112
B. mogi 427
Fy ngeni'n f. i flodau'r grug
312
fy M. a'm Ceidwad 1077
Rwyn f. i ti 328
well na b. ymhell 440
yn well na b. 914
Brawdoliaeth 145
brecwast: Canu cyn b. 433
breichiau: Rhydd hithau ei b.
braf 222
brenhines: a cherdded fel b. 766
brenhiniaeth: Dy f. di sydd f.
dragwyddol 906
ni ddinistrir ei f. 934
brenin: sy'n dwyn y B. adref
1089
Wele dy f. yn dod 941
breuddwyd: Mae gen i f. 1147
breuddwydion: hynafgwyr yn
gweld b. 936
Taenais fy m. 226
briallu: Blodeuog yw b'r fron 14
Bydd y b. 24
briw: halen ar f. 700
bro: Mae b. dirion 282
Bro Morgannwg 801, 835
brwdfrydedd: heb f. 182
brwydro: i f. heb ystyried y
clwyfau 1130
brythylliaid: b. yn 'codi' 13
brythyllod: A dala hen f. 859
buarth: b. gwag 484
bugail: bywyd hen f. 372
Yr Arglwydd yw fy m. 892

bugeilio: b.'r gwenith gwyn 836
bûm: B. edifar 764
B. yn byw 765
buwch: Y f. fach gota 67
Yn berchen b. a llo 854
bwa: O f.'i tho plethedig 253
bwlch: Sefwch gyda mi yn y b.
296
Bwlch-y-corn 326
bwriad: Fy m. er yn fachgen 791
bwyd: diogyn at ei f. 662
bwyta: chwibanu a b. 415
bychandra: Ei orfawr f. 190
byd: A gedy'r b. i mi 176
A. rhodio'r b. 312
B. gwyn 264
Canfod b. mewn un 1140
Cyn llunio'r b. 1019
Chwiliwch y b. 866
Distewi o ddwndwr b. 1158
Dyma'r modd y diwedda'r b.
134
ddaethom â dim i'r b. 990
Gwyn ei f. 772
Gwyn eu b. 349, 799, 950
Gwyn fy m. 40, 800
Heb ddim gofal yn y b. 783
Mae'r b. wedi'i egnïo 1152
mewn b. nac eglwys 321
Myfi yw goleuni'r b. 967
nag y breuddwydia'r b. hwn
1124
Nid b. b. heb 656
Pe medrwn ado'r b. 335
Tripheth a gerir drwy'r b. 56
y b., ac a breswylia ynddo 893
y cryfaf yn y b. 235
y diwedda'r b. 134
yn y b. hwn 423
Bydd wrth ein bwrdd 1117
byddar: ym mhorth y b. 558

bynnag: ble b. yr ei di 883
    Pa beth b. y dymunwch 952
    ym mhle b. y byddi 883
byr: A b. allu 139
    b. ei wybod 554
    b. pob difyrrwch 556
bys: Mae b. Meri Ann 814
    Melys b. pan losgo 617
bysedd: a'i f. a fesur 171
byth: a bery'n bleser am b. 694
    a hir yw b. 1126
    ddaw doe b. yn ôl 642
    ddaw du b. yn wyn 643
    gair ein Duw ni a saif b. 927
    geiriau gwir am b. 911
    Ma' b. ymhell 581
    ni ddeuaf b. 858
    rhywbryd na b. 532
    yn awr, a b. bythoedd 998
byw: All neb f. ar garu a chusanu 405
    a'n cymorth i f. 1027
    Bûm yn b. yn afrad 765
    byddi di b. byth 493
    B.'n sobor lle bo diod 859
    B. yn hen 266
    Ein bod wedi mynnu b. 269
    Fydde fe'n byw 480
    gwn fod fy amddiffynwr yn f. 888
    hawl i f. 328
    i fyd sy'n well i f. 1003
    Marw i f. mae'r haf 62
bywha: B. di ein cydwybod 1118
    B. dy waith 1012
bywyd: a chan gredu, y caffoch f. 973
    Air y b. 1142, 1153
    a'r b. tragwyddol 1123
    achubir b. cenedl 345

bydd ganddo oleuni'r b. 967
b. cenedlaethol 271
b. hen fugail 372
b. yr enaid 224
cyffwrdd â b. 240
Diben b. 128
drwy gydol dydd ein b. blin 1158
ffordd, a'r gwirionedd a'r b. 971
hawl i f. 293
Mynegiant o f. cenedl 315
Nid b. heb ryddid 657
Nid b. mo f. 186
Nid wy'n gofyn b. moethus 1072
Nid paratoad ar gyfer b. 193
Pren [y] b. 877, 909
rhyfeddod mawr y b. dynol 1181
yn ysbryd b. a rhyddid 278
Swyn i estyn b. 943

C

cachgi: Rhed c. 698
Cader Idris: dacw'r G. 123
cadno: Cynefin y carlwm a'r c. 372
    rhedeg 'da'r c. 439
cadw: c. heddiw fel bo 429
    c. ni rhag darllen 241
    C. tŷ mewn cwmwl 262
cadwriaethwr: y gwir g. 154
cadwynau: y mae mewn c. 144
cadwyni: o dan ei ch. 347
caddug: A'i g. yn frig iddi 1134
cae: lliwio llond c. o wair 110
    Uwchben y c. mae'r haul 865
caeau: Eira sydd dros y c. 20
Caed baban bach 1013
cael: c. neu beidio 710

Caernarfon: Ffarwel i dre C.
795

cangen: pob gweiryn a ch. 10

calan: Wel, dyma'r dydd C. 5

calch: c. ar dalcen plas 858

calennig: C. i mi 5

Calfari: Ar fynydd C. 1084
Yn afon C. 1065

Calfaria: I G. trof fy wyneb
1051

calon: A galar yn ei g. 835
a gostyngedig o g. 953
A 'ngh. i yn rhydd 52
Â'm c. fel y plwm 794
C. ffŵl 430
cenedl heb g. 436
glân ei g. 663
gorfoledd yng ngh. pob un
1160
o wirfodd ei g. 985
pob c. yn agored 1145
Rhwygwch eich c. 935
Tra bo 'ngh. yn fy mron 856
Trom yw c. pob dyn unig 864
Tros y môr y mae fy ngh. 863
y rhai pur eu c. 950
yno bydd eich c. 571

calonnau: agor ein c. 1118
a llywio ein c. 1165
feddyliau ein c. 1145
feddyliau eu c. 963
hysgrifennaf hi yn eu c. 931

call: C. pob un 431
Gair i g. 488
Ni thwyllir y c. 652

camddeall: Fydd neb yma'n c.
291

camelod: Ar eu c. gwyn 1174

camfa: Ar ben y G. Wen 777

camp: C. bardd yw 267
Lle bydd c. 566

campwaith: C. dewin hynod
352

camsyniad: gweld ei g. 239

cân: a llyfr o g. 247
C. di bennill mwyn 268
C. gwcw 770
c. wedi loes 1039
diwedd y g. 728
G. bugeiliaid megis cynt 261
Gwlad y g. 273
Mi genais g. 313
Nid oes c. ddoniol 190
nid oes g. aderyn 20
'run g. â'r gog 547
Sain cynghanedd, c. ac englyn
787

canaf: C. am yr addewidion
1014
Mi g. â'r ysbryd 983
Mi g. i'm hanwylyd 921

caneri: prynu c. 291

canllath: G. o gopa'r mynydd
292

canmol: C. deryn bach 767
c. (y) diwrnod teg 432, 671
c. y dyn 729

canrifoedd: ar hyd y c. 1110

Cantre'r Gwaelod 24, 325, 344

canu: A phawb yn c. 'nghlod 333
C. cyn brecwast 433
C. wnaf 768
c. yn y dyffryn 52
C'n iach lle byddo cariad 864
chwilen bwm yn c. 71
Dechrau c. 1020

canwn: C. fawl 944
Fe g. so la ti do 752

capten: Mae'r C. ar y bwrdd 852

câr: A g. y pethau 787
C. di yr Arglwydd dy Dduw
882

Da yw c. 445
Gwell cerydd c. 523
Iddo ef a'u c. gynhesaf 841
Mae'r hon a g. fy nghalon i
826
Pob un a g. 692
Caraf yr haul 1015
carafan: C. mewn cwr 299
caredigrwydd: C. yw'r iaith 115
goddefgarwch, c., daioni 986
cariad: a ch. at y cwm 351
adar mewn c. 318
A'r mwyaf o'r rhain yw c. 982
boed imi hau c. 1112
Bychan y c. 428
cadwed g. 914
c. yw Duw 997
C. yw mam 434
Cyfaill c. 41
Dacw 'ngh. i 774, 775
Dyma g. pwy a'i traetha 1031
Ewyllys Duw yw sylfaen c.
1181
Ffarwel fy annwyl g. 794
Fy ngh. yw'r lana 824
ffrwyth yr Ysbryd yw c. 986
g. Duw yng Nghrist Iesu 978
Gwybod meddwl f'annwyl g.
860
Hanner tlysed ag yw 'ngh. 855
i gadw c. 338
Llawn o g. merch 812
lle bo c. 542
lle byddo c. 864, 913
Mae 'ngh. i'n Fenws 824
mae 'ngh. inne 755
mewn cas a ch. 709
Nid oes gan neb g. mwy na
hyn 972
o ddrwg yw c. at arian 991
o Dduw y mae c. 997

Ond c. pur sydd fel y dur 826
Ond c. yw'r meini 257
Os bydd gennych g. 970
Os fy ngh. i sydd ynddi 776
pryd o ddail lle byddo c. 913
Tros y môr mae 'ngh. 862
trwy g. dy unig Fab 1136
yng ngrym ei g. Ef 1001
cario: yn c. ni'n dau 809
carlwm: Cynefin y c. 372
carreg: a dyr y g. 467
Ar lan y môr mae c. wastad
753
cartro: C. crwth a thelyn 272
yn debyg i g. 465
cartref: Cymro oddi c. 503
Gorau tref, c. 509
llunio c. rhwng y creigiau 277
ni bo'r gath g. 574
O fel mae'n dda gen i 'ngh.
866
caru: ac o g., c. pob hanfod 1129
amser i g. 917
c. ffyddlondeb 940
gadewch i ni g. ein gilydd 997
g. a chusanu 405
gŵr sy'n methu c. 841
i g. yr hyn sy'n werth ei g.
1120
rhaid i ti g.'r Arglwydd dy
Dduw 957
rhoddwr llawen y mae Duw'n
ei g. 985
wedi c. a cholli 148
Y sawl sy'n c. gweniaith 871
Yr ydych chwithau i g.'ch
gilydd 970
carwch: c. eich gilydd 970
cas: A heuo g. 106
C. y gŵr 435
mewn c. a chariad 709

ych pasgedig a ch. 913

caseg: Mynd drot-drot ar y g.
wen 837

castell: Gair gŵr o g. 486

cath: A thamaid i'r g. a'r ci 837
a'r g. wedi sgramo 814
boddi c. 291
bwyd i'r g. fach 843
cwrcath bach glas gyda'n c. las
ni 815
Na phryn g. 628
ni bo'r g. gartref 574
y g. o'r cwd 496

cathod: c. yn chwareus 13

cause célébre 289

cawl: cwsg c. erfin 475
cyw yn y c. 580
y darfu'r c. 679

cawodau: haul a ch. 473

cawr: Ionawr, mis y c. 1
Gweddi laddodd g. 1138

caws: llyma'i g. 579

cefn: ar ei g. 632

ceffyl: c. bychan 758
c. gwinau glân 816
Gee g. bach 809
gen i drol a ch. 819

cegin: a ch. heb dân ynddi 3

ceidwad: Dyma G. i'r colledig
1032

ceiliog: A ch., go-go-go! 854
Dafi'n 'mofyn c. 778
Siôn yn prynu c. 853

ceiliog y gwynt 619, 622

ceiniog: Heb un g. 784, 850
i dlawd ei g. 482
O g. i g. 678
Y g. yw diwedd y gân 728

Ceiriog: C., gan addasu'r
delyneg 376
gwaith mwyaf C 311

meistr bychan yw C. 279
Yr hyn a wnaeth C. 376

celfyddyd: C. o hyd 117

celwydd: Nid hawdd cadarnhau
c. 189
pob coel c. 691

celwyddau: tri math o g. 177

celynnen: A'i enw yw y G. 792

cenedl: achubir bywyd c. 345
A'n gadael yn g. gyfan 132
Beth yw bod yn g. 262
Bydd yma g. 215
Cawsom g. o genhedlaeth 269
C. heb iaith 436
c. sy'n hoff o siarad 310
Dylai c. fod 285
ddehongli hanes c. 317
Ei hanes yw cof c. 287
ein trysorau llenyddol
cyfoethocaf ni fel c. 366
fwy dawnus na'r un g. 289
gwelaf y g. hon yn codi 1147
I berthyn i g. 302
i'r holl bobloedd o bob c. 934
Mae llenyddiaeth c. yn
dibynnu 368
Mewn c. sy'n hoff o siarad
310
Mynegiant o fywyd c. 315
Nid c., ond rhan 287
Roedd yma g. 215
yn niwylliant c. 275
yn troi'n bennaf lles ei g. 1176

cenhedloedd: Daw c. eto 278
Roedd yma genedl cyn i g.
215
ymhlith yr holl g. 898
yn ddatguddiad i'r C. 960

cennad: am g. – i ganu 350
c. y cyfamod 942

ceraint: ddwyn ei g. 632

cerdd: mewn c. dda 342

cerdded: c. gyda'n tadau 351
cyn c. 697

cerddi: A yw'r c. hwian 254
C. yw'r Salmau 1121
ei ch. hwian 368
eu darllen fel c. 1121
Gorau o'r c. 507
Gwaraidd fydd ei g. 264

cerddor: rhaid i g. ac arlunydd 297
rhyw g. cudd 29

ceriwbiaid: Glân g. a seraffiaid 1037
y llefa c. a seraffiaid 1177

cerrig: a'r c. yn slic 809
C. ar g. geirwon 270
llygaid gan g. 590
nid c. ond cariad 257

cerydd: Gwell c. câr 523

cesail: Yng ngh. y moelydd 372

ci: cared fy ngh. 389
c. a gyfarth 719
c. sy'n cyfarth 469
c. yn pori glaswellt 13
daga g. 511
Dau g. bach 779
Na ddeffro'r c. 627
Ni chwyn y c. 639
Rhedeg gyda'r c. 699
tric i hen g. 417

cig: melysaf y c. 399

cinio: Mae'n bryd i'r moch gael c. 810

claf: Hawdd clwyfo c. 545
i'r c. gymeryd cysur 802
i'r ystafell lle bo c. 161
y c. sydd angen meddyg 955

clawdd: da ydyw c. 441
Nid rhith o g. 195

clecwn: c. sy'n holi 437

cleddwch: C. fi 769
C. yr ŵyl 1122

cleisiau: a thrwy ei g. ef 928

clo: a egyr bob c. 406
c. y nant a'r iâ 14
drwy dwll y c. 4
nentydd dan eu c. 20

cloc: Araf y tipia'r c. 259
A'r c. yn taro naw 828
Mae gen i . . . G. 817
yn cadw amser y c. 27

clochdy: ac un i'r c. 594

clod: cawsant g. yn eu cenedlaethau 944
nod holl g. y gwledydd 827
os mynni g. 681
yw c. y cledd 117

cloddiau: clustiau gan g. 590

clustiau: c. gan gloddiau 590

clwt: ar y c. yn cadw amser 27
Gwell c. 524
Yn pori ar y c. 819

clychau'r gog: tra phrin yw c. 24

clywed: Galw'r plwyf i g. 489
Taro'r post i'r pared g. 707
Rhowch g., wŷr doethion 350

cnau: i hela c. 809
Mis y c. 74

cnawd: daeth y Gair yn g. 965
fy nghalon a'm c. a waeddant 899
mewn ffwdanus g. 1157
swp o esgyrn mewn gwisg o g. 112
y daw pob c. 897

coch: A chanlyn yr arad g. 330
Awyr g. y bora 76
Capan c. sydd ar ei ben 772
c. sy'n gryndod cynnes 57

O'r ddwy foch g. 761
Y ddraig g. 358
coed: a ch. ei grud 549
Cyd-ernes yw'r c. arni 257
gwelais y c. cam 69
gwisgo'r c. noethion 60
Llawn yw'r c. 812
Mae dwy ffordd i'r c. 593
Yn y c. dan ddail y derw 769
coeden: bob c. ddymunol 877
C. i'w haddoli 344
i nythu fry ar y g. 760
coedydd: gwyrddion ydyw'r c. 14
rhodio glas y c. 52
coel: peidiwch gwneud c. 71
pob c. celwydd 691
coes: A dwy g. bren 830
coesau: Ei g. fel y pibau 756
cof: C. y serchogion 41
er c. amdanaf 981
Gorau c., c. llyfr 501
Heb g., heb orffennol 287
ond c. am brofiad 322
cofia: C. Bantycelyn 124
C. dy greawdwr 918
Ein Tad, c.'r morwr 1131
cofiaf: c. gyda gorfoledd a diolch 1162
Cofia'n gwlad 1016
cofiannau: c. di-rif 155
cofio: A g., gwnaed 104
Af dan g. 'nhad a 'mam 349
beth yw dyn iti ei g. 891
Dwyt ti ddim yn c. Macsen 132
I g. am y pethau anghofiedig 348
na ch. a thristáu 1141
Ond rwy'n c. nawr 351
Wrth inni g. am Seion 905

cog: Fel y g. 768
Lle mae'r g. yn cysgu'r gaea' 800
'r un gân â'r g. 547
coleg: Mi gefais g. gan fy nhad 312
colomen: dy fwyn g. 39
colled: aml g. 626
Nid c. colli 658
Ni fu c. 647
comin:Yn dwyn y c. 207
corff: atgyfodiad y c. 1123
C. a gwaed i'w goffa 1178
Hwn yw fy ngh. 981
cornel: mewn c. â llyfr 216
coronwch: c. Ef 1044
corryn: Mae'r gwe c. 175
cors: fi sychodd y g. 294
wneud y g. 330
cosb: Os oes c. waeth 204
cosbir: Paham y c. neb 207
cownter: Ma' llathed o g. 584
crachen: lleuen mewn c. 621
craig: C. yn sownd o dan ein traed 351
mae c. a chregyn 754
Nes canfod o'r G. 277
creawdwr: Cofia dy g. 918
C. nef a daear 1123
y C. mawr tragwyddol 1181
credaf: C. yn Iesu Grist, ei unig Fab 1123
C. yn Nuw, y Tad 1123
C. yn yr Ysbryd Glân 1123
credo: gall ef fynegi ei g. 1186
credu: a chan g., y caffoch fywyd 973
Rwy'n c. mewn Tragwyddoldeb 1157
crefydd: heb g. 513

crefyddgar: eich bod yn dra ch. 975

crefft: G. gyntaf dynol ryw 330
Gweddw c. 518
Gwell c. 525

creigiau: c. Aberdaron 333

crempog: Os gwelwch yn dda, ga'i g. 843

crëyr: Pan ddaw'r c. 857

Crist: a chyfryngaeth waredigol C. 1143
Nesáu mae dydd Nadolig C. 92
mai Iesu yw C., Mab Duw 973
Mawr oedd C. yn nhragwyddoldeb 1063

Cristion: O! Deued pob C. 1076
yng ngweddi'r C. 1110

Cristnogaeth: mae C. yn wleidyddol 1181
Mewn C. nid chwilio 1154

Cristnogion: Mynn C. 1155

crochan: hwch i'r c. 757

croen: C. ac esgyrn 118
cymeriad yn bwysicach na lliw c. 1147
ond trwch c. 673

croes: a chodi ei g. 962
gwaed a redodd ar y g. 1062
Gwaed dy g. sy'n codi i fyny 1038
Pan gyflawn syllaf ar y g. 1086
Yn eu hoes, C. 1183

croeso: C. iti Gwcw 770
C., Medi, fis fy serch 73
Pa g. gest ti yno 848

croglith: Ar y G. 1114

crôn: ma' c. yn nes 582

cropian: Rhaid yw c. 697

crydd: Gwraig y c. 536

cryfaf: y c. yn y byd 235

cryfder: Ni cheir c. 636

cryman: cyntaf ei g. 720

cryndod: coch sy'n g. 57

crys: Ma' c. yn agos 582

cudd: C. fy meiau rhag y werin 1017

cusanu: garu a ch. 405

cwcw: A ch. gynta'r 354
A chlywir y g. 51
Croeso iti G. 770
G. fach 54
i glywed y g. 489
pan ddêl y g. 30
Yr un sane g. 38

cwd: gath mewn c. 628
y gath o'r c. 496

cwm: a chariad at y c. 351
arglwydd y c. 372
C. tecaf y cymoedd 372
O G. Mawddwy 806
o Lwyncoed C. y Glo 334
o'r Graig hyfrydwch y C. 277
Yn y c. pell 340

cŵn: Cyfarth 'da'r c. 439
Dyddiau c. 61

cwpan: Y c. hwn yw'r cyfamod newydd 981

cwpwrdd: gennyf g. cornel 822

cwrcath: c. bach glas 815

cwsg: C. ni ddaw 120
c. y bedd i'w hedd hi 1134
Esmwyth c. 475

cwymp: i falchder ei g. 604

cwyn: Ni ch. y ci 639

cwyno: Paid c. 209

cŵys: Amlaf ei g. 408

cychwyn: a ddyry c. 358

cyd-daro: digwydd c. 198

cyd-drig: A g. â ni 105

Y mae gwisg am ei g. 118

yn aros yn nhir c. angau 924

cysgu: ci a fo'n c. 627

cyw: Ma' blas y c. 580

y frân ei ch. 539

y piga'r c. 568

cywilydd: na ch. 522

CH

chwannen: ch. a chi 234

Lladd ch. 564

chwarae: i ch. o flaen y drwm 794

Nid ch. ch. â thân 659

chwardd: Pwy ni ch. 64

chwedl: Ch. a dyf 444

chwerthin: Gwna iddynt ch. 152

chwerw: ei fil i gyd yn ch. 872

heb y ch. 638

chwiban: A'i ch. yn dyffro'r fro 295

ch. gwyllt aderyn du 276

Mae'th ch. leddf 4

chwibanu: Anodd ch. 415

chwilen: Mae ch. bwm 71

chwiliwch: Ch. y byd 866

D

da: D. am dd. 771

D. yw câr 445

D. yw dant 446

Drwg am dd. 771

dwêd e'n dd. 466

Gwna dd. dros 534

Gwna dd., ni waeth 535

na bod yn dd. 149

Nid d. lle gellir 660

nid yw dd. 512

oddi wrth y d. 383

Y d. a ewyllysiwn 976

Y d. yn aml a gleddir 236

dacw: D. alarch 772

D. ddrws y beudy'n 775

D. dŷ a d. do 773

D. efail Siôn 773

D. 'nghariad 774, 775

D. long 776

D. Mam yn dwad 777

D. rosyn 772

D.'r Aran fawreddog 123

D.'r Wyddfa 802

D.'r tŷ a d.'r 'sgubor 775

dadlau: Nid d. 187

daear: ar y dd. fel yn y nef 1132

cânt hwy etifeddu'r dd. 950

Creawdwr nef a d. 1123

creodd Duw y nefoedd a'r dd. 873

Eiddo yr Arglwydd y dd. 893

felly ar y dd. hefyd 1132

gorffennwyd y nefoedd a'r dd. 876

holl dd. yn llawn o'th ogoniant 922

hwn a wnaeth nefoedd a d. 903

Nef a d., tir a môr 1068

Nefoedd a d. sydd yn llawn 1177

O'r dd. ddu 15

Tra pery'r dd. 879

Y dd. oll yn wyn 10

Yr holl dd. 874, 891, 901

dafad: Aeth un dd. 765

dysgu i'r dd. bori 746

Mae gennyf dd. gorniog 823

Dafi: D. bach a minnau 778

Dafydd: D. bêr ei gywydd 306

daffodiliau: galw hoyw dd. 27

dail: D. ar goed 65

Deial aur rhwng d. arian 126

Diosgodd ei d. a gwisgo'i
chaddug 94
Mae d. y coed 306
Na wylo d. wedi hyn 79
pryd o dd. 913
'Sgubo'r d. 81
sychu'r clwyfau yn dy dd. 78

daioni: ar dân er d. 468
Duw a phob d. 1129
D. a thrugaredd 892
d. sy'n rhinwedd 197
Dyn ni wna dd. 135
goddefgarwch, caredigrwydd,
d. 986

dalen: dwy ochr i'r dd. 595
dall: D. pob anghelfydd 450
damwain: D. a hap 263
Daniel: Ble mae D. 759
dant: Da yw d. 446
Dante: D. – dos i'w ddilyn 124
danteithion: a mwynhau d. 929
darlleno: A dd., ystyried 104
darn: d. o dir yn dyst 269
datgan: d. ac awgrymu 336
dathlu: Pan fo gŵr yn d. 211
dau: A welaist ti'r dd. 1115
tra bo d. 826

dauwynebog: A'r dyn yn dd.
861
'nabod d. 547
daw: dderwen a dd. 727
dawn: Gorau d., deall 504
Heb dd. 548
heb ei d. 518
ni bydd d. 570

dawns: A d. y don sy dani 362
â thympau ac â d. 908
dawnsio: I dd. o flaen y delyn
794
Neidio, d. a llawenu 1010
deall: a ddygo d. allan 909

a hwyluso'r d. 1179
ac yn nerth, d. 1129
A pha le y mae trigfan d. 889
Gorau d., doethineb 505
Gorau dawn, d. 504
Lle bo d. 164
oddi wrth ddrwg yw d. 889
ond mi ganaf â'r d. hefyd 983
ysbryd doethineb a d. 925

deallus: doeth a'r d. 320
dechrau: D. canu, d. canmol
1020
D. da 453
d. i bob peth 591
yn dd.'r diwedd 179

dechreuad: mae ei dd. 250
Nid oedd d. i Amser 1157
yn ddiwedd y d. 179
Yn y d. yr oedd y Gair 965
Yn y d. creodd Duw 873
megis yr oedd yn y d. 1144

Deddf Uno: 274
defaid: a d. ei borfa 901
cadw d. 462
d. yn ceisio lle uchel 50
d. yn tynnu 13

deial: D. aur rhwng dail 126
delw: Am iddo beidio addoli'r
dd. 759
Gwnawn ddyn ar ein d. 874
nac addoli'r dd. aur 932
Na wna i ti dd. 880

democratiaeth: 127
Denisofitsh: Ifan D. 300
derbyn: Pwy bynnag sy'n d. y
plentyn 963
rywrai i'ch d. 153

derfydd: D. aur, a d. arian 786
D. rhew, a d. gaeaf 780
Fe dd. fy nghân 790

deri: yn y d. 298

derw: dan ddail y d. 769
  os deilia'r d. 50
derwen: Cysylltwyd y dd. 344
  d. a dyf 676
  dyn, d. a diwrnod 861
  Y fesen yn dd. 727
deryn: Canmol d. bach 767
  d. du a'i blufyn sidan 867
  'd. du pigfelyn 52
  'd. dua 763
  'd. gwynna 763
  D. y Bwn 781
  Y d. pur a'r adain las 868
  Yr hen dd. bach 760
deuddeg: Dyma enwau'r D. 956
deuparth: D. ffordd 455
  D. gwaith 454
  D. taith 456
Deuwn, Arglwydd i'th
  gynteddau: 1021
Dewi: dim sôn am D. 274
Dewi Sant: 25
dewr: Cydymaith y d. 1162
  dyn d. neu adyn dwl 233
  I'r d. i wneuthur oer dwyll
  220
  Neb ond y d. 180
dewrder: y d. i newid 1164
diadell: Hel a didol d. 340
diafol: d. yn farw 738
  Gall y d. ddyfynnu 143
  y d. daflu 165
dial: Llwyr y d. 159
diamwnt: fel d. dur 10
dianc: A dyna fi'n d. 839
  yn ddigon er d. 611
diarhebion: hen dd. 687
diawl: a d. pentan 400
dibechod: ein bod yn dd. 996
  Nid yw bod yn dd. 197
diben: D. bywyd 128

diddanwr: D., digrifwr 129
diferyn: Fesul d. 157
  pe ond d. 63
difyr: Ffein a d. 796
difyrrwch: byr pob d. 556
  Iesu, d. f'enaid drud 1053
digerydd: dod adre yn dd. 799
digon: Duw a d. 548
  Gwell d. na gormod 526
dihareb: a oes d. / a ddwed 269
  D., adnod y werin 280
  gwrthbrofi d. 646
  Pob d. gwir 691
dilyn: I dd. yr ôg 330
dillad: Aeth y d. gyda'r afon 847
  eich calon, nid eich d. 935
  Nid d. sy'n gwneud 661
dillatach: ysgwyd fel d. 23
dim: A wnelo dd. 393
  d., mewn byd nac eglwys 321
  d. mor sicr ag angau 668
  d. newydd dan yr haul 916
  D. ond heddiw 460
  d. yn fwy anodd 191
  ddaw d. o dd. 452
  Gormod o dd. 512
  Gwell hanner na d. 528
  Heb Dduw, heb dd. 548
  Hynny yw d. 158
  i ddynion da wneud d. 251
  na d. arall a grëwyd 978
  na ddaethom â d. i'r byd 990
  Ni chyflawnwyd d. 182
  Nid oes d., heb 667
  rhai'n gyfoethogion heb dd.
  246
dinas: I'r dd. ar y bryn 1174
  llawer d. dlos 325
  Nid oes d. barhaus 994
diniweidrwydd: Yn nheyrnas d.
  249

dioddef: Rhaid d. peth 338
dioddefiadau: nad yw d.'r
   presennol i'w cymharu 977
dioddefws: A. dd. a orfu 380
diofal: D. yw'r aderyn 783
diog: gwaith yn galed i dd. 614
   Nid d. diogyn 662
diogi: D. yw gwreiddyn 461
   pob drwg yw d. 551
diogyn: Nid diog d. 662
diolch: deuwn / Â d. 1161
   D. i Ti, yr Hollalluog 1022
   O! d. am Gyfryngwr 1084
diolchgarwch: 1110
disgwyl: Gwna iddynt dd. 152
   mae'r d. mwyaf 252
disgyblion: mai d. i mi ydych
   970
disgyn: D. Iôr! a rhwyga'r
   nefoedd 1023
distawrwydd: A chaeodd y d.
   258
distylliad: D. o sïon 130
diwedd: Ar dd. y mae barnu 418
   D. hen cadw 462
   D. pob peth 463
   d. y gân 728
   nid hwn yw'r d. 179
   o'r d. 476
   Yn n. dyn 250
   Yn y d. 741
diwerth: D. yw gwneud mewn
   dwyawr 203
   D. yw stori heb 464
   fyth fyw i fod yn dd. 1166
diwrnod: Canmol y d. 432
   Daw hirnos lle bu d. 1175
   Digon i'r d. ei ddrwg 951
   Dyn, derwen a d. 861
   Chwe d. yr wyt i weithio 880
   mae camol d. teg 671

   Nid d. y plant 70
   un d. yng ngolwg yr
   Arglwydd 995
diwydrwydd: Gorau ymarfer, d.
   510
diwygiad: D. Protestanaidd 1139
diwylliant: d. Rhufeinig 290
   wrth ddrws d. Cymru 311
   yn n. cenedl 275
dod: Mae d. i blentyn 592
doe: Ni ddaw d. 642
doed: D. a ddêl 100
doeth: a'n gwna'n dd. 357
   dyn d. ydyw'r dyn 239
   Gair i dd. 487
   Llyfr d. yn gyfoeth 1146
   Ni bydd d. 635
   Nid i'r d. 320
   Y d. ni ddywed a ŵyr 724
   Ymryson â d. 736
doethineb: d. i fedru
   gwahaniaethu 1164
   D. gorau yn y byd 131
   d. yn well na gemau 889
   dyn a gaffo dd. 909
   Gorau arfer d. 498
   Gorau deall, d. 505
   heb dd. 548
   mam pob d. 414
   pa le y ceir d. 889
   ysbryd d. a deall 925
Dolgelle: Dos i blwy D. 54
dolur: A dialedd a d. 106
   ein d. ni a gymerodd 928
   eli i bob d. 598
   lle byddo'i dd. 684
dot: Rhoi mewn d. a chryman
   du 164
Dowlais: Bachgen bach o Dd.
   756
draenen: Pan fo'r dd. 47

dwyn: Anodd d. dyn 416
   d. y comin 207
   neb dd. ei geraint 632
dwywaith: d. yn blentyn 717
dychwelyd: hyfryd yw d. 255
dychymyg: pura ein d. 1118
dydd: a chodi ei groes bob d.
   962
   A d. yw'r nos 95
   bendithiodd Duw y seithfed
   d. 876
   Cnul y d. 176
   Cofia'r d. Saboth 880
   daw d. Sadwrn 740
   d. a nos 879
   D. a nos 'run hyd 32
   d. dial ein Duw ni 930
   d. yn hir 861
   dyheu am dd. yr Arglwydd
   938
   erbyn y seithfed d. 876
   Fe wawriodd d. uwch
   Bethlem dref 1034
   fydd d. yr Arglwydd 938
   gorffwysodd ar y seithfed d.
   876
   gwawriodd d. i'w gofio 1101
   Gwelais ei fen liw d. 295
   Hiraf y d. 560
   hwyr a bore y d. cyntaf 873
   Mae'r d. yn fyr 174
   Nos yw y d. 95
   Nid yn [sic.] un d. 672
   o'th law y daw bob d. 1161
   y d. a'i dengys 517
   y d. garwaf 100
   Y d. sy bob d. yn dod 237
dyddiau: drwy dd.'r wythnosau
   94
   d. cŵn 61
   d. sy'n diweddu 136

   Y d. a'n gwna'n 357
   yn n. dy ieuenctid 918
dyfais: mam d. 401
dyfalu: bûm yn d. 811
dyfodol: gogoniant y mae'r d.
   i'w ddatguddio 977
dyfroedd: am yr afonydd d. 895
   Dewch i'r d. bob un 929
   d. mawr a'r tonnau 1106
   gerllaw y d. tawel 892
   llifed barn fel d. 938
   ymsymud ar wyneb y d. 873
dyffryn: Dy hela yn y d. 314
dyled: Allan o dd. 403
   heb dd. iddo 183
   talu d. 141
dyledion: maddau i ni ein d.
   1132
dyletswydd: dyma dd. pob dyn
   919
Dyma Feibil annwyl Iesu:
   1029
Dyma gariad fel y moroedd:
   1030
Dyma gariad pwy a'i traetha:
   1031
Dyma Geidwad i'r colledig:
   1032
dyn: a fynnai fod yn dd. 163
   a wna dd. llawn 125
   ac ymguddiodd y d. a'i wraig
   878
   Adweinir d. 397
   amcan bywyd d. 1181
   Anodd dwyn d. 416
   At bwy yr awn, O! Fab y D.
   1009
   beth bynnag mae d. yn ei hau
   987
   beth yw d., iti ei gofio 891
   bod d. yn rhydd 300

canmol y d. 729
cannwyll pwyll i dd. 500
cyferfir dau dd. 442
Daeth Duw yn Dd. 1155
Dan drueni d. ei fri 1008
Darllen a wna dd. 125
dydy d. byth 284
dyma ddyletswydd pob d. 919
d. a anwybyddo hanes 244
d. a garo grwth a thelyn 787
D. ar dân 468
D., derwen a diwrnod 861
d. dewr 233
D. ni wna ddaioni 135
d. yn dianc rhag llew 938
d. yn rhoi ei einioes dros ei
gyfeillion 972
d. yr oedd wedi ei lunio 877
Dywedodd wrthyt, dd. 940
Erys amser, d. â 550
fod pob d. yn gydradd 1147
Ganed d. yn rhydd 144
Gwelais un fel mab d. 934
Gwna amser dd. yn hen 151
Gwnawn dd. ar ein delw 874
Gwyn ei fyd y d. 909
Hysbys y dengys y d. 172
I ddysgu d. 747
lles pennaf d. yn troi'n 1176
Lleufer d. 573
mae 'nabod d. 670
meddiant pwysicaf d. 301
Meddyliau d. yw ei drysorau
309
mewn unrhyw dd. 907
Ni bu d. ond un 634
Nid pob d. a dyf 194
nid yr hyn a wêl d. 885
O! Fab y D. 1009, 1077
ond mynd i dd. 592
Ond wedi dod yn dd. 982

opiniwn d. amdano ei hun 192
perthyn i dd. tlawd 722
sut mae d. fel fi yn byw 330
sy'n gwneud y d. 661
Trom yw calon pob d. unig
864
tywylltaf fy ysbryd ar bob d.
936
un o'th hen gyndeidiau
dithau'n dd. 140
Unwaith yn dd. 717
Y d. a gaffo enw da 238
Y d. doeth 239
Y d. mwyaf diwylliedig 240
yn dd. go rhyfedd 188
yn fwy anodd i dd. 191
Yn niwedd d. y mae ei
ddechreuad 250
Yn y Farn gwae dd. o'i fod
1156

dynion: i dd. da wneud dim 251
    i dd. ei wneud i chwi 952
    Y drwg wna d. 236

dyrchafiad: Ei dd., a'i Eiriolaeth
1170

dyrnaid: d. o lwch 103

dysg: arf d. 497
    Arglwydd Iesu, d. im gerdded
1007
    D. ni, Arglwydd 1130
    d. o fedydd i fedd 596
    Heb dd. 548
    Lle ni bo d. 570
    Mae d. a rhinwedd 335
    ychydig dd. 213

dysgeidiaeth: na d. 715

dysgl: Dal y dd. 447

dysgu: Gall y gwaethaf dd. 490
    I dd. dyn 747
    yn d. i'r ddafad 746

dywed: Y doeth ni dd. a ŵyr 724

DD

ddoe: Dd. a ffodd 136

Dd., roedd eira'n drwch 88

Dd. yn aur 232

E

ebol: ar e., llwdn asen 941

Mae gen i e. melyn 820

Ebrill: Ac awel E. 29

E. yn llym 33

Nid oes imi yma ond E. a
Mai 839

edau: E. rhy dynn 470

Eden: A phlannodd yr Arglwydd
. . . ardd yn E. 877

edifar: Bûm e. 764

edifarhewch: E., oherwydd y
mae teyrnas nefoedd 947

efe: Myfi, Tydi, E. 1149

efengyl: A'r E. i'th gyf'rwyddo
1125

E. tangnefedd, O! rhed dros y
byd 1033

efydd: e. swnllyd ydwyf 982

eglureb: Dyfais yw'r e. 1179

egluro: a phaid e. 209

eglwys: had yr e. 514

mewn byd nac e. 321

nesaf i'r e. 384

unffordd i'r e. 612

yr E. Esgobol 1109

yr E. lân gatholig 1123

eglwysi: clych E. 292

egni: E. a lwydd 471

eiddigedd: Ni huna e. 650

eiliad: e. y peth agosaf 212

i brofiad y mae e. 212

Eil o Man 789

eilwaith: pryn e. 695

Ein Tad: E. Tad, cofia'r morwr
1131

E. Tad yn y nefoedd 1132

E. Tad yr hwn wyt yn 1132

eira: arwydd e. 11

Blwyddyn o e. 89

cyn wynned â'r e. 920

fe ddaw yn e. 850, 851

hir yw'r tymor e. 19

Mis e. a rhewynt 1

Pam fod e.'n wyn 218

Uwch yr e. 349

eiriolaeth: Ei ddyrchafiad, a'i E.
1170

eirlaw: Pan ddaw e. 19

eisiau: Mae d'e. Di bob awr
1058

O e. hoel fe gollodd 675

o e.'r unpeth hwnnw 872

ni bydd e. arnaf 892

eithin: arian o dan yr e. 421

Taniwyd y grug a'r e. 84

eleni *gw.* 'leni

eli: e. i bob dolur 598

eliffantod: Pan fo e. yn ymladd
332

elw: Y mae e. 912

Emrys ap Iwan 289

emyn: E. Cymreig ei rym a'i
swyn 1170

gwarant e. llwyddiannus 1143

Yr e. a rydd i'r
Anghydffurfiwr 1186

enaid: adnabod e. y Cymro 329

A gwerthu ein h. 1137

arwain Di – fy e. 1163

bywyd yr e. 224

Efe a ddychwel fy e. 892

ennill ei e. ei hun 300

Fy e. a hiraetha 899

hiraetha fy e. 895

mae fy e. yn mawrygu 958

ni fedr gadw ei h. hebddi 367

G

gefail: Dacw e. Siôn 773
   Drws yr e. 796
geiria': mai gwir y g. 829
geiriau: Diflanna g. 458
   Erys g. gwir 911
   g., megis arian bath 168
   gormod g. 764
   mewn ystwythder g. 324
   olau ffydd yng ng. hwn 1153
   Pwrpas g. 336
   wybod y g. heb adnabod 1137
gelyn: na gwên g. 523
genau: Yng ng. sach 732
geneth: a thithau, e. lân 247
   Yr e. ffein ddu 761
geni: heb ei e. 549
Georgia: ar fryniau G. 1147
Glamai: O anfon G. 39
glân: caniatâ fod i'th L.Ysbryd
   1165
   G. geriwbiaid a seraffiaid 1037
   Nid g. ond g. 663
Glangors-fach 294
glanhäwr simneiau 208
glas: A g. y dorlan 313
   i l. y llwyn 313
glasbren: i ganmol y g. 792
glaswyrdd: g. yw'r toeau 57
glaw: Bwrw g. yn sobor 766
   Darfu'r g. 17
   diwrnod o l. 70
   ddychwelyd ar ôl y g. 918
   g. cyn y bore 46
   G., g. cadw draw 45
   G. Gŵyl Ifan 93
   g. ymhell 72
   G. yw g. 63
   hwyaid ar y g. 422
   Mae'n bwrw g. allan 825
   nifer o arwyddion g. 13
   P'un ai g. 67

glendid: G. nid yw yn parhau
   826
   y g. a fu 296
glew: y megir g. 734
glynwch: g. wrth yr hyn sydd
   dda 989
gobaith: brin ei o. 162
   ffydd, g., cariad 982
   lle mae digalondid, g. 1112
   Trech g. na phrofiad 229
godro: Oes heb ei g. 842
gofal: A'i o. amdanaf sydd 833
   ni chwsg g. 477
   g. arbennig am y Cymry 337
gofid: G. a drycin 494
gogleddwynt: meingledd a g. 1
gogoniant: ac yn o. i'th bobl
   Israel 960
   a'r nerth a'r g. 258
   G. i'r Tad ac i'r Mab 1144
   Gosodaist dy o. 891
   gwelsom ei o. ef 965
   i dderbyn y g. 999
   i'w cymharu â'r g. 977
   y byddo g. 998
   yn llawn o'i o. 922
goleuni: a welsant o. mawr 924
   bob g. ei gysgod 599
   Bydded g. 873
   g. i fod yn ddatguddiad 960
   G.'r crwydryn 1162
   Grëwr pob g. 1098
   haul a'r g., y lloer a'r sêr 918
   Myfi yw g.'r byd 967
   sy'n cynnig ei o. 1180
golud: crefft na g. 525
   Ffordd nesaf at o. 141
   G. gwlad – rhyddid 495
   nesaf at o. 141
golwg: Allan o o. 404
   pell ei o. 686

gonestrwydd: Rhaid wrth o. 342

gorau: bod yn o. 490

gorchfygu: Gofidio neu o. 221

gorchmynion: a chadw ei o. 919

gw. hefyd 880

gorchwyl: Afrwydd pob g. 398

gorchymyn: P'un ydy'r g. cyntaf 957

  rhoi i chwi o. newydd 970

gordd: â g. 564

  yn drymach na g. 607

Gorffennaf: G. gwych 292

gorffwys: cystal â g. 613

  chwilio am o. 216

  gad i'm dawel o. 1005

gorffwystra: fe gewch o. i'ch eneidiau 953

goriwaered: allt heb o. 666

gormod: Gwell digon na g. 526

gorymdaith: yng ng. cawr 4

gradd: O ba r. 172

gras: trwy r. Duw yr wyf yr hyn ydwyf 984

grawnwin: iddi ddwyn g. 921

gruddiau: Ar ei g. hi gaiff ddigon 840

grug: flodau'r grug 312

  i r. y gors 313

  newyn o dan y g. 421

  Taniwyd y g. 84

gwâd: Ma' g. yn dewach 583

gwae: G. inni wybod y geiriau 1137

gwaed: berwi yn ein g. 351

  Corff a g. i'w goffa 1178

  cyfamod newydd, yn fy ng. i 981

  G. dy groes sy'n codi i fyny 1038

G. y saint 514

  Mae'r g. a redodd ar y groes 1062

gwael: G. wy'n awr 146

gwaethaf: Gall y g. ddysgu 490

gwaith: Bywha dy w., O! Arglwydd mawr 1012

  cerdd at dy w. 507

  Deuparth g. 454

  fe orffennwn ni'r g. 223

  G. menyw 516

  g. sy'n canmol 729

  G. y nos 517

  hanner y g. 453

  llaw heb w. 242

  Mae newid g. 613

  pob g. yn galed 614

gwall: wêl w. 578

gwallau: g. treigladau 169

gwallt: A thra bo 'ng. yn tyfu 856

  a'i w. yn wyn 849

gwan: Rhaid i'r g. 220

gwanwyn: A rhed y g. 15

  A ydi'r G. yn crwydro 16

  Ar ôl pob G. 38

  Croeso i'r g. 28

  Daeth y g. glas 17

  ei gân a wna g. 26

  Er oered y g. 37

  Gwelais y G. araf 23

  Niwl y g. 11

  Mi wellaf pan ddaw'r g. 21

  O Arglwydd y G. 1160

  Un wennol ni wna w. 35

  Unwaith daw eto W. 22

  Yn w. er un wennol 34

  Yn y g. y mae blodau 24

gwaredwr: A chymryd ymaith y G. 1114

  yr unig Dduw, ein G. 998

gwaredydd: G. y gorthrymedig
1162
gwareiddiad: ymdrechion g.
145
gwarth: g. cenedl 269
gwas: Bydd i mi'n w. di brydar
868
    Dafydd y g. ddim yn iach 814
    gwae ei w. 420
    i Ben y g. bach 837
    i w. y dryw 313
    y mae dy w. yn gwrando 884
    yn gollwng dy w. 960
    yn nhŷ Dafydd ei w. 959
gwastad: ac y bydd yn w. 1144
gwawr: a phan dyr y w. 181
    agosa'r w. 689
    anadl gyntaf y w. 2
    ar doriad g. 13
    awr gyda'r w. 589
    G. wedi hirnos 1039
    nesaf i'r w. 743
    Rhwng cyfnos a g. 1131
    Teg ei g. 827
    Yn codi efo'r w. 330
gwedd: Ni phaid dy w. 140
gweddi: elfennau yng ng.'r
    Cristion 1110
    G. dynn ddyn 1138
    G. laddodd gawr 1138
    mwy o bethau drwy w. 1124
    Yn f'hiraeth a'm g. 266
    yr hwn a wrandewi w. 897
gweddïo: g. am faddeuant 1186
Gweddi'r Arglwydd: 1132
gweddw: G. crefft 518
    G. pwyll 519
gweinidog: G. y Gair neu W. yr
    Efengyl 1139
    yn wraig i w. 204

gweinidogion: a'ch enwi'n w.
    ein Duw 930
gweithio: Chwe diwrnod yr wyt
    i w. 880
    i w. heb geisio gorffwys 1130
pan na all neb w. 969
gweithred: mae g. yn well 731
gweithredoedd: erys g. 458
    g. gŵr 184
gweithredu: ofni g. 310
Gwêl uwchlaw cymylau
    amser 1040
gwelais: Cyrhaeddais, g. 122
    Fe'th w. di 29
    G. ei fen liw dydd 295
    G. fedd yr haf 80
    G. un fel mab dyn 934
    G. yr Haf 68
    G. yn Hydref 78
gweledigaeth: Lle ni byddo g.
    915
gwell: G. a blygo 520
    G. gan yr Arglwydd 147
    G. yw bod yn brydferth 149
    G. aderyn mewn llaw 521
    G. digon na 526
    G. yw pryd o ddail 913
    G. . . . i ti anghofio a gwenu
    1141
    lle gellir g. 660
gwelltyn: Gwywa y g. 927
gwely: Nid g. heb wraig 664
    rho i mi w. tawel 266
    Wil i'w w. 609
gwên: na g. gelyn 523
gweniaith: derbyn yn llawen y
    w. 1172
    sy'n caru g. 871
gwenith: Myfi'n bugeilio'r g.
    gwyn 836
    Mae'r cae o w. melyn 865

Ni bu w. 634

gwennol: a dorro nyth y w. 869
a'r w. nyth iddi 899
er un w. 34
Fod g. yn y tir 21
gweld un w. 327
Try gweld un w. 327
Tyrd dithau'r w. 39
Un w. ni wna wanwyn 35

gwenoliaid: g. yn ehedeg 13

gwenwyn: gwaeth na g. 11

gwenyn: pan ddelo'r g. 38

gwerth: G. cynnydd 269
G. dy dir 1142
G. y cwbl oll 1142
heb wybod g. dim 113
hyn sy'n w. ei wybod 1120

gweud: Mae g. yn dda 600

gweunydd: yn crwydro'r g. 16

gwewyr: Herio g. y gaeaf 43

gwialen: dy w. a'th ffon 892
w. o gyff Jesse 925

Gwili: yr afonig G. 362

gwin: fe gymerodd fara – a g. 1178
Ni bu g. 634

gwinllan: Beth oedd i'w wneud i'm g. 921
gan f'anwylyd w. 921
ganig serch am ei w. 921
G. a roddwyd i'm gofal 296
rhyngof fi a'm g. 921

gwir: a draetha'r g. 871
ceir y g. 491
Fe fyn y g. 476
Glyn wrth y g. 492
gwybod beth yw'r g. 218
Mynn y g. ei le 624
ond dywedyd y g. 824
Pob dihareb g. 691
y g. yr holl w. 346

gwirion: Gan y g. 491

gwirionedd: awen g. 499
bydd y g. yn eich rhyddhau 968
Cewch wybod y g. 968
chwilio am w. 1154
er mwyn y g. 1179
g. a saif 730
Myfi yw'r ffordd a'r g. 971
Nid hawdd amau g. 189
nid yw'r g. ynom 996
Plant g. 687
yn gynnil â'r g. 248

gwisg: mewn g. o gnawd 112
Nid wrth ei w. 670
Y mae g. am ei gysgod 118

gwlad: Ai 'ng. fy hun 793, 795
Cawsom w. i'w chadw 269
Cofia'n g. Ben-llywydd tirion 1016
Dros Gymru'n g. 1024
Golud g. – rhyddid 495
g. a thre 718
gwlad amatur 297
G. y gân 273
Llymach g. 303
Trech g. 713
trothwy g. 195
Wyla g. 79
y w. a'i maco 435
y w. y mae'r Arglwydd 880
y w. yn oer 8
Ymhob g. 734
yn w. deilwng 114
yn y w. honno 1090

gwladgarwch: Beth yw g. 262

gwlân ac arni bwys o w. 823
ânt fel g. 920
Yn nyddu g. du 825

gwledydd: ai y g. pell 795
neu'r g. pell 793

gwleidydd: ei gelu, fel g. 196
Gwna fi fel pren planedig:
1041
gwnêl: A w. parhaed 104
gwneud: Diwerth yw g. 203
dweud na g. 546
g. dy ewyllys di 1130
g. yr hyn sydd wrth dy fodd
1120
Mae g. yn well 600
werth g. yn awr 203
yn g. tŷ 318
gwobr: heb ddisgwyl unrhyw w.
1130
unig w. y bardd 183
gŵr: Cas y g. 435
Gair g. o gastell 486
Gwyn ei fyd y g. 890
hen w. llwyd 785
hwyr yn w. 559
Oer yw'r g. sy'n methu 841
Y G. wrth Ffynnon Jacob
1104
gwragedd: a wnaiff y g. 107
gwraidd: g. pob math o ddrwg
991
gwraig: Cael y w. yn denau 797
Cofiwch w. Lot 1182
dywedodd y w., 'Y
sarff . . .' 878
G. a hinon ac iechyd 56
G. y crydd 536
gymydog, na'i w. 880
Hen w. fach yn rhoi 805
Nid gwely heb w. 664
Y w. a roddaist 878
yn w. i weinidog 204
gwreiddioldeb: Ofnaf fod g.
202
gwreiddyn: g. pob drwg 461
y bo'i w. 172

Yn y g. 742
gwrthbrofi: Ni ellir g. dihareb
646
gwrthwynebu: yn g. popeth
173
gwrthwynebwyr: yng ngŵydd
fy ng. 892
gwryw: yn w. ac yn fenyw 874
gwybod: byr ei w. 554
Gwae inni w. y geiriau 1137
G. meddwl f'annwyl gariad
860
g. y cyfiawn 1129
Nid hawdd g. 189
Os hoffech w. 330
Rwy'n g. beth yw 218
Yr hyn sy'n werth ei w. 1120
gwybodaeth: byd heb w. 656
Dwedwch, fawrion o w. 786
ein g. 214
o w. ffeithiol 307
ychydig o w. 205
Gwydion: goddiweddodd G.
hithau 256
G., oedd y chwedleuwr gorau
yn y byd 374
Yn dal i gynhyrfu dig G. 137
gŵydd: Am ddwyn yr ŵ. 207
Gwybiaist o'm g. 314
gwyddfyd: perarogli'r g. 110
gwylan: G. môr 763
Yr w. fach adnebydd 58
gwylanod: g. yn ehedeg 13
gwyliadwriaeth: yw g. barhaus
201
gŵyl: Cleddwch yr ŵ. 1122
G. Ifan 93, 541, 790
gwyliau: brif w.'r calendr
eglwysig 1186
gwyn: Byd g. 264
ddaw du byth yn w. 643

G. a gwridog yw fy Arglwydd
1042

G. ei fyd 890, 909

G. eu byd 349, 799, 950

G. fy myd 40, 800

G., g. yw'r gynnar dorf 15

G. pob man 537

G. pob newydd 538

G. y gwêl 539

Man g. 616

Gwynfa: I'm hanfon tua'r W.
1178

gwynfyd: G. yr unfyd yw'r haf
87

gwynfydedig: fe'm gelwir yn w.
958

gwynt: â cheiliog y g. 622

A'r g. i'r drws bob bore 818

G. o'r dwyrain 36

G. teg ar ei ôl 540

g. yn fain ac oer 20

G. yr hydref 81

Suai'r g. 1093

un chwa o w. 428

gwyntoedd: a g. Mawrth 29

gwŷr: Canwn fawl, yn awr, i w. o
fri 944

gwyrth: mai'r Ymgnawdoliad
yw'r w. ganolog 1155

Tydi a wnaeth y w. 1096

gwyrthiol: a'r anghyffredin yn
w. 267

gyr: g. o wŷr ag arfa' 829

gyrfa: mi a orffennais fy ng. 993

H

ha': hwyr yn dyfod mae'r h. 19

had: h. yr eglwys 514

haearn: Cura'r h. 438

nac â h. 659

taro'r h. 696

haf: Aeth yr h. â hi 69

Am haul yr h. 327

daw yr h. 102

Dymor hud a miri h. 53

Fe ddaw'r h. 780

Fod h. gerllaw 327

Gwelais fedd yr h. 80

Gwelais yr H. yn galw 68

Gwynfyd yr unfyd yw'r h. 87

h. a gaeaf 879

H. hyd Nadolig 541

hwyr yn dyfod mae'r h. 19

Llwydrew a rhew lle bu'r h.
1175

Marw i fyw mae'r h. 62

mis ola'r h. 74

O na fyddai'n h. o hyd 680

pan fo hardd h. 64

Tyred eto, H. tirion 60

un hwyr o h. 356

hafan: I'r h. daw 160

hafddydd: fel bore h. 827

Nid ar fore h. tawel 1070

halelwia: H.! Gogoniant i'r Tad
1144

halen: Bet yn mofyn h. 757

hallt: Tra bo dŵr y môr yn h. 856

Tra fyddo dŵr y môr yn h. 858

hanes: a anwybyddo h. 244

deall h. Cymru 329

ei gafael ar h. 285

h. cenedl 317, 368

h. un frwydyr 342

H. y dod ohono! 319

H. yw hanfod 155

heb h. heb genedl 287

o sïon yw h. 130

hanfod: caru pob h. 1129

h. pob addysg 228

haniaethol: gwisgo'r h. yn
ddarluniol 1179

hanner: Gwell h. 528
hapus: O rwy'n h. 833
harddwch: Nid yw h. 673
    pura ein dychymyg â h. 1118
haul: A h. mam yn ôl i mi 1163
    a'r h. yn brin 8
    Aros nes profi'r h. 110
    am h. yr haf 327
    anhreuliedig h. 292
    Caraf yr h. 1015
    cyn elo'r h. 348
    Cyn gosod h. 1019
    cyn tywyllu'r h. 918
    daw h. arnom 77
    dim newydd dan yr h. 916
    Fe ddaw h. 857
    Heddiw, daeth yr h. 57
    h. a chawodau 473
    h. fachlud ar eich digofaint 988
    h. y bore 13
    h. yn machlud 13, 50
    i'r h. gylchdroi'r rhod 1175
    O godiad h. 1108
    Pan fachluda'r h. 181
    Uwchben yr h. mae Duw 865
    Yr h. yng ngwely'r heli 371
hawdd: H. yw dwedyd 802
    Nid h. yw myned iddo 319
hawddfyd: H. lle bûm 801
hawddgar: Mor h. yw dy bebyll 899
hawl: h. i fywyd 293
    hefyd h. i fyw 328
hebog: hendref yr h. 372
'hedydd: Mi a glywais fod yr 'h. 829
hedyn: H. pob drwg 551
heddiw: A gollir h. 388
    Ar gyfer h.'r bore 1004
    Cadw h. 429

    Dim ond h. 460
    h. a ffy 136
    H., daeth yr haul 57
    H., mae'r Gaeaf 86
    h.'n arian 232
heddwch: Ei h. fel afon 1027
    H. a fag gyfoeth 552
    offeryn dy h. 1112
    pris ein h. 928
hela: Dy h. yn y dyffryn 314
Helaetha derfynau dy deyrnas: 1043
hen: Diwedd h. 462
    Gwae h. heb 513
    Hawdd i'r h. 43
    H. a ŵyr 553, 562
    h. derfyn 352
    h. ddiarhebion 687
    H., h. yw amser 157
    h. hosan a'i choes 158
    H. linell bell 352
    i h. ei ffon 716
    llawer h. 608
    llwyd pob h. 538, 575
    Ni ddelir h. adar 644
    pan eloch yn h. 153
    Pryn h. 695
    yn h. a pharchus 333
henaint: Dydy h. ddim 133
    H. ni ddaw 156
    Ni chaiff h. 181
Hen Destament: 873–942
Hen Ddihenydd: at yr H. 934
Henffych i enw Iesu gwiw: 1044
Henffych iti, faban sanctaidd: 1045
heniaith: i'r h. farw 326
    yn yr h. 337
henwr: mae'r h. wrthi'n fore 81

llenyddiaeth: cerddi hwian yn
  ll. 254
  ll. cenedl 368
lles: ll. pennaf dyn 1176
  troi'n bennaf ll. ei genedl
  1176
llestri: ll. gweigion 623
llety: Lleidr yw ll. 572
lleuad: corn isaf ll. 13
  cylch am y ll. 13
  dan haul a ll. 864
  Dim ond ll. borffor 281
  Rhoi fy llaw ar gwr y ll. 860
  Tlws yw'r ll. 855
lleuen: Mor ddyfal â ll. 621
lleufer: Ll. dyn 573
llew: dyn yn dianc rhag ll. 938
  Ll. o beth 109
llewod: Yn ffau'r ll. 759
llewyrch: a ll. i'm llwybr 902
llinyn: ll. i fesur heulwen 199
lliw: er bod ei l. yn loywddu 539
  yn llwyd fy ll. 826
Lloegr: ar ffiniau Ll. 375
lloer: y ll. a'r sêr 891, 918
  ll. yn ariannu'r lli 371
llong: Fel ll. ar dir 479
  fydd i'r ll. 688
  Mae'r ll. yn mynd i ffwrdd
  852
  Y ll. fach 362
llongau: holl l. y lli 347
  mae cwch a ll. 754
llon: Ll. fydd y llygoden 574
llond: ond ei l. 641
llonydd: A ll. gorffenedig 253
llun: Merch o l. 832
llusern: Ll. yw dy air 902
llwybr: Dieithr pob ll. 457
llwybrau: I dawel l. gweddi 1050
  ll. cyfiawnder 892

ll.'r cread 38
  unionwch y ll. iddo 947
llwyd: A chân i l. y to 313
  ll. pob hen 538, 575
  yn ll. fy lliw 826
llwydrew: Ll. a rhew lle bu'r haf
  1175
  Ll. cyn nos 46
llwyddiant: llwyddo fel ll. 321
llwyn: dau mewn ll. 521
Llwyncoed Cwm y Glo 334
llwynog: Ni cheir gan l. 637
Llydaw 344
llyfr: a ll. o gân 247
  A'm ll. yn fy llaw 828
  cof ll. 501
  'dwyn' o un ll. 210
  gwneud un ll. 230
  ll. da 573
  mewn cornel a ll. 216
llyfrau: casgliad o l. 243
  dwyn o lawer o l. 210
  gyfeillion o l. 153
  ynglŷn â ll. newydd 241
llyfrgell: llyfrau mewn ll. 230
llygad: A'r ll. dydd 313
  Ll. segur wêl 578
llygad y dydd: gedwi, deg L.
  bychan 126
  ll. ar y clwt 27
llygaid: Dyrchafaf fy ll. 903
  ll. gan gerrig 590
  O! Agor fy ll. i weled 1073
  Y ll. dwys 355
  Y ll. na all agor 355
llygoden: Dala ll. a'i byta 448
  Llon fydd y lli. 574
llymaid: O l. i l. 679
Llŷn: Nid o L. gerllaw Pwllheli
  832
llyn: i ddŵr ll. llonydd 69

M. i fyw mae'r haf 62
pan fyddwyf f. 769

mawl: Canwn f., yn awr i wŷr
944

datgan m. ein Iôr 1068
m. a diolchgarwch 1110
M. a'th erys di yn Seion 897

**Mawr oedd Crist yn
nhragwyddoldeb** 1063

mawr: mor f. wyt Ti 1035

Mawrth: Ganol M. 32
M. yn lladd 33

mebyd. o f. i fedd 366

Medi: a chanol M. 32
Croeso M. 73

Mediaid: Cyfraith ddigyfnewid
y M. a'r Persiaid 933

medir: ni f. 649

meddwl: a gyfoethoga'r m. 228
allan o f. 404
Duw a ŵyr f. 1128
ddweud ei f. 233
genedl sy'n m. 310
Gwybod m. f'annwyl gariad
860
portha ein m. 1118
Rhyddid m. 224
Yn fy m. i bob munud 863
Yr Arglwydd a f. amdanaf
1107

meddyg: Gorau m., amser 506
y claf sydd angen m. 955

meddyliau: glanha f. ein
calonnau 1145
M. dyn 309

Mehefin: A hanner M. 839
Daw hyfryd fis M. 51
Ebrill a Mai a hanner M. 790
M. wedi cyrraedd 55

meibion: chi f. cryno 749

meini: Melyn sy'n crasu'r m. 57

Nid cerrig / Ond cariad yw'r
m. 257

meinir: Ar f. gryno graenwen
791
y f. fach 836

meistr: Mae m. ar Meister
Mostyn 610
mae'n f. peryglus 307
M., er hynny 279
Rhaid i ti fod yn f. 221

meistrolaeth: mam pob m. 419

melin: a'r fules byth i'r f. 840
dwy ffordd i'r f. 594
Nid yw'r f. heno'n malu 323
Tu ôl i'r f. 865
Y cyntaf i'r f. 721
Y f. a fâl 726

melinydd: 831

melodi: y f. fwyaf 360

melys: Ni cheir y m. 638

mellten: y f. sy'n taro 59

men: Gwelais ei f. 295

menter: Mynych f. 626

mentra: Da ti, m., m. Gwen 750

menyn: Eisiau m. ffres 757

menyw: Adnabod m. wrth ei
gwên 859
Gwaith m. 516
Hen f. fach a basged 803
Hen f. fach Cydweli 804

merch: f. Jerwsalem 941
f. Seion 941
M. benchwiban 758
M. o lun rwyf yn ei charu
832
Ni raid i'r f. a gaffo 840
O! brysur brysia at y f. 868

merched: I gwmni'r m. 749
luniau o f. prydferth 170
m. ifanc tlws 284
m. Tregaron 825

merlyn: a m. bychan twt 819
Meseia: Wele cawsom y M. 1100
mesen: O f., derwen 676
　　Y f. yn dderwen 727
metel: m. na maint 714
**Mi dafla' 'maich oddi ar fy
　ngwar**: 1064
Mi glywa'th dyner lais: 1065
**Mi wn fod fy Mhrynwr yn
　fyw**: 1066
mieri: M. lle bu mawredd 304
migldi: M. magldi 796
milgi: Amalgam ydyw m. 234
　　ei f. brych 295
milltir: modfedd â m. 443
minnau: Dafi bach a m. 778
　　Ifan bach a m. 808
minne: f. byw i dy gladdu 493
mis: Daw hyfryd f. 51
　　F. Mai haf 41
　　f. y mêl 40
　　m. araf gaeaf 1
　　M. di-raen 85
　　m. eillio'r meysydd 18
　　m. ola'r haf 74
　　m. oriog y gôg 31
　　m. parod ei gawodydd 31
　　m. y cnau 74
　　m. y corrach 18
　　m. y meiriol 25
　　M. y porffor 73
　　m. y tes 31
　　yn safn M. Bach 18
Mississippi: bydd talaith M.
　1147
moch: i'r m. gael cinio 810
　　m. yn rhochian 13
mochyn: gafr fach a m. 854
　　lladd m. 291
　　yr *hob* (m.) 298
modfedd: Cystal m. 443

Mae m. yn ddigon 611
moel: â'r pen yn f. 677
moelydd: Yng nghesail y m.
　unig 372
Molianned uchelderau'r nef:
　1067
Molwch yr Arglwydd: 908
Môn: Yn naear M. 266
môr: A thonnau gwyllt y m. 333
　　A'th f. Di mor fawr 1131
　　Ar f. tymhestlog teithio 'r wyf
　1003
　　Ar lan y m. 753, 754, 755
　　dyfna' fo'r m. 688
　　Llawn yw'r m. 812
　　O dan y m. 325
morio: Fuost ti erioed yn m.
　789
morgrug: m. mân 84
moroedd: seiliodd ar y m. 893
morwyn: m. a fydd feichiog 923
Moses Pantymeysydd: 817
Mostyn: ar Meister M. 610
morthwyl: eingion neu'r m. 221
mud: Hir y bydd y m. 558
mudandod: m. sanctaidd 1110
mules: Fynd â'r f. byth i'r felin
　840
munud: Dau f. distaw 258
　　Un f. fach 348
　　Un f. fwyn 348
munudau: nodi ein m. 171
mwg: Lle bynnag y mae m. 567
mwsog: Ni thyf m. 653
mwyar: ym mlas y m. 110
mwydyn: m. yn teimlo 602
mwyniant: Ni wêl f. yn
　dragwyddol 869
　　Ni wêl f. yn ei fyw 869
Myfanwy: Paham mae dicter, O
　M. 331

mynd: mae m. ymhell 739
  M. drot drot 837
  M. i'r ardd 838
myned: Ble'r wyt ti'n m. 761
mynegfys: M., ar ddyrys ddŵr
  225
mynegiant: M. o fywyd 315
mynydd: a'i gwnaethai'n f. 356
  Ar ben y m. mawr 330
  Dros y m. i hela 809
  Ganllath o gopa'r m. 292
  maith yw'r m. 806
  mewn cwr o f. 299
  Na dau f. 442
  Nawdd hir fu m. hon 341
  Wedi marw ar y m. 829
  Yn y mawn ar ben y m. 231
mynyddau: Aros mae'r m. mawr
  261
  Nawdd hir fu m. hon 341
mynyddoedd: Cyn gwneuthur
  y m. 900
  dechrau gyda'r m. 329
  Dyrchafaf fy llygaid i'r m. 903
  Hen f. annwyl Cymru 841
  i'r m. hyfryd 278
  Wedi teithio m. 866
myrr: aur a thus a m. 946
  Rhown f. i'r Gŵr anfarwol
  1111
myrtwydd: Wele'n sefyll rhwng
  y m. 1102

N

na: N. chymer dduwiau eraill
  880
  N. ladd 880
nabod: hawdd ei n. 481
  Mae 'n. dyn 670
Nadolig: A daw eilwaith N.
  1175

Anwyd heddiw Ddydd N.
  1010
  dydd N. Crist 92
  Haf hyd N. 541
nain: Cân di bennill mwyn i'th
  n. 268
nant: N. y mynydd 316
Nant-y-glyn: 751
Nasareth: Llencyn o Saer o N.
  dref 1168
  O N. draw wedi blino'n 1115
natur: N. yr hwch 629
  Trech n. 715
neb: dianc heb wybod i n. 839
  Ni all n. 632
Nebo: I gopa bryn N. mi awn
  1000
nef: cymhwyso i'r n. 369
  dwyn y n. i'r amlwg 95
  Gair y n. yn iaith 1153
  Gweled n. ym mhlygion 1140
  Molianned uchelderau'r n.
  1067
  N. a daear, tir a môr 1068
  Porth y n. 272
  y n. a'u myn 15
  y n. ymhlith angylion 787
nefoedd: a wnaeth n. a daear
  903
  dyma lais o'r n. yn dweud 949
  gorffennwyd y n. 876
  Mae teyrnas n. wedi dod yn
  agos 947
  Mae'n llond y n., llond y byd
  1060
  N. a daear sydd yn llawn 1177
  Pan edrychaf ar y n. 891
  teyrnas n. ar y ddaear 1185
  y n. a'r ddaear 873
neidr: a n. yn ei frathu 938
  Nid yw n. 674

oesoedd: i'r o. a ddêl 296
   yn oes o. Amen. 1144
ofn: Dangosaf i ti o. 103
   O. yr Arglwydd yw doethineb 889
ofni: o. gweithredu 310
offeiriad: Nid oes i ni o. 1071
offeiriaid: chwi'n o. yr Arglwydd 930
offer: Rhowch inni'r o. 223
olew: iraist fy mhen ag o. 892
Oni buasai'r Hwn a hoeliwyd: 1084
opiniwn: Nid o. dyn 192
oren: o. sy'n dwyn 57
oriau: O. hwn sydd 171
orig: Dal mewn o. 1140
os: heb o. nac onibai 1157
   O. Efe gaiff Ei le 1089
ots: Beth yw'r o. 263

P

pabydd: Cyffesgell y P. 1109
pac: hel dy b. 351
padell: Eisiau p. bridd oedd arni 798
   mewn p. ffrio 789
pader: i ddweud eu p. 811
paent: Yr hen lesmeiriol b. 30
pagan: Fel pibau p. 4
Pa le, pa fodd dechreuaf 1085
paith: Croesi'r p. 277
palmwydd: A ph. dan fy nhraed 1184
Pan gyflawn syllaf ar y groes 1086
pant: I'r p. y rhed 563
   Yn ymdroelli tua'r p. 316
Pant-teg 326
Pantycelyn: Cofia B. 124

   Gan P., Ann Griffiths a Morgan Rhys 1143
paradwys: Di ei'n uniawn i b. 1125
paratoad: Nid p. ar gyfer bywyd 193
parchus: Fy mh. arswydus swydd 1133
   yn hen a ph. 333
pared: i'r p. glywed 707
parhad: p. a llwyddiant rhyddid 227
parlwr: gennyf b. bychan 821
pawb: Bore ar b. 426
   Er gwaetha p. 132
   Genir p. yn rhydd 293
   Mae p. ym mhobman 245
   Parchus p. 682
   P. a dynant 683
   P. â'i fys 684
   P. at y peth 685
   Rhydd i b. 705
   tynnu p. at ei gilydd 1148
   yn poeni p. 615
pebyll: yw dy b. di 899
pechadur: P. wyf, O! Arglwydd 1087
   p. yn credu i Dduw chwilio 1154
pechaduriaid: ond i alw p. 955
pechod: A'i rinwedd dros b. 1169
   baich o b. 1156
   P. parod y pregethwr 1172
   un p. yn ddigon 369
pedair: codi'n b. oed 820
pedol: A ddwg y b. 382
   A phedair p. arian 820
   gollodd y b. 675
   p. yn ôl,/A ph. ymlaen 846
pedoli: P., p., p. bi-dinc 846

pedwar: dan ei b. troed 820
Pegi Ban: P. a aeth i olchi 847
peidio: cael neu b. 710
pell: p. ei olwg 686
pen: a fo b. 111
   ar ei b. ei hun 235
   lle ni bo p. 565
   Ymhob p. 735
pen-blwydd: dathlu p. 211
penderfyniadau: i wneud p. 307
penchwiban: merch b. 758
penelin: Nes p. 630
penffordd: Angel p. 400
penillion: yr hen b. 366
Pen Llyn: Difwstwr ym Mh. 334
pennill: Cân di b. mwyn 268
pentan: a diawl p. 400
pererin: Llawenydd y p. 1162
   P. wyf mewn anial wlad 1088
perl: P. ei fam 772
perllan: lawr yn y b. 775
persawr: Y gwyllt atgofus b. 30
Persiaid: Cyfraith ddigyfnewid y Mediaid a'r P. 933
perthyn: p. i ddyn tlawd 722
perygl: allan o b. 205, 403
peth: a greodd bob p. 999
   Blasus pob p. 424
   Diwedd pob p. 463
   ei dro i bob p. 597
   i bob p. a phob p. 472, 569
   Lle i bob p. 569
   Ni ddal un p. 641
   P. peryglus 213
   pob p. bychan 711
   phob p. i ben 411
   Rhowch brawf ar bob p. 989
   Trymaf p. dan haul a lleuad 864
   tymor i bob p. 917

y p. a ŵyr 693
   y p. y bo 685
   Yr unig b. sydd ei angen 251
pethau: ganddo fil o b. 872
   p. anghofiedig 348
   y p. bychain 260
piau: a'i p. hi 708
pig: A'i b. aur 867
   Nid wrth ei b. 669
pigau: Eu p. sy'n gochion 782
pinc: Pasio'r p. a rhosod cochion 838
   P. a melyn a choch a 807
piniwn: y mae p. 735
plaid: p. seneddol 375
plant: P. gwirionedd 687
   yn b. i Dduw 328
plas: calch ar dalcen p. 858
plentyn: Cymerodd b., a'i osod 963
   dwywaith yn b. 717
   Fe aned p. 788
   fel p. yr oeddwn yn meddwl 982
   Mae dod i b. 592
   ond yn b. perffaith 788
   Pan oeddwn yn b. 982
   Pwy bynnag sy'n derbyn y p. 963
   y p. gyda Mair ei fam 946
pleser: b. am byth 694
   Ni chaf b. ynddynt 918
plu: a'u p. sydd yn wyn 782
plwm: Trwm yw'r p. 864
plygo: Gwell a b. 520
plygu: Gwell p. 531
pob peth: Diwedd p. 463
   Lle. i b. 569
pobl: a hwythau a fyddant yn b. i mi 931
   a'r b. dda yn hoffus 1167

am iddo ymweld â'i b. 959
cysurwch fy mh. 927
dy b. di fydd fy mh. i 883
gwna'r b. ddrwg yn dda 1167
Mae pumed rhan o'r b. 173
methu a wna y b. 915
Nyni yw'r b. gyffredin 324
Y b. a rodiasant 924
yn ogoniant i'th b. Israel 960
poen: Wrth deimlo'r b. 353
poeri: a ph.'r gog 55
poeth: tra byddo'n b. 696
popeth: ar ôl iddo golli p. 300
p. melyn 655
pwrpas p. 1135
p. sy'n digoni 200
wrthyt ti y daw p. 886
porchell: fydd yn y p. 629
porfa: Llwm yw'r b. 303
y b. sy'n dioddef 332
porfeydd: mewn p. gwelltog 892
porffor: cyn goched â ph. 920
porth: ym mh. y byddar 558
post: taro'r p. 707
post offis: neu gadw p. 297
pregeth: p. brintiedig a ph. lafar
1150
yw lliniaru'r b. 1172
pregetha: P. nid am fod rhaid
1173
pregethu: wir batrwm p. 1139
pregethwr: Pechod parod y p.
1172
pren: A wyt ti wedi bwyta o'r p.
878
Ar ben y p. 810
fel p. wedi ei blannu 890
Gwna fi fel p. planedig 1041
p. y bywyd 877
p. yn gau 861
roes i mi o ffrwyth y p. 878

Presbyteriaid: A briodwn ni â'r
P. 1109
preswylwyr: Gwyn fyd p. dy dŷ
899
prifysgol: hyd at y b. 289
Y wir B. 243
problem: yn b. fathemategol 175
profiad: gobaith na ph. 229
Nid oes dim p. 322
pryd: p. hau a medi 879
prydferth: bod yn b. 149
o ferched p. 170
o luniau p. 170
P. o beth 694
pryn: P. hen p. eilwaith 695
prynhawn: Mi welais innau un
p. 314
prynu: a'u p. i ryddid 959
mae p. cyffylog 669
prynwch: p. win a llaeth, heb
arian 929
prynwr: Mi wn fod fy Mh. yn
fyw 1066
Prysor: sŵn hen afon P. 281
punt: â'r arian yn b. 678
pwdin: Gormod o b. 511
Pwllheli: Gwenni aeth i ffair P.
798
O Lŷn gerllaw P. 832
pwrpas: pennaf p. popeth 1135
p. mewn barddoniaeth 336
Pwsi Meri Mew: 848
pwy: At b. yr awn, O! Fab y Dyn
1009
P. sy'n dwad dros y bryn ⁹
P. sy'n dwyn y Bre⸱
1089
P. yw y
pwyll: cann
Gweddw ɉ
Perchen p. 6

pwysi: Dewis p. o ddanadl
    poethion 838
pyrth: ac ar dy b. 882

R

Robin: i'r ferch a gaffo R. 840
    R. goch ar ben y rhiniog 850
    R. goch ddaeth at yr hiniog
    851
rosmari: ambell gangen o r. 753
Roedd yn y wlad honno 1090
**Rwy'n gweld o bell y dydd
    yn dod** 1091

RH

rhactalau: yn rh. rhwng dy
    lygaid 882
Rhagfyr: Mis Rh., rhew 92
    Rh. gwewyr y gaeaf 1175
Rhagluniaeth fawr y nef:
    1092
rhaid: nid am fod rh. i ti ddweud
    1173
rhedeg: Nid ar r. 654
rhedwr: rh. fel trydan 234
rhedyn: Aur o dan y rh. 421
rhemp: bydd rh. 566
rhes: Eisteddant yn rh. 288
rhew: Derfydd rh. 780
    Llwydrew a rh. lle bu'r haf
    1175
    Na rh. ar fryn 14
    rh. ac eira oer 92
    Rh. yn y ddaear 8
    troi'n rh. gloyw 10
rhigymau: hwiangerddi a rh.
    366
rhinwedd: heb ryw r. arno 667
    nid yw un rh. 369
    nid yw . . . yn rh. 197
rhinweddau: rh. fel y rhain 986

Y rh. sy'n ofynnol 1185
rhith: Wele r. fel ymyl rhod 352
rhodio: rh. glas y coedydd 52
    rh. gwlad a thre 718
    rh. yn yr ardd 878
    rh.'n ostyngedig 940
rhodd: A geir yn rh. 387
rhoddwr: gofyn i r. llawen 544
    rh. llawen y mae Duw'n ei
    garu 985
rhoi: i r. heb gyfri'r gost 1130
rhosod: Pasio'r pinc a'r rh.
    cochion 838
rhosus: Mae rh. cochion 755
rhosyn: Dacw r. 772
    harddach wyt na'r rh. gwyn
    834
    Na'r rh. coch 834
    Rh. coch a rh. gwyn 774
Rhos y Pererinion: 335
Rhufain: adeiladwyd Rh. 672
Rhufeinddyn: Yn nwylaw Rh.
    1127
Rhufeiniaid: llengoedd y Rh.
    290
Rhufeinig: diwylliant Rh. 290
rhuo: Rh. trostynt mae y gwynt
    261
Rhuthun: llys barn Rh. 289
rhwysg: Meiriol roedd y rh. 99
rhyd: dyfnaf y rh. 577
rhydd: bod dyn yn rh. 300
    Ganed dyn yn rh. 144
    Genir pawb yn rh. 293
    gollwng dy was yn rh. 960
    Mae'r hwn fo'n gaeth, yn rh.
    1149
    O rwy'n rh. 833
rhyddid: a'u prynu i r. 959
    golud gwlad rh. 495
    gwybod beth yw rh. 218

Nid bywyd heb r. 657
Nid rh. heb lywodraeth 657
Nid yw rh. 201
parhad a llwyddiant rh. 227
Rh., Cydraddoldeb a
Brawdoliaeth 145
Rh. meddwl 224
Rh. nid oes 341
yn werddon o r. a
chyfiawnder 1147
ysbryd bywyd a rh. 278
rhyfeddod: Llwybreiddiodd ei r.
292
rhyfeddol: hyn sydd yn rh. 767
y peth cyffredin yn rh. 267
rhyfel: Rh. a fag dlodi 552
Rh. rhwng dyn 342
rhywbeth: A dangosaf i ti r. 103
Daw rh. o r. 452
Mae rh. bach 615
rhywbryd: Gwell rh. na byth
532
rhywle: rywun yn rh. 245
rhywrai: r. i'ch derbyn 153
rhywun: Huwcyn larp i r. 813
na fu ennill i r. 647
r. yn rhywle 245

S

saboth: Cofia'r dydd S. 880
sach: s. wag 651
saer: Llencyn o S. o Nasareth
dref 1168
Saeson: mynd i wlad y S. 794
S. yn dechrau sylweddoli 308
saf: S. ar dy sawdl 706
saif: gwirionedd a s. 730
Ni s. sach wag 651
saim: hen esgid yn hoffi s. 601
saint: cymundeb y s. 1123
Gwaed y s. 514

salmau: Cerddi yw'r S. 1121
sanct: S., S., S., [yw] Arglwydd
Dduw y Lluoedd 922, 1177
sanctaidd: mudandod s. 1110
s. yw ei enw ef 958
Sara: Duw S. 1116
sarff:Y s. a'm twyllodd 878
sawdl: ar dy s. 706
sebon: fel s. golchydd 942
Tra fu Peg yn 'mofyn s. 847
sedd: a gorffwysaf – ar ei s. 222
sefwch: S. gyda mi yn y bwlch
296
Seion: wrth inni gofio am S. 905
senedd: ein S. ein hunain 375
sêr: Cyfri'r s. pan fo hi'n rhewi
860
Drwy anawsterau i'r s. 283
Tlws yw'r s. 855
seren: fy s. olau 845
S. wir deg 225
seraffiaid: Glân geriwbiaid a s.
1037
llefa ceriwbiaid a s. 1177
Uwchlaw yr oedd y s. 922
sêr–ddewiniaid: 945
seren: Pan fo s. yn rhagori 844
S. wir deg 225
serenedd: dyro inni'r s. 1164
sgil: s. i gael Wil i'w wely 609
sgrech: Ei s. oer 137
'sgubor: Heibio i'r 's. newydd
828
sgwâr:Y s. ar yr hypotenws 178
sgwrs: s. â dieithryn 12
Shakespeare: S. a'i defnyddiodd
198
S. – tro 124
Siân: S. ar gyfer Sionyn 813
S. yn prynu iâr 853
sicr: mor s. ag angau 668

s. na all nac angau nac einioes 978

sidan: Fel edefydd s. 232

siesta: dros awr s. 55

Siôn: S. a Siân a Siencyn 853

Siôn Corn: S.! S.! Helô! Helô! 849

Sioni Brica Moni: 854

Sionyn: Siân ar gyfer S. 813

sipsi: s. fach y fro 299

Sir Gaerfyrddin: 801

slac: Dala s. yn dynn 449

'slawer: 's. dydd pan grwydrai merlyn 343

sobor: Bwrw glaw yn s. iawn 766

Byw'n s. lle bo diod 859

soeg: a fwyty'r s. 745

Solzhenitsyn: 300

sôn: Amdanat ti mae s. 750

Nid o s. 724

Sosban fach: 814

statws: s. swyddogol 289

stori: addurno mewn llun a s. 1179

Diwerth yw s. 464

storïwr: amser yn s. da 586

Suai'r gwynt, suai'r gwynt 1093

Swltân: holl frenhiniaeth y S. 247

swn: A s. hen afon Prysor 281

s. y môr 13

swp: Ond s. o esgyrn 112

swper: Fe fwyty'i s. heno 784

swydd: Fy mharchus arswydus s. 1133

syched: bob un y mae s. arno 929

sydyn: S. daw dydd Sadwrn 740

syniad: ar yr un s. 198

synnwyr: y daw s. 724

syrth: uchel a s. 704

T

Tachwedd: Mwll di-haul yw T. 85

tad: addoli'r T. mewn ysbryd a gwirionedd 966

dy d. a'th fam 880

Ein T. 1131, 1132

Gan fy nh. mi glywais 786

Gogoniant i'r T. 1144

Mi ddysgais gan fy nh. 330

neb yn dod at y T. ond trwof fi 971

O D. yn deulu dedwydd 1161

O, dirion D., arwain Di 1163

t. llo bach 109

T. tragwyddoldeb 924

unig Fab, yn dod oddi wrth y T. 965

y T. hollalluog 1123

y T. tragwyddol 1177

tad-cu: dy hen-hen-d. 294

tafod: a'i d. arian 867

A'th d. crasboeth 314

Ffermwr t. 481

Hir ei d. 554

yn ei d. 430

tafodau: Os llefaraf â th. dynion 982

tangnefedd: a rhodded i ti d. 881

a th. yn y diwedd 1158

cariad, llawenydd, t. 986

Efengyl t., O! rhed 1033

tywysog T. 924

Yn nofio i d. 160

tangnefeddwyr: T., plant i Dduw 349

taid: A chan ei d. 785

taith: dwys fydd pob rhyw d.
   162
talu: t. dyled 141
tamaid: ennill ei d. 297
tân: agos yw t. 567
   Hawdd cynnau t. 543
tannau: A'r t. mân 749
taro: câr mewn t. 445
   erys Duw heb d. 159
taran: y d. sy'n rhuo 59
tarian: Gorau t. 508
tasg: Beth yw ein t. 114
   Wir, mae hi'n d. drom 319
taw. T. a'i piau 708
tebyg: at eu t. 683
   O! na bawn yn fwy t. 1082
teg: a haedda'r t. 180
   canmol diwrnod t. 671
   T. edrych 718
   T. pob twyll 709
   T. yw treio 710
tegell: A'm t. i fy hunan 821
tegwch: t. a gawn 75, 76, 474
teiau: a'r stryd a'r t. 99
teithio: T. a gyfoethoga'r meddwl
   228
telyn: â nabl ac a th. 908
telyneg: ail greodd y d. 376
teml: godre'i wisg yn llenwi'r d.
   922
terfyn: heb ei d. 516
   Hen d. nad yw'n darfod 352
terfynau: Helaetha d. dy deyrnas
   1043
tes: a th. mis Mai 620
   T., t. tyrd yn nes 45
Testament Newydd 945–999,
   1139
tewi: i neb o d. 640
teyrnas: Canys eiddot ti yw'r d.
   1132

   deled dy d. 1132
   Helaetha derfynau dy d. 1043
   Oherwydd eiddot ti yw'r d.
   1132
   Yn nh. diniweidrwydd 249
tir: anadla drwy'r t. 1160
   ar d. sych 479
   Canu'n braf yn ein t. 51
   darn o d. yn dyst 269
   syrthiodd peth arall ar d. da
   961
   T. hynaf Cymru 344
tiroedd: A arddo d. 378
tlawd. Fflwring i d. 482
   i ddyn t. 722
tlodi: Adeiladwyd gan d. 257
   T. a fag heddwch 552
tlodion: a rhai yn d. 246
tlws: T. pob peth bychan 711
to: eistedd ar y t. 830, 849
   ffidil yn y t. 701
   O fwa'i th. plethedeg 253
toeon: t. yn y dre 99
tomen: ar ben t. 478
ton: dawns y d. 362
   Draw dros y d. 282
tonc: Dyfal d. a dyr 467
tonnau: lleuad yn y t. 855
   Yn y dyfroedd mawr a'r t.
   1106
torri: plygu na th. 531
torro: a d. nyth 869
   nag a d. 520
torth: Tu ôl i'r d. 865
trachwant: t. pob un 167
traddodiad: a th. diwylliannol
   302
   T. yw hanfod 712
traddodiadau: ceisio diogelu t.
   271

tragwyddoldeb: amser yn d. 166

Dal mewn orig d. 1140

gwna t. ef yn ieuanc 151

o d. i d. 900

Rwy'n credu mewn T. 1157

T. ond enw arall ar Dduw 1157

Tad t. 924

y peth agosaf i d. 212

trai: bob llanw ei d. 603

heb y t. 648

mwyaf y t. 690

Trawsfynydd 146, 806

tre: Ar drot i'r d. 751

wedi rhodio gwlad a th. 718

Mynd drot-drot i'r d. 837

trech: T. gobaith 229

T. gwlad 713

T. metel 714

T. natur 715

tref: Gorau t., cartref 509

Trefin: Yn Nh. ym min y môr 323

Tregaron: A merched T. 825

treigladau: gwallau t. 169

tri: T. pheth a gerir 56

t. math o gelwyddau 177

T. pheth sydd anodd hynod 859

T. pheth sydd anodd nabod 861

T. pheth sy'n anodd imi 860

tric: Anodd dysgu t. 417

trigo: brain yn t. 480

trindod: Bwa'r D. 75

triongl: Mewn unrhyw d. 178

tripheth: T. a gerir 56

tristwch: sy'n llawn o d. 780

tro: ei d. i bob peth 597

troed: Trydydd t. i hen 716

troseddau: am ein t. ni 928

trot: Ar d., ar d. 751

Mynd d.-d. 837

trugaredd: Daioni a th. 892

ei d. sydd yn dragywydd 901

trugareddau: I Dad y t. 1049

trumau: T. cribog 231

trwm: T. yw calon pob dyn unig 864

trwst: Mwya eu t. 623

trwyn: hanner llath o d. 756

trysor: a fedd d. 682

Lle y mae eich t. 571

trysorau: t. llenyddol 366

twll: Gwell clwt na th. 524

drwy d. y clo 4

twyll: A wnêl d. 391

i wneuthur oer d. 220

Teg pob t. 709

twyllo: ein t. ein hunain 996

tŷ: Awn i d. yr Arglwydd 904

byth godi t. *ar* fryn 185

Dacw d. a dacw do. 773

gennyf d. cysurus 822

hefyd a gafodd d. 899

na th. gwych 190

o d. bach twt 818

preswylwyr dy d. 899

Un yn t. i gadw tywydd 817

Yn gwneud t., heb ganiatâd 318

yn nh. Dafydd ei was 959

tydi: T., a roddaist liw 1095

T. a wnaeth y wyrth 1096

T. sy deilwng oll o'm cân 1097

T., T., yw ateb Duw 1009

tylwyth: oddi ar ei d. 416

tylluanod: y t. yn eu tro 334

tymor: D. hud a miri 53

mae t. i bob peth 917

tyn: Rhy d. 702
Tyrd atom ni, O! Grëwr pob goleuni: 1098
tyr: Rhy dynn a d. 702
tyst: darn o dir yn d. 269
tywod: mae t. melyn 754
tywydd: Am y t. 101
    Arwyddion T. Teg 50
    Bu'r t. erioed 12
    fawr o d. wedyn 857
    i gadw t. 817
    Pan fo'n gyfnewid t. 58
    Yn llaw Duw mae'n holl d. 102
tywyllwch: a rodiasant mewn t. 924
    a'r t. yn nos 873
    Goleua ein t. 1136
tywysen: d. drymaf 725
    Sy'n lliwio pob t. 865
tywysog: T. tangnefedd 924

Th

thus: aur a th. a myrr 946
    Th. yn rhad 1111

U

uchel: Rhy u. 704
ucheldir: yr u. iach 295
uchelgaer: U. uwch y weilgi 347
uffern: Fe gaiff fynd i u. dân 870
    i'n cymhwyso i u. 369
    u. ni'th ddwg 534
un: Pob u. a gâr 692
    U. fendith dyro im 1099
    U. wennol ni wna wanwyn 35
undeb: cryfder heb u. 636
    Mewn u. mae nerth 618
unffordd: mwy nag u. 612
Union Jack 274

unigedd: u. a'i pura 228
unlle: 'Does u. mor swynol 866
    hedant i'r u. 395
unman: 'Does u. yn debyg 465
unpeth: neu ar u. 185
    o eisiau'r u. hwnnw 872
unrhyw: Talwn u. bris 227
unwaith: U. yn ddyn 717
us: hen adar gan u. 644
Usseia: bu farw'r Brenin U. 922
utgorn: â llais u. 908
uwch: Uchelgaer u. y weilgi 347
uwchben: U. y cae 865
    U. yr haul mae'r Duw 865

V

Veni, vidi, vici: 122
venite: *Venite, adoremus* 1180

W

wal: Nid w. sy'n rhannu 195
Wele cawsom y Meseia 1100
Wele gwawriodd dydd i'w gofio 1101
Wele'n sefyll rhwng y myrtwydd 1102
Wennaf Wen 750
Wil: W. i'w wely 609
Wrth gofio'i riddfannau'n yr ardd 1103
wy: A ddwg w. 381
    Llawn yw'r w. 812
Wyddfa: A phen yr W. i gyd yn wyn 21
    Hawdd yw dywedyd, 'Dacw'r W'. 802
wye: Hen fenyw fach a basged o w. 803
wylo: Gwna iddynt w. 152
    Na w. dail wedi hyn 79

Diolchiadau

Rwy'n rhwym i ddiolch yn llawen i aelodau staff Adrannau Ymchwil Llyfrgelloedd Caerfyrddin a Llanelli am eu cymorth parod a'u sgiliau llyfrgellyddol.

Diolchaf i Gymdeithas y Beibl am ganiatâd i ddyfynnu o gyfoeth y Beibl.

Dyledus wyf i'm cyfaill Mr Alun Lenny, B.B.C., am ddwyn i'm sylw sawl ffynhonnell werthfawr.

Diolchaf hefyd i Wasg Gomer am eu gwaith graenus ac yn arbennig i Mr Bryan James am ei ddiddordeb a'i gyfarwyddyd doeth wrth lywio'r gyfrol drwy'r wasg.